区域跨越发展的科技支撑

徐顽强　段　萱／著

科 学 出 版 社

北　京

内 容 简 介

当前中国区域经济的发展处于新常态，从科技治理角度研究区域跨越式发展这样的复杂社会系统工程具有重要的理论意义与实践价值。本书从区域跨越式发展的科技治理问题入手，理顺科技支撑、区域跨越以及科技支撑突破设计的治理关系，探讨区域实施科技支撑经济实践中的问题与现况，甄别最有利于实现区域跨越发展的科技支撑突破，科学地提出科技支撑突破口的假设与选择，设计科技支撑突破口实现区域跨越发展的具体路线与可行性对策。

本书可供高等院校本科生、研究生以及 MPA 学生使用，也可供党政部门公务员、研究机构人员、培训人员及相关人员阅读参考。

图书在版编目（CIP）数据

区域跨越发展的科技支撑 / 徐顽强，段萱著. —北京：科学出版社，2016.12

ISBN 978-7-03-049907-3

Ⅰ.①区⋯ Ⅱ.①徐⋯ ②段⋯ Ⅲ.①科学技术 - 作用 - 区域经济发展 - 研究 - 中国 Ⅳ.①F127

中国版本图书馆 CIP 数据核字（2016）第 219850 号

责任编辑：徐 倩 / 责任校对：李 影
责任印制：徐晓晨 / 封面设计：无极书装

科 学 出 版 社 出版
北京东黄城根北街 16 号
邮政编码：100717
http://www.sciencep.com

北京京华虎彩印刷有限公司 印刷
科学出版社发行 各地新华书店经销
*
2016 年 12 月第 一 版 开本：720×1000 1/16
2018 年 4 月第二次印刷 印张：12 1/4
字数：247 000

定价：72.00 元
（如有印装质量问题，我社负责调换）

前　言

　　跨越式发展的概念与框架思路是在中央发布《中共中央关于制定国民经济和社会发展第十个五年计划的建议》中首次明确提出并给予准确表述的。社会经济及生产力的跨越式发展，在一般概念意义上，即指基于特定历史条件与社会经济环境，后发地区利用某些有利因素或条件或机遇，从一点或者多点或者全面完成社会经济的一种超常规、跃阶式的发展。任何一个落后国家或地区要赶上先进国家和地区的发展水平，必须实现社会生产力跨越式的发展，即力争用较短的时间完成发达国家及地区走过的历程。德国、美国、日本和"亚洲四小龙"，就是18世纪英国工业革命以后世界历史上成功实现跨越式发展的典型实例。这些国家和地区的一条重要经验，就是紧紧把握新的科技革命以及相应的国际经济结构大调整所带来的历史性机遇，有效地利用后发地区或作为后发者的后发优势，从一点或者多点实现社会经济及生产力的跨越式发展，在发展阶段上达到或者超过先行（发达）国家及地区。这也就意味着，积极发展以科技经济集群为代表的创新型产业链，强化对传统产业的改造升级，以技术化带动工业化，是实现跨越式发展的必由之路。而聚焦当今中国区域发展，中部崛起（湖北等中部区域发展）就是运用好科技创新的助力，通过科技从一点或多点支撑区域的跨越式发展，那么就从这点上而言，科技支撑是主导力量。

　　从20世纪四五十年代开始，西方发达国家通过现代科技革命主导产业发展，通过市场化的手段，实现了经济迅猛快速的第三次腾飞，其中科技的助推器效应益发显著。位处亚洲几乎同时起步的日本、韩国、新加坡三国，其现代化与经济飞速增长和科技支撑也是密不可分的。跨越式发展的概念最初源于戴维·罗默（David Romer）于1986年提出的"新经济增长"模型理论，当时英文表达是"leapfrog"，即"跳跃"的意思，在发展模式上的表述则是跳过某一发展阶段，在经济领域是指一定历史条件下，后发地区或落后者对先发地区或先行者的某个特定发展阶段实施并完成超常规的赶超行为。随后，卢卡斯（Lucas）于1988年开创性地提出并解释了内生增长理论，佐证了科技支持以及技术进步在经济长期增长中的重要作用。

　　其实，经济学家使用"跨越"的概念讨论一般意义上只是限于经济及产业范畴，西方发达国家和地区的学者在技术经济范畴中使用"跨越"的范围，一是产业中的领先企业需要维持领先地位可以或者能采用哪种战略，或暂时落后的企业通过何种方式、战略或者具体技术能迅速并可以超越领先企业,实现领先位置易位。二是产业组织视角上考察技术跨越,观测点主要聚焦于企业获得并拥有原创性、前沿性、突破性专利技术,而其他决定性要素则包括企业研究与开发(research and development,R&D)的投入强度,以及一些由技术或经济发展潜在的或不确定性因素所导致的偶发性现象等。与"跨越"相关的另一个概念"路径创造"(path-creating)也是西方研究的主要关注点,研究认为如果后发追赶者不完全按照先行者所持有或所创造的技术主流轨迹前进,而是在其技术能力追赶过程中通过积累一定的发展基础以后,以相关的共性技术为支撑,利用本体要素条件和发展需求条件实施有效凝聚,创新开发新技术、新产品、新市场,形成一条与先行者不尽相同的技术发展路线与发展路径,那么后发追赶者或可能实现高速发展的同时,在技术和社会经济方面完成并实现对先行者的追赶甚至反超。因此,在网络信息时代的工业及经济实际运行中,科学技术、研发创新与支撑跨越则有机地形成了一种默契的超常规发展模式(跨越发展)。

当前国内跨越发展的研究领域,主要集中在科学技术支撑非常规发展以及科技创新如何引领经济发展等方面,从基础的工业技术升级、科学知识优化到高级的创新研发与管理进化,科学技术支撑产业及社会经济发展已经大约有了一定的体系化研究雏形。那么,从科技治理的视角出发,科技支撑在经济及产业发展中的作用就需要有宏观布局的理念而非执着于单一研究点位。例如,科技支撑与经济发展的实证研究主要局限于科技对其经济增长的贡献率进行测算和分析。当前关于区域经济跨域发展机理与科技支撑理论之间关系的研究颇少,从国内学界对跨越式发展的科技支撑作用的调查与研究来看,仍存在以下几点不足:第一,缺乏在国家宏观战略中观层面理论与实践操作的研究。国家已经对跨越式发展、科技支撑计划以及科技发展战略等有了宏观战略部署,而这些宏观战略在各地方、区域,尤其是以省为代表的中观层面的具体实施缺乏全面、深入的理论研讨与实践化的可操作研究。第二,跨越式发展的研究大多仍停留在定性层面,而科技支撑研究未体现大规模的、针对性的实证分析与定量分析。跨越式发展在国家层面已经给予宏观的战略定性,但是中观与微观的区域实践没有相应的定量调研与准备;科技支撑在国家层面较多为科技部主导的国家科技支撑计划单项或重大突破项目,对中观层次经济与区域发展难以形成较为显著的带动与合力效应,最主要是由于这种具体项目与国家计划单列突破研究,均抓取一个点,关联度有限,研究成果呈现碎片化,点状散布,缺乏整体性和全面性,研究呈阶段性表现,以项目和单纯的科技研发替代研究,易造成不可持续趋势。第三,欠缺对科技支撑项目成果应用转化条件的研究。科技成果只有转换为现实的生产力与经济效应才能体现价值,现有的研究大多停留在成果申报与项目结题,或者仅对成果转换困境提出操作性不强的对策,缺乏对转化障碍原因及转换条件的实际调查与归因分析。

第四，欠缺对科技支撑项目成果应用体现经济效益的针对性调研以及量化分析研究。而以科技支撑为题名检索可查文献（中国知网全文数据库）共 1 354 篇（时间节点为 2014 年 3 月），其中经人工统计计算并逐篇检索，有 45.4%是作为研究公报进行公开发表，基本内容为各省、市及区县等参照科技部计划申报的单项重大技术公关、政府重点或支持的实用研究项目以及国家支撑计划的单项研究成果。剩余 47.2%均未针对实际科研转化效果、实现经济效益以及推动社会经济发展进行量化分析，仅有 5.6%的研究涉及农业、重工、高科项目上的经济效益定量分析，其余为理论梳理、相关会议论文与领导讲话及批示，针对区域跨越发展的调研式量化研究在公开发表层次尚未有所检索。

以上研究与实践均表明，科技支撑在促进区域科技进步、提升产业发展水平、整合技术与激发创新能力方面显然还没有发挥出应有的作用和得到应有的重视；促进社会经济发展的技术经济模式的核心内涵就是科技作为生产力的支撑能力表现；从典型发展地区和中国当前内地社会经济发展的科技转化生产力能力以及经济跨越的突破需求看，科技支撑社会经济发展必须有着力点，生产力发展和经济增长的抓手也必须落在科技与生产的转化结合部。例如，当前产业领域中最为紧迫的任务是引领产业结构调整和发展方式转变，而这一经济社会跨越发展实现的重点支撑就是科技支撑突破口的选点与核心作用点所在。就区域跨越发展而言，整合当前地区主导产业的实际与积累，通过技术革新和科技介入重新唤醒地区经济和社会发展对科技进步与创新的直接诉求，进而使科技支撑与技术进步在发展诉求及其外在物质基础与条件上产生有效耦合，实现区域经济和社会跨越式发展是有极大可能性的。

本书研究的目标是，科学回答当前区域实现跨越式发展为什么需要科技支撑以及支持区域跨越发展的科技支撑突破口是什么等一系列科技治理问题，目的与现实意义在于，探讨本书提出的"科技支撑突破口"怎么真正成为促进区域优先实现跨越式发展的助推器，也就是从科技治理的概念出发，考虑如何增强科技支撑在经济增长与产业发展中的关键影响力、主动参与度与主导权，怎么提升科技研发成果的转化率与经济贡献率，如何解决科技与社会经济治理耦合的环节联通问题。

本书以区域跨越式发展以及科技支撑为研究对象，在借鉴和吸收国内外最新理论研究成果的基础上，以国家和地区相关方针政策和工作部署为依据，精心安排体系、结构和内容，对我国区域社会经济依赖的科技支撑跨越式发展进行系统性解析。全书梳理了跨越式发展的理论，并就科技治理视域下科技支撑跨越发展进行精述，深入探讨科技支撑区域跨越发展的定位与选择，针对区域跨越发展中的科技支撑选择，在典型例证与必然性中找寻区域跨越发展科技支撑突破口的契合点，基于跨越式发展、科技支撑突破口及产业发展的关联度透视，深入浅出地展现了科技支撑突破口通过扶助支柱产业实现跨越发展的路径，以湖北省为例，解剖其在科技支撑区域跨越发展中的现状及障碍，并依据科技支撑区域跨越发展的产业实证性调研，解析并预测区域跨越发展的路径，设计科技支撑突破口在区域跨越发展实践中的路径与方案，最终导出实现区域跨越发展科技支撑突破口的策略及建议，以期为政府相关部门提供资料和思路，为今后的相关研究做出基础性铺垫。

本书的理论意义在于针对经济新常态和科技治理的适用问题进行学术思辨。毛泽东同志喜欢并经常提倡用"解剖麻雀法"来认识和研究实际中存在的问题，他指出："如果有问题，就要从个别中看出普遍性。不要把所有的麻雀统统捉来解剖，然后才证明'麻雀虽小，肝胆俱全'。从来的科学家都不是这么干的。"（中共中央文献研究室，2009）当今中国的发展，尤其是典型区域经济发展已经处于发展不限速的新常态，正处于千年未有的大变革中，面对前所未有的机遇与挑战，面对跨越式发展这样复杂的社会系统工程，从科技治理角度引入典型案例进行点面研究正是一次"解剖麻雀法"的有效实践。本书科学分析常规性发展与跨越式发展在区域发展中的科学运用与适用，从理论到实践层面上完善和充实区域治理理论和区域跨越式发展理论，并于理论上进一步阐明科技支撑、科技支撑突破口与跨越式发展的逻辑关系与治理设计，为我国地区经济社会后发发展在方向与路径上提供再理论化的科学构建与思考。所以理论上，本书的编写是区域管理与科技管理在治理理论视域内的一次交叉融合的讨论，是一次从理论到内容在科技治理研究上的积极尝试，既有利于政府及相关组织机构在科技政策制定方面能有的放矢，又为构建完整的科技治理体系及完善科技支撑研究做出了必要的积累和准备。

当然就本书研究的主题而言，放眼国内学界，科技支撑研究尚属于科技管理研究领域较少涉及或较为人所忽视的分支研究领域，而从科技治理视角出发的研究则更是属于全新的学术前沿，这是因为科技管理转换为科技治理并不是一种简简单单的概念叠加而是一次思维方式的碰撞与检验，所以本书在编写过程中难免会出现疏漏或有些许不足，希望广大读者能不吝指教或交流探讨。

目　录

第一章

跨越式发展与科技支撑的理论梳理

面对经济发展新规则、新做法和新常态，跨越式发展已经坐稳了国家及各级地方政府制定经济发展规划及战略中的常用名词行列。从学界到政府乃至社会均普遍认识到，在推进国民经济迁跃的过程中，只有通过技术与科技的工业化变革、经济化迁跃、社会化进步，在实现社会经济及生产力的跨越式发展同时，完成并实现科技支撑社会经济的迁跃式发展，实现典型地区后发跨越的现实结果。但区域跨越发展的理论支撑与发展还有一系列问题需要梳理。另外，科技力量的巨大及其变革能力已经为社会和经济发展所认同，科技为经济提供支撑，建立科技支撑体系助推经济的强大和社会的进步，成为当前政府、科技部门和产业组织及企业的首要工作。然而，对于什么是科技支撑、什么是科技支撑突破口，却缺乏理论上的探讨和系统的分析，本书根据当前我国经济社会"新常态"实际与实践现况做一些辨识性的深入探讨。

第一节　跨越式发展释义与科技支撑佐论

跨越式发展有其常规的固定说法和用法，但从当前"新常态"社会经济发展和科技治理视角下，本书表述则突出的是凝集了科技支撑、社会管理、体制机制创新以及产业组模变革的整合式创新的一种科技治理概念，手段和路径同一化，即科学技术质变、技术研发支撑、产业组模变革、运行结构优化、经济质量提升、社会管理创新，实现并达成生产力暴增和水平快速提高，绝非某一点上的简单量式扩张和规模翻番，更不是经济、生产力和社会发展的单纯加速（奥斯特罗姆，2003）。

一、跨越式发展的概念与内涵

（一）跨越式发展的概念

跨越式发展，是指发展中的不发达国家或地区，利用特定的环境、经济和技术条件，借鉴或吸收发达（先进）国家（地区）在经济和社会上的发展经验和技术成果、优秀产业选择，并非遵循社会经济及产业发展的常规路径和通常步骤，集中和充分运用后发追赶优势，通过社会经济及生产力的跃阶式发展，跨过国家或地区发展中一般应该遵循的常规经济阶段和产业发展过程，抑或经实践可行的或顺利完成了的产业化与现代化的经济实现过程，或以较短时间完成先发国家或地区用长时间完成的社会经济发展和工业化发展阶段。

跨越式发展的主旨在发展，核心是跨越。跨越式发展的跨越表述为三个关键词，即超常规、非均衡、可持续，其根本在于差异化优势。跨越式发展与科技革命是共生共荣关系，纵观观念意识塑造、体制机制创新、发展能力持续等方面，从本质和内涵讲，当前能为跨越发展创造并提供动力的第一客观实际，唯有科技支撑。

从本质上看，科技支撑介入跨越发展，就是科技的工具性在社会经济跃进式的运动与变化过程中的具体展现，这就是科技在社会进步与发展中的创新应用。从社会综合评估标准来看，科技支撑在社会、经济、民生和国家的全面发展产生的"聚合"效应是跨越式发展动力的核心。从科技支撑与跨越发展的根本对应关系来看，通过强调创新与自主创新能力的提升，体现了科技及其在相关经济发展和产业升级中的深度"化学反应"。科技支撑引擎与跨越发展动力之间，正如2012年5月28日胡锦涛同志在中央政治局会议上所强调的："加快转变经济发展方式，实现我国发展的战略目标，最根本的是要靠科技的力量，最关键的是要大幅提高自主创新能力。"这也就是说，科技支撑充分满足并能创造性实现跨越式发展的充要条件及需求。从这点上延伸而言，跨越式发展的动力之本、发展之源就是科技支撑。

（二）跨越式发展的内涵

从理论角度上看，跨越式发展就是对非均衡的社会经济及生产力发展现象的一种标志性概括，其源自于一种反梯度推移理论的延展。梯度推移理论解释说，从宏观看，假定社会及国家发展的阶段为可标注或可对比的阶段，那么这些可标注或可对比的阶段就称为国家和社会经济发展的梯度，也就是说，单个国家或地区都处在与自身经济和社会发展水平一定的梯度上，那么在人类社会经济及生产力发展中，每种行业以及生产力水平都会随着时间，出现由高梯度国家或地区向低梯度国家或地区顺时顺次的传导递次下移，这种特殊的行业及生产力水平扩散效应，是社会经济和生产力进步的主要推手，也是落后地区经济及生产力水平发展的外在依赖。从某种程度上，梯度推移理论揭示了正常经济发展模式的常规路径，但这一理论却忽视了落后国家或地区内部也存在有面向发展的积极因素与隐性发展条件，这一切源自于后发国家或者发展中国家及地区内在蕴含的经济及产业发展的特殊发展条件及发展多样性要素（多马，1983）。与之相对的是，反梯度推移理论明确提出落后国家及地区或可能存在或蕴含许多潜在发展优势和后发追赶要素，在特定时期内单个国家或地区经济、文化及社会生产力的暂时落后，并不妨碍其通过直接吸收和利用其他先发国家或地区最先进和最新的文明及技术成果，这其中最为重要的是这一过程的技术成本和转移成本要比初始开发成本和原始开发成本要低得多（多马，1983）。这也就是意味着，如果匹配以同样资金、技术优势以及外部环境的条件，同时借助劳动力成本和资源成本低廉的优势，将这些发展优势和后发追赶要素转化为现实助力和赶超优势，或形成产业发展的高速超越或发展出新的产业优势，最终完成赶上并超越先发国家或地区的目标（赫希曼，1991）。这就意味着在生产要素激发、产业转型升级、经济刺激激励及发展资源效率化配置上，以跨越为方式的超常规经济增长发展模式与常规经济发展模式在内在上有着多处本质不同，总结这种结构变革型发展模式的内涵有如下主要表现。

助力观念更新。发展观念是社会发展存在与发展要求的集中反映，关系到发展成功与否和社会运行状态。发展观念通过社会行为指向、事物发展性评价、态度及认知而进行相关的直观性反映，是驱动社会经济运行和生产力发展的内在认知与核心源泉。发展观念在某种程度上支配和调节绝大多数社会行为及走向，影响社会发展的各阶段，具体表现为发展取向和发展追求，凝结为有针对性的发展目标。跨越式发展需要学习、开放、创新、进取的观念与思维。科技所蕴含的科学、合理、先进的和谐发展力量与创新进步理念恰与之契合，不但推动着世界发展的进程，更成为发展模式与国家历史演变的决定性推动力量（丁焕峰，2005）。从价值取向角度看，把科技与创新作为发展观念的主导原则，一定可以打破唯利取向，跳出以求量和实惠为中心的逐利式发展观念，给发展以相对稳定且可持续的理念与意识支撑，为时刻变动不定的发展进程指明方向与确定目标，深入社会各层面，迅速展示跨越式发展的普遍性与特色性。将科技支撑引入，可以认定，科技支撑为推动人与自然实现跨越式发展提供智力支撑，进而为创新发展形成理念源泉、为思想解放形成动力，内化出面向跨越发展实现目标的自觉内在动力。科技支撑集中体现着发展中人的能动作用，实现了科学唯物观的形而上的统一，是质与量的和谐、快与好的和谐、物与人的和谐、人与自然的和谐等理念的具体体现。科技支撑能充分展示和实现跨越式发展的品质与特性，为跨越式发展生成差异化黏性，实现有高度、辐射广、增长快、适应力强等差异化特征的有效聚合，集中发挥其差异化优势。从战略大局观到基础发展理念，从关键阶段意识到差异化竞争思维，从社会整体跨越理念到局部发展思想，科技支撑均有力地展现了其在跨越发展内在观念更新上的跃升式作用力（葛文杰，2009）。

吸引资本聚集。这里的资本是广义范畴，是人类创造物质和精神财富的各种社会资源和生产要素的总称。资本是社会实现跨越式发展的重要制约因素，是关系到发展能否产生质变跃升的基础。广义范畴上资本的社会特性即生产性，然而资本却是通过长期积累形成且具有规模效应，不易聚集。经济增长过程也是资本动态变化的过程，如技术资本能直接提升人的技能、金融资本能提升经济活力、生产要素资本则给予跨越发展有效物质支持等。发展的进程更是资本流动汇聚然后溢出的过程，从单纯地追求经济效能到全面积聚产生经济文化全方位提升，随之而来的将是资本积聚过度的溢出。从发展经济学来看，资本聚集和溢出速度与经济开放程度及高新技术产业关联度甚高，即发展的开放度将影响科技的作用，更涉及资本汇聚速度。另外，资本溢入的实现与强度更取决于诸多社会因素，如人力资本状况、研发单位规模、市场、经济规模、组织技术容纳能力以及政策因素等，这些因素在一定程度上决定着资本纯收益的高低，对资本流动与溢入有着相当的抑控影响。科技支撑既能发挥强烈关联效应，又具备不可模仿的工具特性，成为汇聚资本的"磁石"的同时，能集中持续发挥"磁石效应"，打开一条汇聚资本的通途。资本的聚集速度和强度，对跨越式发展的经济提升水平与产业专业化程度起着基础性支撑作用。科技支撑通过直接生产力特性转化的专业化能力，为促进跨越式发展的资本积累提供保障，同时依靠创新优势，打造吸引资本快速汇聚和专业化资本聚集平台，加速资本积累和聚集。跨越式发展也是规模化发展，科技支撑则有助于实现规模发展中的生产平均成本的减少，这也更加速了趋利资本的汇聚与溢入性流动。科技的支撑作用可以完成跨越式发展所需要的外部规模资本的进入和聚集，产生由量到质的全方位跨越和跃升（韩春蕾，2008）。

优化结构运行。跨越式发展确实是一种社会经济和生产力的速率化诉求发展模式，具体集中表现是生产率倍增式提升，但其中却蕴含着求量基础上的保质的本质。生产率提升标准则是由社会生产力的发展水平决定的，包括劳动者的平均熟练程度、科学技术的发展程度、生产过程的组织和管理、生产资料的规模和效能、自然条件等。这一标准的关键在于产业结构合理化。因为产业结构反映了产业间和生产活动的相互协调，互相之间发挥组织管理和结构调整转换的能力与良好适应性，基于市场变化而变化，追求最佳的产业和生产效益目标。产业结构优化调整是产业间的数量比例关系、经济技术协调和相互作用关系趋向发展的科学合理及结构平衡的过程，是社会经济及生产力进步的首要，根本目标是形成产业经济能力与社会和谐快速发展。跨越式发展更加需要产业结构及生产活动的合理化调整。因为要实现倍增式跃升的目标，就要合理规划和利用资源，在生产活动和产业部门间开展有序协调，确保社会需要的产品和服务基本保障的同时，实现最佳经济效益等目标。科技进步能解决优化产业和生产活动结构的根本问题，即有针对性地在供给、需求、贸易、投资四个关键结构环节实施优化；科技创新能优化生产要素资本、技术、劳动力等主要经济供应比例，解决供给不畅的问题；科技服务为创新生产活动和产业创造的产品或服务的需求协调比例，解决需求不足的问题；科技流动能调适生产活动和产业的产品或服务的贸易比例，解决贸易对接与贸易极差问题；科技投入能融通资本的流动与转移，针对生产活动和产业结构所需的资本流动变化实施动态调整，确保资本流动对产业结构影响呈正向。通过以上影响直接生产力的特性，科技支撑打通生产活动与产业结构的关联，完成结构优化，实现跨越式发展目标（何丽君和华文彬，2011）。

促进制度创新。1993年诺贝尔奖得主道格拉斯诺斯对制度的描述是："一个社会的游戏规则，或者更正式地，是定义人类交往的人为的约束"，"是为了消除或降低社会交往中的不确定性"。然而当社会和经济的发展为这种消除不确定性约束所羁绊时，跨越式发展就能为适应环境变化，跳出旧有体制和环境影响，为实现社会和生产活动的效率效益双提升提供可能。跨越式发展是科学的可持续发展，是国家、民族与社会从低级阶段到高级阶段的跃升过程（房宁，2008）。跨越式发展需要并推动着制度改良与革新，两者互动关系表述为：制度的改良和革新是推动跨越式发展起步的基石，而跨越式发展的实现终将实现制度的改良与革新。制度改良与革新涉及社会政治、经济和管理等各个方面，通过改良和全新设计，有效构筑激励人行为的制度、规范体系，变更社会和组织及其外部环境的相互关系，保障社会的跨越式发展。具体表现为激发人的创新意识和自觉积极性，不断营造新的环境制度以保持持续地创造社会财富，实现社会的进步与发展。技术进步与科技创新为跨越式发展提供了发展智慧保障，跨越式发展基于科技创新的作用推动社会进化，其整体统筹发展必然带动制度的变革与创新。科技支撑对于实践跨越式发展的地区与国家而言，可以实现局部突破与局部跨越从而带动全面发展，这就意味着，科技支撑产生的无形力量可以促进经济发展与制度建设的有形结合，形成促进发展的纵横联系的纽带连接。这种纽带连接就是科技支撑推动的制度创新。在一定程度上，科技支撑实现了在我国经济与社会发展中所急需的科学技术覆盖与产学研深度融合，成为针对社会发展因素所需制度革新的有力助推器。

激活发展机制。机制是一个系统内部的组织和运行变化的规律，对系统有着基础性、根本性的作用。从系统发展的观点来看，机制是在外边条件发生不确定性变化以后，有针对性地自觉能动地反应，以保障系统的良好状态。跨越式发展是从经济突破式增长到社会建设各个方面的全方位提升式发展过程，其发展机制是跨越式发展的实现机制和跨越发展的可持续机理。跨越式发展的发展机制具体表现为发展的自适应能力提升与内化蓄积功能强化，推动经济及产业发展在实现跨越的过程中完成自我调适与功能转化，应对环境和各种因素的变化，有效地调适发展构成要素间联系关节、作用关系及功能互动构件的匹配，并不断增强内化积累，增添发展可持续动力。由于与跨越式发展活动相关的多数外部变量难以控制，必然要求跨越式发展的内在发展机制和机理具备保障能力，具备优化组合机理，完善的应变与预测能力。科技支撑作为一种稳定性好、自适应能力强的工具性介入，激活了跨越式发展内生产方式和经验管理方式、方法的创新与蜕变，优化与完善其良性发展机制。跨越式发展要在不断的跨越式提升与多因素复杂环境的竞争下跃进，必须重视内化积累，这不但是战略发展定位的需要，更是跨越式发展聚合效应与功能"扩溢"互动循环前进的现实保障。科技支撑的直接生产力特性为经济发展水平和产业发展水平的提升有着机制塑造作用，为可持续发展提供内化积累机制和激励循环机制，实现创新收益的同时，为社会经济快速增长提供不竭动力（姜大明，2011）。

二、新常态下跨越式发展的释义

跨越式发展的本质就是一种社会及经济发展速率化表现的超常规发展（孔德宏，2003）。跨越式发展不同于常规经济及生产力发展的渐进与常规序列式发展过程，代之以一种高速、跳跃的阶段式跃升过程，在较短时期内，完成经济及生产力常规发展需要经过长期才能完成或者达到的经济与社会发展目标，在社会经济或生产力水平或产业能力方面实现赶上甚至超过同时期国家的目标，从而实现在一国或地区社会经济或产业发展阶段上的整体或局部跳跃阶段式的发展，一般认为能够加速实现这一过程或者支持该过程实现的基础是科学技术进步的出现与技术革命的发生。纵观当今世界，自从第一次工业革命以来，跨越式发展或隐或现地穿插于人类社会经济和生产力发展史全过程。例如，从人均产出翻一番为标准看，英国用了近58年（18世纪下半叶到19世纪中叶），美国则用了近47年（19世纪中叶），日本则是用了近34年（从19世纪末到20世纪初），巴西用了近18年，韩国则缩短为11年（20世纪中叶期间）就完成了，而中国则是仅仅用了10年（20世纪70年代到80年代）就完成了这一目标。从第一次工业革命起，赶超和被赶超已经是国家和社会发展的趋势，更是后起国家社会经济及生产力发展的必然路径与选择逻辑，从实际上看，当今世界上部分国家和地区已然通过跨越式发展完成了社会经济的跃升，在很短时间内极大地缩短了和先发国家及地区的社会经济与生产力发展水平间的差距。

后发国家及地区如何充分地把握和发挥自身的赶超要素及典型发展优势，同时充分利用已有经验和教训，达到起点高、效益佳、速度快、发展稳的目标与效果，这是跨越式发展，尤其是区域跨越发展的重要方面及主要表现之一。因为后发国家及地区能够借鉴、引进国内外领先地区的较成熟制度、科技等现代文明积累和优秀成果服务于本地区的社会经济及生产力发展，在缩短发展和进步过程中的摸索时间的同时，实现国家及地区社会经济及生产力发展中的风险、成本、收益的最佳配比。从而在较短时间内实现该国及地区在社会经济及生产力发展的快速提升与反超目标。另外，后发国家及地区还能通过改善资金流入的软硬环境，针对发达和先发地区的市场供给趋于饱和的状况，将大量流动的外部资金通过外部借力的融资方式，全面推动和形成市场中的后发条件和优势，缩短资本和资金方面的积累时间。更为重要的是，后发追赶国家和地区可直接将国内外先进且成熟可靠的技术、经验及管理等技术性支持拿来为己所用，针对和结合自身特点，实现在短期内快速完成发达和先发地区曾长期摸索的现代化过程，或者工业信息化必须经历的阶段，在现代化实现上缩短与发达国家及地区的差距和时间（姜安印，2012）。

跨越式发展注重的是社会经济发展质量和生产力水平的整体综合式跃升，既突出数量上的追赶与超越，又着力于社会国民经济的整体质量和发展素质的提升（李春明，2011）。这就是说，跨越式发展追求的是质量与效益的双赢式发展，是调结构、转方式、稳提升的调整结构式综合协调发展，是绿色的可持续循环发展。跨越式发展既看当前的发展速度，又讲后续的发展后劲；不仅看发展的规模扩张，更讲发展效益以及发展质量的水平。这还意味着，当前出现增长并不说明发展后劲强劲，当前规模扩张速度快、形成度高就说明发展规模好、结构优，总结一句话就是速度快并不能等同于质量好、效益高。跨越式发展内涵中体现的是数量、质量、结构、效益的全面统一。

跨越式发展依赖创新的全面化、发展效应的先发化、观念更新的及时化、体制创新的优等化、机制创新的优绩化、科技创新的集群化，将体制与技术创新的力量集中于一点，实现在全面性和战略性重大问题的重点突破。发展思路上不断针对新情况做研究，面对新问题找解决思路，提创新方法，破除常规羁绊，求新中有所为。跨越式发展在发展序列上表现为一个时间性和历史性的社会阶段过程，科学合理地看待非均衡发展与反梯度推移理论，要遵循社会经济及生产力发展的客观规律，在社会经济发展的有所为中也要注意过程中的有所不为，人财物集中要科学适度，在工业基础好、具备跃迁条件的重点产业、重点领域、重点地区实施重点性突破和重大性突破，从而有效地率先实现跨越发展（姜安印，2007）。

跨越式发展，尤其是区域跨越式发展，在特征方面有一点需要注意，即区域跨越还表现出跨越模式和路径的选择。区域跨越发展需要在较短时间内实现经济与产业的快速发展并实现赶超，那么模式与路径选择十分重要。如果选择借鉴和引进成功的经验、技术、制度设计等已有成果，然而虽然可以缩短发展的摸索时间，但其风险与成本收益无法通过选点实验获得，因此风险控制是核心内容；如果通过改善自身条件以及重点利用自身优势进行发展，可以有效地避免引进模式的失败风险，但制度、管理与机制的协调问题则是关键问题。因此在较短的时间内快速通过发达地区曾经走过的现代化历程是一个非常复杂的社会经济系统工程，其中数量、结构、质量、效益的统一要通过综合治理体系的构建完成，如果没有首先建构一个有效导向的支撑跨越发展的科技治理体系，跨越发展的模式与路径选择极有可能会落入选择困难陷阱，并同时产生模式与路径匹配过程中的调适难题（李本和，2009）。

三、跨越式发展的特征及区域化辨析

跨越式发展就是阶段的特定限制，并基于制度、技术进步、科学创新实现社会经济及产业生产力的快速增长与跳跃变化。跨越式发展的总体特征表现有：多以科技和技术创新作为实现跨越的基础条件支撑，在社会经济和产业工业化发展上实现速度和效益的双收，发展速度和过程则表现为非平衡推进、超常规增长（赫希曼，1991；多马，1983）。

具体体现为以下几个方面。

（一）超常规发展

社会经济及生产力发展，尤其是科技进步与技术突破对先行者来说根本没有参照和标准，只能是在发展过程阶段以及发展全过程中与其自身纵向发展阶段和历程对比，各阶段的发展显示出不同的发展速度与阶段特征，也就不存在发展时间和阶段的跳跃与跨越问题。反观落后者和后发者则是对外界条件进行全面的判断以后，有选择性地快速跟进，同时如果简单地选择先行者和已发展地区的发展时间与阶段设定，也就不存在跨越发展和跳跃阶段前进，只有后发者破除之前发展或者既有的常规发展路径与模式，通过避免先行者的摸索与曲折前进阶段，借助技术和科学进步的力量实现超越型的追赶式发展。

（二）后发优势

就社会经济发展及生产力水平提升而言，发展是具有继承性的，发展过程也存在规律性。在社会经济发展及生产力水平提升方面，落后者或后发者由于其所处的后发追赶地位和阶段，反而借助一定的条件和外部环境支持，转化为发展的强大动力，从而将后发和落后定位转换为特殊发展条件的优势，这就是所谓的后发优势。后发优势一般被表述为一种发展的潜在水平与能力，对于社会经济发展的跨越式提升是一个必要条件，但却不是作为充要条件存在的。这主要是后发地区及追赶者实施现代化和社会经济发展过程中，有着大量的现代化先例、成功经

验以及成熟技术可以借鉴并选择，这才是促使后发优势形成的客观外部条件（李仁贵，1988）。这些条件主要从两个方面来进行催化，一方面是先发国家及地区经过发展和成功所积累的先进科学成果、技术储备以及充足的资本金，并且这其中还蕴含着许多先发国家及地区在经济先行探索的路途中的经验教训，对于后发地区而言，这是加快现代化实现进程、避免弯路的有效经验；另一方面，后发者具备革命的精神动力与创新的精神优势，因为落后极大地激发了自身向往社会变革的意识与精神，而这种革新意识与精神又能迅速地调动起社会资源以及力量投入现代化和社会发展进程中去，在回看历史、尊重社会经济发展过程规律的基础上，以革新的精神面貌推进社会经济发展的跨越。这里要说明的是跨越式发展不会在任何时期、任何地点都能够有效地发生或实现，是必须具备满足跨越式发展的社会政治经济文化的初始条件的，而跨越式发展的一般初始条件是地区间的社会经济与生产力水平"位差"和对高位阶发展国家以及先进国家实施开放。在社会经济及生产力水平上的差距决定了地区间经济程度、技术水平、生产力能力的地区距离，相反，这也为跨越发展打开了有效的空间，也就是在对先进和先发国家地区开放的同时，主动地输入先进经验、技术、科学成果、资金等发展要素，才可能有效地结合自身特点利用先进的科学要素以及管理发展经验，在富余资本与技术流动的帮助下，实现超常规的跨越式发展（李仁贵，1988）。

（三）制度创新

跨越式发展依赖制度创新与实现。制度创新在跨越式发展中是指通过对既有制度的调整及变革，使创新者或创新集团取得潜在或者远期利益的一种组织化活动与规程性改变。制度创新能够有效地降低经济结构运行与产业结构调整中的交易成本，为社会经济及生产力跃升提供规程式的生存与发展的外部环境，并且能够对新产业在根本上实现发展成本的改变（增大收益之可变比），使新产业发展有所突破有所为，并且能够极大地缩短科技和技术成果转化为生产力应用的时间，从产业发展和生产力提升两方面针对性地解决新产业发展与产业结构转型升级的矛盾。这也就是说，制度创新不但能够成为跨越式发展的组织催化条件和规制化保证，更是技术进步、科学创新的成果转化应用保障，因为所有的科学成果应用与技术研发进步的都离不开良好运转、协调有度的制度保障。

（四）技术创新

科技知识转化与技术创新驱动是跨越式发展的基础支架。科技知识转化与技术创新驱动形成的技术创新流的流动过程，就是技术创新流行径企业管理、生产组织、生产要素、生产条件等要素，通过效能化组合、效率化提升，直接反映在生产体系的革新以及超额利润生成的过程上。具体则通过全新工艺或技术的引进与再吸收、新产品的开发以及原有产品的改造、全新市场的开发以及原材料的供给新途径、全新的管理及产业组织形式等（李响等，2013）。跨越式发展自出现以来，始终同工业革命、技术经济以及科学技术革命紧密地联系在一起，纵观当今世界的跨越式发展，无不是规模性和先验性地利用科学技术及其转化能力，实现社会经济的飞跃以及生产力水平的大幅跃升，工业技术经济作为国家和地区发展的根本道路将仍旧继续保持相当长的时期。反观近代历史的社会跨越轨迹，跨越式发展的"奇迹"都产生于第一次工业革命以后的几次世界性生产力跃升高潮，如19世纪中叶到20世纪初的科学技术在化工方面的革命，使德国从农业国有了赶超英国的科技支撑条件。自从人类社会进入20世纪50年代以来，科学技术的规模化应用、技术进步的广泛性扩张，使日本从一无所有的战败国在废墟上依靠科技进步和技术创新，只用了短短的二三十年就恢复了其世界经济和技术强国的地位，科学知识进步与技术创新功不可没。毋庸置疑的是，科学技术一直是国家和地区实施跨越发展的重要支撑与手段方式，所以要在我国实行地区的跨越式发展，对传统产业及技术进行高新技术改造，同时开发和全面利用环保节能、新材料以及生物技术等方面的高新技术，从而全面建立一个成本适中且效能很高的迁跃型工业经济发展系统（丁任重和孙根紧，2011）。

（五）非均衡发展

跨越式发展从本质上讲是一种非平衡式发展的社会经济及生产力发展的战略，这也就意味着社会经济及生产力发展不是全面的、平行的推进发展方式。这就是说，不但是可以在不同产业及经济领域开设，并且是有先后之别，有不同侧重的，一般选择是在重点行业产业、重点经济领域和重点发展地区实施率先的突破式发展，然后辐射并促进关联行业产业、各个相关领域以及周边地区的快速带动效应，从而在一个地区乃至几个地区同时实现经济和生产力的跃升，并最终走向拉动国家整体发展水平的迁跃。因为跨越式发展不是一种齐头并进的全面发展路径及模式，是类似于从点到线、从线到面、以点带面、线面结合的点线生成面的跳跃式发展方式。而且要特别指出的是，跨越式发展并非是资源、财力、投入的比拼，更不是片面拉低成本以及追求效益第一的畸形增长模式，而是基于成本适度的高收益式发展，通过合理投入、资源节约、成本控制（特别是环境成本和资源成本的控制），实现经济及生产力的倍增（李雪松，2011）。

（六）机制创新

跨越式发展是追求速度与效益的优先式发展模式，非常注重且依赖教育投入和科技进步。由于跨越式发展需要在制度上进行创新，而局部地区与区域的发展基于制度创新的框架和已有制度变革，更多需要的是机制的创新与灵活适用。机制创新是指可以使创新者或创新集团通过具体发展操作中的机制性变革与机制性调整，完成跨越发展以及相关发展条件所需支持与动力的一种活动。机制创新是区域跨越式发展的具体组织行为与操作方法，是技术创新的基础条件之一，是科技进入产业经济发展的坚实变革动力与外部支持基础。机制创新可以避免制度创新的缓慢、剧烈冲突以及失败风险，通过极大地降低和削减社会经济及产业结构调整所带来的交易成本与成本叠加，有效且迅速地为新技术创新与进步、技术转化为经济再生能力提供生存发展基础与环境，并在产业发展的新方向新起点上实现成本–收益之比的最优化，进而实现在社会经济乃在产业发展方面迅速打开跨越发展的突破口，就实际现实而言，最为直接的好处在于可以真正实在地实现科技转化为生产力的加速及跃升过程，最终形成产业的新发展格局和产业结构升级突破口以及支撑点（李彦亮，2006）。对于区域经济的跨越发展，这里还要补充一点跨越发展与区域跨越发展的细微之处就是：区域跨越发展是一般跨越发展的区域性表征，是在局部地区实现的跨越式发展，对技术和经济乃至社会等软硬件条件而言，是可以实现的，这是一种从一般到个别的关系，然而机制创新对于区域跨越发展是有着独特的概念内涵的，并且在区域跨越发展中扮演着关系协调杠杆和社会网络链接器的独特作用，这点将在后续论述和实证中予以更多展现。

第二节　区域跨越发展及经济增长的理论回顾

一、从区位到区域的理论发源

德国经济学家 Thanen J. H. Von 从经济学论述视角在《孤立国同农业和国民经济的关系》（1826 年）一书中就地域限界下的地理经济研究中着重提出了农业产业的经营方式、布局的问题。在满足特定假定条件下，Thanen 提出了在这个孤立的区域内，农业的产业化布局与生产利润之间存在着直接相关关系，他还指出这种条件下，农业的利润将由其生产成本、产品的市场价格以及产品贩运至市场的运费三大主要因素所决定，这里排除了环境及气候影响因素后，他认为这样的情况下，农业产业经营及生产过程中地理位置的优劣将直接决定运费的多寡，也就是说针对特定的农业生产区域与产品销售市场间的距离几何将决定产业的走向，这些观点的逐步证明就是著名的"孤立国"理论，这是最早的经系统论述的农业区位论，也是最早的系统化产业区位论。

德国经济学家 A.Weber 通过对德国的鲁尔工业区展开比较研究和全面对比后，发表了著名的《工业区位论》（1909 年）。他提出一地展开进行生产的成本费用成为决定工业区位选址的决定性因素之一，最优选择是将所有工业区都选择在生产成本最小的地址。而为了论证生产成本费用最小的地理位置将影响工业区的发展，并形成体系化论述，Weber 此时提出了"区位因素"的概念。此时论述的"区位因素"是指将针对利益获得的空间距离看做一种影响因素，这种因素最大的特点在于，其显示出某一特定地理位置进行产业经营和经济活动所获得的利益远远大于其他地理位置从事相同活动的所得利益，一般意义上来说，对于生产成本及其费用产生直接影响的主要因素包括原材料、燃料及动力材料、劳动力成本、物流运输成本、地租、生产折旧、利息、产业聚集等，但 Weber 依据"区位要素理论"提出生产过程及利润实现阶段的决定性要素只有物流运输费用、劳动力投入和地理聚集三个主要要素。

德国地理学者 W. Christaller 在其《德国南部的中心地》（1933 年）一书中，提出了系统的"中心地理"理论。"中心地理"理论从本质上讲是一种基于空间结构表述的理论，理论新颖之处在于提出区位选择是空间结构的问题之一，并通过重点分析单一城市体与其他不同量级和发展走向的区域体之间的空间结构表达，Christaller 提出单个区域体的发展都是围绕核心进行的，围绕该区域体的核心将形成大小若干不等的城市或村镇，同时这些城市和村镇都是处于该区域体的中心的大概等距空间范围内，这样不同的城市和村镇在市场和商业中心的链接下，在区域平面上构建面积并非均等的不规则六边形，而且这些区域将会由于市场区位的变化而采取不同的等级布局模式。

德国经济学家 A. Losch 在其《区位经济学》（1940 年）中研究了"区位平衡"理论，并对"工业区位"、"经济区位"以及"市场区位"等理论进行了发展性论述。他认为，无论工业还是经济的布局与选址，其最终目的是基于对成本控制的利润获取最大化。所以，他提出产业布局必须与经济区位选择相联系，工业及产业格局形成过程中，如果有重要的因素影响需要考虑的话，那么就是尽可能地查找各个经济单元布局间相互依存的情况和关系，从而达到这个区域发展和产业核心系统的平衡，这也是其提出经济"区位平衡"理论的基础。

美国经济学家 M. Hoover Edgar 在其《区位理论与制革志》（1937 年）和《经济活动的区位》（1948 年）两书中全面阐述了其"经济区位"理论。他提出影响产业及工业区位选择的要素主要来自于运输费用及其结构，通过阐明成本中的运输物流成本概念说明区位选择的主要影响要素。基于经济学推理，Hoover 认为在实际中运输物流的成本费用计算远比之前研究要复杂得多，为了证实其论断，全面引入运输方式的多样性、运输方式不同的费用差别、交通距离及交通网络的疏密、空间以及通达效果、物流费用及运输线路间的依附关系、运输成本与费用以及距离、运费和运价及物流方向的关系选择等要素，并指出其与运费之间存在直接或间接影响关系。依照该理论，获取利润最大化选择之一就是寻求运费最小化，这也就是说，工业区位在选择中要么应该是趋向原材料及资源产地，要么则应该更加贴近市场，同时他还指出，可以指向能够有效地进行产品和货物转运的地理点位（苗长虹，1999）。

从这些专著的梳理中，我们不难看出，区位理论从某种程度上可以作为区域发展理论的发端与渊源之一，以特定的地理区域为界限，探讨产业、经济乃至社会的发展问题，并就区位的地理变化与外界种种条件为变量进行成本和发展结构的研讨，这对于以后的区域经济理论乃至地理经济学都有着极为重要的准备价值和指导意义。

二、经济增长理论与跨越发展认知

阿根廷经济学家 Raúl Prebisch 于 20 世纪 40 年代首提 "core and periphery theory"（中心–外围）理论，其理论核心论述就是提出发达（先进）国家、地区与落后（后进）国家、地区间存在着一种"中心–外围"的联系，并以此为切入，论述这种非平衡关系的发展类型与发展模式，同时还考察相关的政府管理主义等（尼茨坎普，2001）。

美国经济学家 M. Hoover Edgar 与 L. Fisher Joseph 在论文《区域经济增长研究》（1949 年）中构建了其"区域发展阶段"理论。该文中提出任何区域的社会经济及生产力发展都将存在着一个"标准的次序化阶段"，即以人类自给自足的原始农业为起始到产业专业化的现代之间存在五个阶段性过程。

美国经济学家 H. Leibenstein 在其《经济落后和经济增长》（1957 年）中提出"临界最小努力命题"理论。他认为落后的国家和地区存在影响人均收入增长的负面因素，同样也应该存在人均收入提高的积极方面，那么如果一个经济体的经济发展水平并未在一定的高度或者较高的阶段，这就意味着促成人均收入提高的动力将低于经济增长的临界点，也就不能顺利突破社会经济发展的阶段线，仍将处于原有水平的既定层次及状态，如果促使经济体从低端水平和层次向较高层次和水平迈进，而且要持续获得长期稳定的社会经济增长水平，其经济发展和社会增长需要在一定时期内获得大于临界点的最小规模的增长动力的推动。

英国经济学家 Paul Rosenstein-Rodan 在其《大推进理论的注解》（1957 年）中提出了有名的"大推进"理论。该理论认为后发及发展中国家和地区一般会遭遇发展要素及发展规模不均衡说带来的发展瓶颈，突破发展瓶颈的最好路径与选择就是在特定发展速度要求的前提下对各产业尤其是主要产业，实施规模经营以及规模投入，借此实现经济快速增长的奇迹。

美国经济学家 Albert O. Hirschman 在《经济发展战略》（1958 年）中提出"不平衡增长"理论。该理论认为一个国家或地区的经济增长不应当是在全部方面或者所有方面同时发生并出现，因为经济增长总是在一点或者几个特定的点发生并产生强大的推力以及吸引力，并将在这些始发点开始不断集中并不断强化，然后就逐步成长为经济和产业增长的极点，这种增长极点的产生和出现与社会经济发展和增长有着正相关关系，突出表现为经济增长和生产力提升的直接结果。

法国经济学家 Francois Perroux 在其《略论"增长极"的概念》（1955 年）一文中正式提出了"增长极"概念。他明确指出一个国家或地区的经济增长不必然代表该国或该地区的所有地方及方面产生了同时的增长，相反经济增长通常则最早或者最初表现为增长点或者增长极点，同时由于经济增长的强度与辐射能力不尽相同，那么这些增长点或极点将与外围发生关系，并最终形成增长扩散，这将对整个经济产生决定性的变革及影响（安虎森，1997）。

美国经济学家 Douglass North 在《区位理论与区域经济增长》（1995 年）中针对经济和社会增长需求提出"输出基础"理论；美国经济学家 H. S. Perloff 与 L. Wingo 在《自然资源禀赋与经济增长》（1961 年）一文中则针对经济增长的实际与周期概念提出"资源禀赋决定"理论；美国经济学家 J. G. Williamson 在《区域不平等与国家发展过程》（1965 年）中利用 20 世纪 50 年代 24 个国家的区域相关性差异，通过国际数据的比对进行了实证研究，并提出区域发展的倒 U 理论假说（丁焕峰，2005）。

作为刺激经济发展和经济迁跃发展的先验型研究，学界通常上将其归类于经济不发达理论研究的衍生分支。美国经济学家 R. Nurkse 通过《不发达国家的资本形成问题》（1953 年）阐述了"贫困恶性循环"理论。该理论提出落后国家或者不发达地区经济增长乏力、发展受限的根本原因在于资本的严重匮乏，尤其是用于再生产的资本投资，而造成资本缺失的根本原因则是投资的意愿及动力匮乏和原有的储蓄水平低、储备能力弱，这样就是将这种状况形成的根本原因归结于资本在供给和需求两端均存在着非良性循环，继而产生供给不良、需求不匹配的恶性循环。那么后发国家或不发达地区如果想要跳出这种恶性循环，就需要在供给与需求上实行平衡发展，一方面通过投资，尽可能的覆盖各个产业或者重点发展行业，另一方面注重需求培养，重视产业间、部门间以及企业间的协调与配比平衡发展，促进其之间的相互投资，并促成良性发展的闭合循环，通过这一循环格局，在改善供给的同时完成需求的不断扩大（丁焕峰，2005）。

美国经济学家 R. Nelson 通过《不发达国家的一种低水平均衡陷阱理论》（1956 年）提出"低水平均衡陷阱"理论。该文中提出发展中国家容易出现人均收入的低水平重复和轮回想象，表面上看是经济不发达的结果，但其真正症结则是人均实际收入和可支配额度一直或者反复处于仅仅够维持基本生存状态的低水平层次并长期恒定，人均实际收入和可支配额度的过低又将对储蓄和再投资形成一种新的限制，如果通过某种措施大幅增加国民收入提升人均收入水平，促进储蓄以及再投资水平的快速回升，形成一定规模却不能解决因收入增长带来的人口规模化快速增加的问题，那么人均收入及国民收入水平将会再次回到之前的水平层次甚至低于之前的水平，这就是落后国家在经济增长上难以避免的一个"陷阱"。

那么，R. Nelson 给出的解决方案，即如果发展中国家想要摆脱这种增长"陷阱"的困扰，必须从根本上解决本国或地区人均收入或国民收入增长率远远高于其人口增长率（茶洪旺，2008；丁焕峰，2005）。

纵观这些理论的发展与沿革，经济增长理论在发展的同时已经对国家及区域的发展进行了深层次的讨论，涉及落后国家及后发地区的讨论，从开始的经济增长讨论深入阶段辨析，提到了增长要素与禀赋以及跳跃发展的可能性等，这些都为区域跨越发展提供了足够的经济增长理论支撑与指引。

三、区域经济发展的理论溯引

自从经济学科发展伊始，经济学家就开始对区域经济发展和经济增长之间的关系进行了各个角度的分类研究，并形成了各自不同的模式与理论解释。当前学界较为一致认同的面向跨越发展的区域经济发展理论主要有经济增长理论、"非均衡发展"理论、"均衡发展"理论、"后发优势"理论、"牛肚子"理论等一系列具有典型代表性的理论。

（一）面向区域发展及跨越实现的经济增长理论回顾

就理论的发展时间序列而言，经济增长理论的发展从一般意义上说共有古典、新古典及新增长三个阶段。

第一阶段是古典的经济增长理论，其受到古典经济学的重要影响，这一阶段的经济增长理论对于经济学理论的发展有着举足轻重的地位，而古典经济增长理论研究中的典型代表有 Adam Smith、David Richado、Karl H. Marx 对经济增长理论的阐述。Adam Smith 的经济增长理论是通过其名著《国民财富的性质和原因的研究》（1776 年）说明有关经济增长的一系列问题。在书中他提出人类的劳动可以划分为两类，一类是生产性劳动，这类劳动可以并创造了价值，另一类则是非生产性劳动，这类劳动不能也没有创造出价值。那么对于经济增长的需求，生产性劳动的比重应该更大，非生产性劳动应该尽可能地减少。与此同时，促使社会经济增长还存在着另一个重要途径，那就是提高劳动的效率，而要提高劳动效率的根本在于扩大市场的容纳量，因为提升市场容纳量能够进一步促进交换的水平和交换能力的提升，加快并不断深化劳动分工，极大地促进劳动效率的全面提高，进而最终回归到经济增长的主题。Smith 对于促使社会经济增长的两大重要因素的论述中，更为强调劳动效率的重要性和作用。David Richado 在其《政治经济学与赋税原理》（1817 年）中则对经济增长问题持悲观态度，他认为经过长期的发展与运作，社会经济增长最终的结局是趋于停滞或停止。Richado 论述的支持理由有两条：第一，如果在现有的土地上不断追加投资，其结果是获利相对于投入将会不断减少，然后将会带来经济增长的停滞，这是其"报酬递减规律"；第二则是决定收入分配的一方会成为阻碍经济增长的力量并导致经济增长的停滞乃至停止，因为随着劳动和劳动时间的增加，劳动者生产所带来的剩余中，资本家所获得的份额呈持续下降趋势，而这一状况不但会降低储蓄规模又将因为利润率的大幅下降而直接影响到投资者的投资选择与积极性。Karl H. Marx 则从资本主义扩大再生产的角度研究经济的增长。Marx 提出资本主义要实现扩大再生产有两条可选路径，一是加大生产要素的投入，另一个则是提升现有生产要素的使用效率。Marx 认为如果社会扩大再生产要获得顺利实现，就必须确保社会生产各部门间的动态平衡，并提出了著名的"社会再生产公式"。这里从本质上讲，保证社会扩大再生产的顺利进行与实现就是实现经济增长的稳定实现及可持续，在这点上 Marx 认为社会经济的增长将会促进生产要素社会化的不断增强，同时对生产关系将会产生巨大的影响。Marx 在研究经济增长问题中还特别注意到了科学和技术进步对经济增长的重要影响与作用，这为后期"后发优势"理论中强调技术与科学进步的重要性产生了重要影响（侯景新，1999）。

第二阶段是新古典经济增长理论，新古典经济增长理论的由来是其相对于古典经济增长理论而言，典型代表人物有 Robert M. Solow 和 Swan，代表作分别为《对经济增长理论的一个贡献》（1956 年）和《经济增长和资本积累》（1956 年），两部著作均针对经济增长给出了特定观点并构建了对应的理论模型。该理论的核心观点是科学与技术进步将会为社会经济持续增长提供动力，并且提出技术作为变量对于经济增长理论模型本身是外生性的变量要素，也就是说，只需要确保技术的不断进步与革新，就会产生并带来不断扩张的资本与生产需求，获得实际利润提升的同时，将会促进储蓄的增加，进而实现经济增长的可持续性长期存在。从当前跨越式发展以及国家和地区经济发展实践看，新古典经济增长理论在"强调技术进步在经济增长的作用"的论断上的确是有其先验性的，在相关佐证不足的情况下，依旧能坚持科学进步与技术发展是社会经济增长的决定性要素，这点为后来理论和实践的进一步完善提供了很好的基础和导引（胡乃武和金磅，1990）。

第三阶段是新经济增长理论，典型代表人物是 Paul Romer 和 Robert Lucas。Romer 在《报酬递减和长期增长》（1986 年）中率先提出新经济增长理论，而 Lucas 在《论发展规划的机制》（1988 年）中也提出了其增长理论。那么，新经济增长理论的观点主要有两个方面特征：一个是将古典经济增长理论中的劳动力概念扩大为人力资本的概念范畴，另一个则是转而将科学进步和技术革新作为经济增长的内生要素看待。这些观点对于实践中的各国及地区经济增长发展路径、模式和架构均有着重要的影响作用和意义，不过从当今学界的评价而言，因为其在实践和实际运用中均有其建立的理论模型结合具体经济理论进行了相应的推广与演化，并由于不同地区和国家的不同情况，适用的模型不同，推导并得出的结果就不同，所以就本书理论讨论范畴而言，新经济增长理论还不能作为独立存在的一个经济理论分支，但该理论也正在不断地成熟丰富和完善之中。

（二）"非均衡发展"理论的过往

"非均衡发展"理论主要是对全面发展理论以及均衡发展理论的典型性验证与讨论，主要讨论的是从一点或者特殊的几点实现经济的急速增长和社会的发展，具有代表性的主要包括以下几个，即"循环累积因果"理论、"不平衡增长"理论、"增长极"理论、"中心-外围"理论、"梯度转移"理论以及"倒'U'"理论等（李仁贵，2005；林元旦，2004）。

瑞典经济学家 Gunnar Myrdal 在《美国的两难处境》（1944 年）中首次介绍了"循环累积因果"原理，其后又在《经济理论与欠发达地区》（1957 年）中对"循环累积因果"理论进行了深入完整的详细论述。该理论认为，就一个国家的发展而言，社会变迁、经济增长、政治更替、文化承继及科技技术进步等主要社会元素的变动与革新，无不对该国政治经济社会发展制度不断地演进产生着重要影响。反观经济社会和市场的不断变化，影响社会经济及生产力发展的各类元素又是相互作用、相互连接、遵循因果律的。也就是说其中一个元素或因素的变化必将引起或者导致另一元素（因素）产生相应的反应与变化，更为重要的则是，这一产生变化的元素（因素）或将反作用于其本身使其发生作用的那个元素，并推动或影响起始元素在导致变化产生的方向上继续前进，这样看来，对于社会发展及经济增长的各类要素与元素而言，其间的关系将不会始终处于稳定的均衡态，而是处于各自循环与因果律运动之中，并且这种循环与因果律作用并非简单的循环与因果流转，是在前一元素和要素发展的积累效果上的循环与因果流转。

Albert O. Hirschman 在《经济发展战略》（1958 年）中提出了"不平衡增长"理论，该理论主要是针对发展中国家经济落后的现状而提出的。他认为，对于发展中国家而言，资本是最主要的稀缺资源，如果在一国范围内大量而广泛地投资，则必然会遭遇资本不足的难题，经济均衡增长的目标肯定无法实现。正确而又现实的选择是走一条不平衡增长道路，优先发展一些部门、产业和企业，进而通过它们的发展带动其他行业、部门和企业的发展，经济的增长是采用从一种不平衡到另一种不平衡交替进行的过程，国家经济政策的目的是保证这些不平衡发展路径的活力。此外，赫希曼还研究了不平衡增长的效率问题，提出了著名的"关联效应"，包括"前向关联"和"后向关联"等。

法国经济学家 Francois Perroux 通过著作《经济空间：理论的应用》（1950 年）和《略论发展极的概念》（1955 年）中，率先确立了以"增长极"为标志、以"不平等动力学"为基础的"区域非均衡增长"理论。该理论的主要思想是，一个国家或地区在其经济增长和社会生产力发展过程中，经济增长绝非在所有方面的所有部门同时发生和出现，应该是在某些产业领域或行业部门间率先发生，而这些行业部门与产业领域基本是具有较强的发展活力、较大的提升潜力和有效的创新能力，与之相匹配的供给与需求两端又都具有很强的市场化能力，最后最为重要的是这些产业领域与行业部门的地理位置大多又都聚集于城市、交通线以及产业区的中心。换而言之，Perroux 的经济增长理论的主要观点在于提出了经济增长的增长点与增长极，这些增长点与增长极通过相关的社会链接与社会相关部门发生互动和扩散，继而对社会经济和产业生产的整体发展产生波动性影响。同时他还对其进行了严格的定义与规范，特别指出，增长极是表现为地理空间集聚为特征，对国家或地区经济增长、生产力提升有着主要或者重要推动作用的工业的集合体或联合体。另外，他还对增长极形成条件加以论述，认为增长极的形成与一个国家或地区的社会历史发展、文化承继、知识经济程度、制度环境以及资源禀赋都有着密切的相关性。

　　阿根廷经济学家 Raúl Prebisch 提出的"中心-外围"理论是讨论国家间的发展模式与相应的政府行为，该理论论述了发达（先进）国家与落后（后进）国家间存在着一种"中心-外围"的不平衡的体系和发展模式，那么对此，政府主张应当有相应的措施与行为。美国经济学家 John Friedmann 在区域经济学研究中全面引入"中心-外围"的概念，他提出：就一个国家或地区的发展而言，都可以看做一个区域系统，而这一区域系统则均包括两个子系统，即一个是"中心"子系统，一个是"外围"子系统。如果考察实际情况，一个国家或地区的市场、资源、技术以及空间地理的分布由于地区的不同而将具有各自不同的差异，这种差异应该也必须是客观存在的。那么对于两个子系统而言，如果某一地区内的生产要素、资源、技术以及制度环境等在主客观条件的作用下，通过集聚的态势形成一个"中心"系统，那么这个"中心"系统相对于其他周边地区将拥有相对的经济优势和市场竞争力，随着生产与行业的发展，这一系统将由主观的集聚形成客观存在的区域经济体系内的实体中心，这样周边或其他相对落后的区域将处于被动的依附地位，相对于"中心"系统就成为"外围"系统，继而形成地理和经济空间上二元经济结构，并且这一"中心-外围"系统将随着时间与产业的不断发展而不断强化发展。

　　美国经济学家 Ruttan Vernon 在其《产品周期中的国际投资与国际贸易》（1966 年）一文中提出了"工业生产生命周期阶段"理论的学说，也就是所谓的"产品循环"说。该理论认为，就产业部门及其产品而言，都有着生命周期，也都有不同阶段，那么每个周期必然会经历创新—发展—成熟—衰退这四个阶段。随后区域经济学家 G. Krumme 和 R. Hayor 将其理论引入区域经济学研究中，继而衍生出区域经济发展中的"梯度推移"理论（李国平和许扬，2002；李国平和赵永超，2008）。"梯度推移"理论提出：一个区域的经济及产业发展为该地区产业结构状况所决定，然而产业结构状况又与该地区经济部门直接正相关，特别是与该地区的主导性产业的活动生命周期所处的阶段有着千丝万缕的关联。简而言之就是，如果一个地区的主导产业在其活动周期内是处于创新的阶段，那么该区域就具备较大发展潜力和较强发展能力，G. Krumme 和 R. Hayor 将其归类为高梯度地区。那么依据产品生命周期的次序分析，地区内产业相对的四个阶段将依次可以通过梯度的分类予以划分，那么产业发展周期以及产品生命周期的阶段性演进，通过复杂的地理、工业以及产业系统，生产活动将从高梯度地区向低梯度地区出现逐步转移的现象。

（三）区域均衡发展理论的概要

区域均衡发展的理论主要是以区域整体作为研究对象，是从均衡发展的视角进行研究阐述，主要代表理论有"临界最小努力"理论、"低水平均衡陷阱"理论、"大推进"理论和"贫困恶性循环"理论等。

"临界最小努力"理论是美国经济学家 H. Leibenstein 在其著作《经济落后和经济增长》（1957 年）中提出的。前面已经介绍过，这里主要说明的一点是，在区域均衡发展的难题面前，如何把握和判断人均收入水平的提高能力与阻滞力量之间的临界规模，面对这一影响区域社会经济发展水平的临界规模，如何能够在经济发展和产业努力方面实现超越这一临界规模，同时顺利摆脱低水平经济发展态势，才能够实现经济发展的跳跃，该理论的均衡就是临界规模的限界努力与摆脱低水平经济发展态势的能力两个方面。因此，这里的"均衡"强调的则是实际人均收入水平的提高和阶段经济发展水平的同时作用性表现。

"低水平均衡陷阱"理论是美国经济学家 R. Nelson 在其《不发达国家的一种低水平均衡陷阱理论》（1956 年）一文中提出的。这里再次介绍的目的在于，面对国家和区域经济发展，尤其是针对区域经济发展，跳出低水平人均收入的重复性现象，打破发展中国家和地区的人均收入徘徊在低水平均衡状态的怪圈，需要从发展的视角看待问题的本质，虽然找出其中储蓄和投资水平的原因，但该理论只是从经济表现的表象层次说明了区域发展低水平在"均衡"中的陷阱，而真正导致这一陷阱的背后实质则是经济内生的供给与需求双向作用力均不足，也就是两项乏力状态下的无力摆脱低水平重复维持状态，因此经济现象带来的"陷阱"表象就吞噬了经济发展的潜力与发展的方向性指引。该理论给出的解决方案是，首先要做到并要做好的是实际收入的增加，也就是在地区经济发展过程中，要始终保持人均收入的实际增长率远远高于人口的实际增长率。

"大推进理论"是在英国经济学家 Paul Rosenstein-Rodan 的《大推进理论的注解》（1957 年）中所提出。他认为国家和地区在发展和经济跃升的过程中，需要倚重投资，并且要特别注重投资在规模和强度上的保持，这也就是要针对投资需求，调动自身和周边的尽可能多的资源，对投资的产业及相关领域予以特定规模、特定速度设定的持续性、高强度的资本投入，这样才有利于形成国家和地区发展的推进力和推进效果，从而完全实现社会及产业的经济高速增长。

"贫困恶性循环"理论是美国经济学家 R. Nurkse 于《不发达国家的资本形成问题》（1953 年）中提出的。该理论针对发展中国家进行了深入研究，认为其发展过程中在供给与需求两端均存在着恶性循环。供给端受累于发展中国家持续的低人均收入水平，直接决定了其储蓄很难有较高水平和较好表现，将直接影响资本的再形成，投资资本必然出现短缺和不足，这些影响传导至生产环节和产业领域势必影响其生产效率，那么产业发展就缓慢，经济增长就会停滞，然后又会造成人均收入的持续低水平，这就导致了一个供给内的恶性循环；需求端则受到人均收入水平持续低下的拖累，购买力不足以及投资需求不旺盛的双重负面影响叠加下，生产率和收入水平将陷入新低，由此在需求内造成了一个恶性循环。在 Ragnar 看来，这两端的恶性循环交互作用下，发展中国家的经济增长和生产力发展水平将始终处于被"贫困恶性循环"绑架的状态。为此，他提出消弭这种恶性循环的关键在于经济及产业发展的平衡战略，也就是在一国或地区内对经济部门、产业部门以及相关行业同时进行投资，在促进经济部门和各产业部门之间的全面协调发展的同时，完成供给端的状况改善，并且依赖对经济部门和产业部门间的相互投资，全面实现需求的扩大，这样或能有效地提升需求能力和扩张需求面，从而跳出"贫困恶性循环"。

（四）"后发优势"理论的源起

"后发优势"理论的思想发端于英国古典经济学家 David Richado 的"比较优势"学说和瑞典经济学家 Eli F. Heckscher 与 Bertil Ohlin 的"要素禀赋论"。经过众多学者的后续研究和完善，逐渐成长为经济学分支中的独立经济理论，具有代表性的有 Gerchenkron 后发优势理论、Levy 后发优势理论、Abramovitz 追赶假说、Brezis 和 Paul R. Krugman 的 Leapfrogging model（蛙跳模型）、张培刚的牛肚子理论等（林元旦，2004）。

Gerchenkron 后发优势理论源自于美国经济学家 Alexander Gerchenkron 的研究，Gerchenkron 在 1962 年深入地研究和探讨了后发国家及地区的经济增长，同时主要是借助对 19 世纪欧洲后发的落后国家如德国、意大利、俄国等工业化进程的全面分析后，提出了其"后发优势"理论。他说，从当前的实际来看，"在工业化时期中经济相对落后的国家，其工业化进程及其特征的许多方面及其表现，将与先进国家（如美国）或先发地区有着显著不同"。他提出的"后发优势"是后发国家及地区在工业化及其实施追赶过程中，所具备或获得的特别益处。他还特别指出，这种特别的益处是源自于后发国家或地区所处的后发地位，这点先发国家无法获取也无法拥有，当然这是后发国家由于其自身所处的落后地位伴生的，并非通过自身积极努力创造可以获得的。

Levy后发优势理论是美国经济学家M.Levy基于经济现代化角度，在Gerchenkron后发优势理论上进行发展所得。Levy在研究后发国家实现现代化的过程后，提出了后发优势的五个具体方面：一是后发国家或地区对现代化进程尤其是工业现代化进程的认识，比先发国家及发达国家有了较为丰富和深刻的认识与体会；二是后发国家或地区可以且能够有效地直接吸收、借鉴先进国家或发达国家已经成熟、成功的现代化设计、产业规划，尤其是科学技术、先进装备和设备以及先进的管理思想与方法等；三是后发国家或地区在现代化的具体实施中，通过充分吸取先发国家或地区的发展经验及失败教训，避免同样的失败与错误，甚至通过跳过某一特定发展阶段，更快更早地实现对先发和发达国家的追赶与超越；四是后发国家或地区同时还能以之前的先例为参照物和目标，依据先例对自己的发展进程实施预测与选择；五是后发国家或地区在现代化过程中由于产业或者经济的对接，能够获得发达国家的资本投入和技术转移。

Abramovitz追赶假说是美国经济学家Moses Abramovitz在1986年所提出。该理论认为，一个国家或地区的经济发展初始水平基准与其社会经济增长速度间呈现反向关系，简而言之就是一个国家和地区的经济发展水平基准线越低，那么其经济发展中的增长速度表现就会越高，而相反的是，一个国家经济水平基线较高，那么其经济发展中体现的增长速度反而会越低。追赶假说推导的前提是发达国家的增长速度显然或者必然是较低，或者是必须低于发展中国家或后发国家的，后发国家和地区一定是很高或者必须高于发达国家和先进地区的，那么这样才会形成后发国家与发展中国家及地区最终必然完成对先进国家和发达国家的追赶。不过就实际情况看，当前发展中国家与发达国家间差距并未出现快速缩短，并且有不断扩大的趋势，同时追赶假说中有个关键点在于特别区分出"潜在"与"现实"的不同之处，那么这样追赶假说才能在一系列限制条件下成立，而Abramovitz同时给出了相关限制条件，包括科技进步系数、技术差、社会发展能力、历史文化背景以及国内国际环境等。

Brezis和Paul R. Krugman的蛙跳模型是美国学者Brezis和Paul R. Krugman通过总结发展中国家及地区的成功发展经验，发现并提出了借助"后发优势"中的技术发展路线的蛙跳模型。在这一模型中，一个国家或地区首先要具备一定的技术能力、科学进步基础、创新基础水平等条件，这样后发过程中通过直接引入已有、已在使用的城市技术及装备，同时辅以高新技术研发与创新为载体，选取突出或者重点领域或产业、行业实施面向科学技术与创新开发的技术性追赶。该模型提出追赶的关键在于技术的培育、创新及应用转化环节，在技术及科学发展的顺序选择方面不一定按照原有的从低到高、从初级到高级的发展模式，而是直接在技术发展阶段上实施跨越，选取特定的适合的始发追赶点，创新和应用新技术，最终实现跨越式发展（Krugman，1997）。

牛肚子理论是我国发展经济学家张培刚在20世纪80年代提出的。他首先将中国形象地比喻成一头牛，那么中国的东部地区就比作"牛头"，西部地区则就如同"牛尾"，剩下的中部就是"牛肚子"。张培刚认为，"从横断面来看，中国西部最为落后，中部较为先进，东部或东南部沿海地区最为先进，区域经济发展不能搞齐步走，但也不能差别过于悬殊，更不能让先进地区的经济发展损害落后地区的利益或阻碍落后地区的起飞进程，如果中部不能相应地及时崛起，全国经济的起飞和持续协调发展是不可能的，使劲的部位不对，使的劲越大，陷的越深"（张培刚，2005）。

四、跨越发展适用理论的相关性讨论

经济增长理论与区域跨越发展理论是当前国内经济和管理学科研究的重点和项目焦点，因为面对当前国内外经济全球化趋势的日渐强势，国家间、地区间发展模式及其差异化发展越发凸显出经济增长与生产力急速提升需求的时代背景，跨越式发展的理论研究以及经济增长方式、模式、模型、路径及策略当然成为国内学界热衷讨论的主题与焦点，这其中经济学自认其当仁不让，管理学中公共管理学科则在近几年的研究主题上有了全面开花的态势。从学界研究的历史看，区域跨越发展的研究及相关探讨首先且最先是由经济学的地理空间、经济增长、国民收入以及产业经济研究的积累逐步发展起来的，当前区域跨越发展研究与经济增长理论有着密不可分的关系。

就理论本身而言，经济增长理论对其研究最为系统也较深入，延续的时间从古典经济增长理论到新古典增长理论再到现代经济增长理论，这里追加一点是，现代经济增长理论中对经济增长过程中的要素如资本、劳动力、技术、环境、制度等的相关性作用有着诸般论述和探讨，但与实际或者理论间的比对后，或还存在着某种局限，这一局限就是条件性和环境界定。这也就意味着，从特殊界定和条件出发，经济增长理论对于跨越发展，尤其是在区域跨越发展方面点出了作用点与关键环节，起到了很好的启发与指引作用。

跨越式崛起、区域跨越发展是当前我国及政府面临经济新常态下统筹国家与区域经济增长协调步骤的发展布局设计与战略实施规划，实际情况复杂多变，急需理论和成熟的实证研究予以指导。

从学界研究和学科研究角度看，区域跨越发展基础问题、相关性问题尚未出现哪种学说或者理论在目前管理学科研究和经济学科理论体系获得了经济及管理学界的一致认可。这点上，从学理出发的各种理论学说，无论是西方经济学抑或马克思政治经济学，无论工商管理学科抑或公共管理学科，均没有哪种现成的理论可以非常有说服力非常有佐证力地来阐述并能实际操作区域跨越发展的理论与实践的耦合。

从实际与实践视角，我国经济增长和地区区域经济格局的发展与变化可谓日新月异、今夕不同，再加之全球化影响日盛，不断受到世界经济及外部环境变革的影响与冲击，区域跨越发展研究却呈现出研究背景非单一化、研究设计复杂、研究内容涉及面宽、时代特征强、与现实经济实践结合紧密、内外部环境和国际国内的影响大等特征，提出一种单一的或者口径一致的经济学或管理学理论给予指导，并使之合理、科学运转是不可能的，而是有可能要通过学科交叉结合、理论交叉论证与应用才能有效完成。

所以，本书认为针对区域跨越发展研究，需要跳出既有框架束缚，在借鉴前人相关成果的基础上，扬弃某种单一理论主导的局面，应该也必须通过交叉总结并运用理论集合的综合协调研究来共同完成。这也就是说，经济增长理论必然是作为其理论来源之一的，而当今的经济增长离不开以科技为核心的生产力，如果从区域跨越发展的路径及模式选择，以增长极为代表的非均衡发展理论则实现增长极与科技进步及提升紧密结合，如果从社会经济的差异化阶段以及区域经济协调需求的格局看，区域经济均衡发展理论则为科技浪潮席卷而来，对技术经济效应做了很好的阐述，回到当前我国正处于发展中国家向发达国家迈进的关键阶段，国内各地区经济情况以及区域差异化实际，后发优势理论主导下的科技经济支撑社会经济增长，能够在产业与经济中推动科技经济生产力的形成，最终落实到中国社会主义建设的目标以及国家经济增长全局上，从这点上看张培刚先生的牛肚子理论对于区域崛起和跨越战略的中国适用及实施是具有相当的理论先验和可指导实践性。

由此，通过理论的梳理，当今技术变革带来的科技支撑在经济增长中的力量——现在还加入了互联网和"互联网+"的理念——在跨越发展理论及经济增长理论的实践可行性陡然上升，基于跨越发展理论的科技力量的创新作用和经济主导效果也逐渐为人所熟知和认可。

第三节 科技支撑与科技支撑突破口

一、科技支撑的概念与内涵

联合国教科文组织在其发布的《世界科学报告》中说明："科技及技术间的差距，是各国及地区的经济发展及生产力水平产生差距的重要因素之一。"（Messner and Meyer-Stamer，2000）综观世界各发达国家和地区走过的振兴之路，无一不是依靠了科技的力量。以近代发达资本主义国家为例，英国、法国、德国、意大利、美国之所以能够成为经济强国，根本原因在于重视科技的创新。再看第二次世界大战后经济强国和新兴国家及地区的振兴之路，无论是曾在第二次世界大战中战败的日本和联邦德国，还是20世纪七八十年代兴起的亚洲"四小龙"也都是依靠了科技发展的力量，才能取得经济社会的迅速发展，科技已成为国家兴盛、民族振兴的根本，已成为国家兴盛、民族振兴的快速支撑。20世纪以来，科学技术的发展，无论是在速度和水平方面，还是在对社会生产和社会生活影响的广度和深度方面，都是前所未有的。科学技术是一种起历史推动作用的和最高意义上的革命力量，是第一生产力和知识经济增长的基点。同时，科学技术也是当代世界各国各地区经济社会发展和综合国力进行激烈竞争的制高点。要解决中国社会的经济增长和区域社会发展等经济变革式增长的社会发展关键性问题，科技进步与技术创新能够形成强有力的社会支撑效益（周志田，2005）。

"支撑"在《现代汉语词典》及《辞海》里面的直接释义是：①抵抗住压力，使东西不倒塌；②勉强维持（支持局面使不崩溃）；③抵挡、招架。而引申指代作用的意义，可为某物对另一物的基础性和决定性力量或作用，那么科技支撑则可直接释义为科技对作用物的基础性作用以及作为一种决定性力量的存在。

本书的"科技支撑"究其内涵和本质表达而言，与"科学技术是生产力"（第一生产力）的内涵表达同一含义与指向，不过是前者侧重在技术经济治理和产业发展经济学的视角进行阐述，后者则更侧重于过程性、决定性以及历史发展序列的整体社会发展观视角进行的高度总结，简单讲就是，科技支撑是针对当前产业及技术经济治理实际及经济增长求解的学术性概念，而"科学技术是生产力"则是哲学历史观在社会发展视角的指向性表达。人类社会产生至今，其可查的文化历史生活只有五六千年的时间，然而科学技术在社会生产及经济增长中的转化应用，并全面引发社会经济、政治和文化生活翻天覆地变化的时间才不到三百年。当今现代社会、生产部门、产业行业以及生产力构成等各个方面无不流动着科学技术的基因，科学技术及知识创新是人类现代社会经济增长体系的有力支撑，当代经济、社会部门及产业部门离不开科技的决定性辅助，就当今社会发展的产业和经济各部门而言，没有任何一个可以离开科学技术和知识创新而获得全新以及增长式的发展，科学技术及知识创新已经成为现代社会经济部门以及生产力构成中最具决定性、最具活力的要素，也将逐渐成长为最具主导力量的重要支撑。那么，科学技术及知识创新在社会发展以及经济增长的支撑作用表现为对社会经济及产业部门的全面渗透，既存在于宏观层面，也广布于微观层面；既体现在数量上，更表现在质量上；既有直接的介入，又存有间接的支持（周志田，2005）。换而言之，当今各国社会经济及生活中的经济及发展活动，都需要科学技术及知识创新的支持和辅助。例如，从产业部门和社会部门看，如果世界上所有大中小型计算机及其节点停止运转一天，世界上担负社会发展和运转任务的部门将全面陷入瘫痪，并且人类的普通生活也将遭遇难以想象的困难与麻烦；如果农业没有现代技术和科技进步的支持，全人类将迅速跌入饥荒的世界。反观当今科技领军企业如 IBM、微软、谷歌、甲骨文等不能在市场和生产部门实现和展示其科技支撑以及科技助推的实用价值，将很快被市场和社会无情地抛弃和淘汰。科技与社会发展和经济增长融合在人类社会进步道路上已经近百年，时至今日，面对科技在社会发展和经济增长上的问题已经不是科技支撑的角色问题也不是科技支撑是否存在或者是否应该存在的问题，而是科技支撑作用在哪里更有效，支撑点选择哪里会有更强的表现和更好的增长助力的问题。可以不夸张地讲，当今社会及经济增长如果离开科技进步和知识创新的支撑，人类社会的发展及经济运行将趋于停滞甚至倒退，而如果国家和地区不能有效地利用好科技支撑的话，经济增长和社会发展将很难再现，更不用提社会进步和人类的终极发展。那么当前对于科技支撑的研究及其核心问题是，完善科技支撑服务社会体系，有效地构建科技支撑服务经济增长的运行机制，最终指向是将科技在经济增长和社会发展中的作用无穷放大，在社会经济发展和生产力水平提升上实现倍增式贡献。

当前在我国实际运行与具体实践的科技支撑，是为贯彻落实《国家中长期科学和技术发展规划纲要（2006—2020 年）》，面向国民经济和社会发展需求而设立的一项国家科技计划。该项目以支撑计划为项目名称，于 2007 年 2 月 9 日国家科技部正式启动实施，该计划投入为近三百亿元人民币，国家科技支撑计划的前身是国家科技攻关计划，攻关计划自 1983 年实施以来，集中攻克了一批产业关键技术和工业共性技术，如杂交水稻、三峡水利枢纽工程、秦山核电站建设工程、大型乙烯工程等重大科技的突破均产生了巨大的经济和社会效益。该计划的目的是全面强化重大公益技术及产业共性技术的研发支持，目标是真正全面地实现科学技术在中国经济增长和社会发展中的支撑能力及水平（朱崇开和杨书卷，2010）。科技支撑对于当前的中国有着十分重要的意义，因为中国处于社会发展和改革转型的全新发展阶段，也处在社会转型的攻坚阶段，能源安全、资源节约、环境保护、疾病防控、产业未来、公共安全等各社会方面都面临巨大压力和严峻挑战。科技进步与知识创新的支持，将有助于解决当前中国社会发展、经济增长、产业转型等重大难解的问题。国家在原有攻关计划的基础上，提升其计划层次和针对性，建立其国家科技支撑计划，要通过集聚国家各个层面的优势技术资源及科学知识支持形成一个发展支撑体系，打造面向国民经济增长和社会发展的支撑性投入体系。从国家科技支撑计划实施的实际来看，主要还是落实《国家中长期科学和技术发展规划纲要（2006—2020 年）》中需要尽快落实的重点领域和优先主题，同时面向国家级重大工程建设和重要重大设备装备开发，重点解决一批涉及战略性、全局性、紧迫性的关键性技术攻关难题。从国家科技支撑计划具体实施看，目前已在能源、资源、环境、农业、制造业、人口健康、公共安全等 11 个重点领域启动了相关项目。

以上项目里面体现的只是狭义上的科技支撑，也就是将科技支撑在实际应用中以一种国家计划和规划的项目形式呈现，然而本书的科技支撑远比这个项目或计划型的科技支撑要广泛得多，从本质上讲，本书中的科技支撑讨论的是面向社会经济增长和社会阶段提升的主导性思想、观念、模式、作用机理、具体机制以及模型方式方法的总和。

二、科技支撑突破口的释义

"突破"在《现代汉语词典》中的基本释义是：①集中兵力向一点进攻或反攻，打开缺口；②打破（困难、限制等）。由于突破口在常用汉语句中多数作为短语和固定宾语词组使用，因此在《网络在线辞海》和《百度词典》查询到"突破口"基本释义则为：攻破难关的关键点，堡垒最薄弱之处；在《现代汉语词典》里也有解释，即冲出包围的出口，比喻打破困局或限制的关键处。军事基础理论里面有"突破口理论"也只是作为一个预演的静态模型，实战中则是突破敌人防线，扩大并巩固已突破的敌军防线缺口，并向纵深发展胜利。由于没有学界认定的统一术语认定与相关研究释义，本书依据学术常识和已有学理知识归纳，得出如下定义，即科技支撑突破口是从属于科技支撑系统并为其服务的子系统，是需要大量先进且关键的科技资源、要素以及技术力量投入，针对科技管理、技术经济模式运作的技术、管理和产业的过程耦合，从而形成的满足经济和社会快速发展需求的重要转折项与关键迁跃点。

科技支撑回归到其本身与本真首先谈的是科学技术与创新能力，科学进步与知识创新才是其核心内在价值的支柱（赵刚，2005）。当前人类社会发展和经济增长过程中，科技和创新研发的活动成为了其中最为主要的活跃因子和部分，但由于其独特的社会属性与社会应用价值，又具有与其他社会组件较为不同的相对独立性，这也就逐渐形成了科学技术活动、经济增长和社会发展三者间的互动兼容关系，科学技术活动由科学知识和技术创新组成，面向经济部门与实体的时候又将转化为科学技术与知识创新的应用转换，而社会发展与经济增长间的此消彼长关系则决定着人类社会的发展与阶段次序变更。就此说来，科学作为人类社会对自然规律和社会发展经验形成了一系列可认知掌握的认识成果，可以以知识、理论、观点以及假说的非物化形态存在，而技术以及知识创新则表现为知识、理论、观点以及假说的物化形态产物，大多存在于程序性的工艺、操作规程、技艺模式及方法、实体物化设备及装置等可掌握、可学习、可传递的统一体中（Das，1998）。

从经济增长和社会发展来看，在某种意义上，科学技术、经济增长与社会发展间存在着一种相互包含、相互促进、相互依赖的结构化关系，其分别在人类社会整体系统内构成不同的层面和结构序列，又互相之间勾连、作用。从社会发展和经济增长看，科学技术需要依赖外在的物化载体才能有效地展开活动，并且通过自身与社会和经济部门的交集产生相应的影响与互动。物化载体是与社会和经济部门产生交集的基础，如科学技术资源是科技支撑物化的基础，源自于对社会和经济部门的结构选择，主要有智慧人力（如科学技术研究与创新的专业人员、进行科技研发的专职人员）、财费支持（从事科学技术研究、创新、新技术开发经费投入即 R&D 经费）、物质保障（投入科学技术研究、创新开发以及新技术研究的实验室、科研设备及相关器材）。科技组织是科技支撑运转和生存的主体体系与实体机构，这种组织化结构的实体一直是科学技术进步和创新研发的主要实施者与重要承担者，如国家的科研院所、研发机构、高等学校及其研究机构、企业的研发中心与部门、非营利研究组织及机构、民营研究机构、信息情报机构以及科技中介等组织实体和主体。科学技术产出物是科技支撑在社会发展和经济增长的实体运转过程中的成果与产出，其形式是以科学知识、理论观点以及技术和应用方法等为主要外在存在的，具体如专利、技术方法、应用模型、产品样本、数据库、专著、论文、生产设备以及相关信息库等（Porter，1990）。

科技支撑在社会发展与经济增长间的互动能力和循环效果，与社会发展及经济增长间的结合程度有关，也与科学技术的物化载体基础有关，具体与科技资源的拥有和转化力量、科技组织的运行效率、科学技术产出的能力、水平与数量等有直接关联。从实际运行效果看，科技资源拥有和转化力量以及科学技术产出能力、水平与数量的基础越好、积累越多或者获得转移越多，那么科技支撑在突破口的选择余地就越大，可投入和可突破实现就越多，但如果科技组织的组织及体制管理能力受限或本体水平能力差，导致运行不佳，科技支撑的运行效率就不能很好体现，科技进步与社会发展、经济增长的结合就不紧密，那么仅仅依赖科技物质资源的独立支撑，在技术、经济及产业的耦合过程就很难有效完成，那么科技支撑的突破口就难以形成。

所以，依据经济增长和区域跨越理论，科技支撑在跨越式发展中要实现，就要找寻几个或者重点突破口，科技支撑及其治理体系就是科技治理的精准优化与有效管理，那么回归实际就是，科技体系、经济增长体系以及社会发展体系间要产生并形成全面紧密的良好互动与循环关系（袁小平和胡长生，2008）。

另外，这样要追加说明的是，科学支撑在社会发展和经济增长中的对象不同也会对其在跨越式发展中选择产生影响，并且影响到跨越发展突破口的选择。一般意义上是分为国家、区域（地方）以及企业三个层次的科技支撑跨越发展体系，这些层次之间是由上至下的包含与被包含关系。那么这也就意味着，针对跨越式发展的科技支撑运行于实施中，在找寻科技支撑突破口方面也将形成相关的层次和包含关系（袁玉鸣，2010）。

三、科技支撑的突破口内容及支持构成

本书的主题要点是科技支撑及其体系建设，并且考察和深入探究的就是跨越发展中科技支撑及其体系的效用，那么作为科技支撑体系中最为重要的支撑点——科技支撑突破口也必然在探讨之列，这也就意味着，科技投入及资源利用、科技支撑的组织化管理以及经济增长及产业发展导向等要素及其耦合关系将要进行针对性、差异化分类与安置（于莲，2014）。

科技支撑的内容将决定科技支撑突破口的内容，科技支撑广义上有四大部分内容，即科学知识、科学技术、智力及人才、信息资源，通过这四个方面为科技支撑体系在经济增长和社会发展上提供内容支撑与隐性支持。

科学知识在科技支撑体系中是一个包含比较广泛的概念与集合。在科技支撑中的知识、科学经验及积累，一般表现为面向客观世界的经验性和规律性的认识、观念及知识集合，这些都是通过科学研究、科学探索及经验总结而获得的，其结集和积累成体系化学说与观点就形成了通常认识中的科学知识，然后这还只是其中的一部分，与一般意义上的科学知识也存在着一定的区别与差异。科技支撑中的科学知识，具备一般意义科学知识的基本特性，即拥有并掌握着对客观世界的认知，全面且真实地反映了客观世界的事实与规律，表现为一种体系化学说与观点的集合形式。那么这也就意味着，科技支撑能够准确地认知和作用于客观世界中事物间内在的、本质的、必然的客观物质联系。又由于事物及客观世界的规律及事实在特点条件和环境中能够反复出现，并且能为人们所发现，在实际的产业发展、经济增长以及社会发展上，能够继承并推动客观实际及其规律的前进与发展。所以，科技支撑内容中的科学知识必须也必然是系统、客观、可实践的，具备产业转化能力和经济催化作用，能达到知识经济驱动实体产业的要求和高度。

科学技术是科技在经济增长、产业发展以及社会进步中体现支撑的最为重要和最为明显的表现，是科技支撑在客观世界的重要成果以及物化或可物化的表现。技术是指人类在改造自然过程中所使用的各种工具、规则体系及手段和方法。在科技支撑中的技术，一般可分为两类，物化或可物化的部分，称为硬科技或者应用技术，如各种工具、机器、仪器仪表等；非物化或知识集合化部分，称为软科技，如设计方法、操作方法、维护方法、各种工艺和技艺等。这样，意味着科学技术可以直接进入实际生产和经济运行的领域，但并不保证也并不是说明所有的科学技术都可以并能够为科技支撑系统所容纳和采用，因为科技支撑系统在经济增长、产业发展以及社会进步中的作用是系统化、体系化以及模块化运作的，所以软科学和经验或先验性技术只有通过系统化以及实践改造才能有效地运用于实践当中。近代以前的大多技术是在生产过程中对科学规律的不自觉应用形成的，

工业革命开始前的工业积累阶段以及第一次工业革命，随着人类对自然界改造及其认识的深度与规模的不断增加，人类的自然认知体系逐渐汇聚并促成了现代科学知识体系雏形的形成，这其中更为重要的是，一线生产人员及技术攻关工作人员开始在技术革新和科学知识的互促关系上形成关联性认知，自觉运用自然规律和科学知识在各产业的生产上，而后随着人类生产活动日益复杂和产业精细化发展，一二产业及其生产部门已经对技术和科学知识的支撑形成了一种潜在的、稳固的、不可逆的依赖。从科学技术自身发展与产生的过程而言，技术主要来自产业应用开发研究和技术转移应用研究，其成果或产品形式为专利、专有技术、原理模型、图纸、论证报告、试验产品等，随之而来的规律、系统化运作，为科学技术打开科技支撑突破口提供了内容上的充要条件与准备。

智力及人才在当今经济增长和产业进步方面成为决定性要素之一，因为其是技术经济时代中生产力及产业中的最活跃要素。科技支撑体系中的智力与人才一般意义上是一个宽泛的抽象概念，是包括智库、"外脑"、专家、人才以及广大劳动者在内的一个适用性集合概念。技术经济以及知识经济阶段，由于经济的技术及知识化标签，具体表现为科学技术及知识在经济增长和产业进步中成为重要的决定性变量之一，然而这些知识与技术需要人为载体以及智力的运用才能够有效地进行掌握、使用并使其增值，所以在经济增长和产业进步中就表现为各类各样的人才与"外脑"的参与。因此，科技支撑体系内容和科技支撑突破口的找寻，离不开人才的培育、人才及智力素质的提升，这些都是科技支撑突破口的重要元素，以及促成科技支撑突破口形成的目标和关键指标。

信息资源是一个宽宏的概念范畴，广义概念是指一切反映客观世界及人类思维的无条件对映及其形式。狭义概念则是指经过了加工、处理过程，可传递、可记录，针对特定用途的知识，如情报、资料、报道、数据库（周志田，2005）。在科技支撑体系中，信息资源主要偏向于狭义概念，这其中就包含科技文献、科技情报、网络信息、数据库等，这些信息对于经济增长和产业进步有着重要的牵引与导向作用，如对经济及产业决策、产品设计、市场竞争、销售等市场和经济化行为的方方面面以及环节都有着至关重要的作用，特别对发展中国或地区的市场、企业以及经济决策者而言。从科技支撑突破口而言，信息资源的有效利用以及狭义概念的精准把握是其形成的重要因素。

回到科技支撑突破口的主题上来，科技支撑突破口的具体可以有以下几个部分和方面，即技术经济产品、知识经济组织或产业联盟、科技研发投入及相关政策体系、技术经济转化软硬件条件、环境及需求等。这是本书依据当前有限的资料并综合学界认知所得出的科技支撑突破口的具体（狭义）表现形式，当然日后也会随之实际情况、环境以及需求的变化而有所变化。

从实际情况看，科技支撑体系当前在产业部门的运转与实体经济增长的介入，离不开技术经济产品、知识经济组织或产业联盟、科技研发投入及相关政策体系、技术经济转化软硬件条件、环境及需求五大具体核心内容，其中的解释还是与科技及其支撑经济增长的过程与内容有着直接关联。

当今科学技术处于高速发展阶段，随着研发的不断加大新技术也不断涌现，然而新技术在产业化应用及转化阶段中却存在着很高的风险和更高的投入成本，这也就是在企业和市场选择中形成了无形的隐性阻碍，这种风险与成本壁垒只能为具体技术经济产品问世并量产所打破。因为这就意味着，新技术的产业化普及可以顺利展开，同时产业部门形成了新的发展窗口与出口，经济增长出现了新的极点。因此在现代技术经济和科技知识主导经济增长的过程中，科学技术及知识的研究与开发（R&D）处于绝对重要地位，不但是科学技术自我发展的内在推力，也在产业化应用与转移过程中形成了经济增长、社会发展的支撑力量。那么要维持好科学技术及知识研究与开发，就需要载体，也就是科研机构、研发中心、实验室、测试基地等。

那么另一个问题产生了，这些组织及机构怎么进行管理和投入产出呢？主要有两个渠道：一是由国家或政府投资建立和管理，这是当前主力；另一个是由非政府组织投资建立和管理的，并且就研究对象而言，则分为从事基础研究和从事技术应用研究两类。从当今社会的发展看，在国家竞争、技术创新、社会进步的大趋势下，世界上的发达国家与地区都设立了官方科研机构，如法国国家级科研机构多达 1 300 多个，德国一个研究类学会下属就有 41 个研究所，澳大利亚面向科学与产业研发的社会组织实验室有 70 多个，俄罗斯科学院下辖研究所多达 400 多个，美国政府部门则有国家实验室 800 多个。随着产业化发展和产业进一步集中，企业建立自己的研发机构、中心及实验室已经是一种普遍现象，据最新数据显示，发达国家大中型规模以上企业中的 92% 均建有或者投资相关研发机构和中心。有了组织和客观条件，运行科技支撑的载体也是其中重要的一环，所以经济增长、产业进步中的智力与人才作为关键之一也不可或缺（张出兰，2010）。

人才主要在培育环节非常重要，这离不开教育机构和培训机构，因此教育机构和培训机构也在科技支撑体系中作为主要内容存在。教育机构和培训机构的主体是学校、培训中心、职业技术转化和培训的综合组织等，这些组织机构在进行科学知识和技术传授的同时，还兼能实现技术应用开发和转移以及科学咨询服务。有了软硬件条件的支持，并不一定意味着科技支撑体系就能很好地运转，还需要体系内产品和机构直接的内外因联系，也就是有效地形成运转机制并产出，然而对于科技经济而言，那就需要先期投入，即需要科技投入的参与，其中最为重要的两个方面是资金和政策。因为不管科技研发组织、机构还是教育培训组织、机构的成立和运行，都离不开物质基础，即人员、仪器设备、运转资金、政策法规等的支持，这些就集中凸显在资金和政策两方面的投入上。资金以及政策的支持是科技支撑体系进行实践支撑以及实际运作的源动力，没有足够的科技投入，科技支撑体系不但不能给经济增长以很好的支撑，更不可能很好地自我运转。因为绝大部分科学研究和技术开发机构基本不可能也做不到自给自足式的研究投入，外部的科技投入是其运转良好的基本保障。在这样的闭合循环下，科技支撑才能有效地运转，科技支撑突破口才能形成并能够被探查和发现（原永胜，2004）。

总而言之，科技活动是客观世界改造过程中的人类实践活动，它作为一项人类社会进步与发展为目标的基本活动，有着共同的人类活动特点与规律，当然也有自己的特点和运行规律，这样就是说，科技支撑及其突破口也是一样受制于科技活动本身的规律和运动规则，那么为了利用科技活动推动社会经济增长，找寻科技支撑突破口也要遵循科技支撑本体的运行规律及规则，这样才能有效地找到并打开科技支撑突破口。

四、科技支撑的突破口作用与功能

科技支撑及其体系在经济增长及社会进步的作用方面是系统的、完整一体的一个社会化经济与技术耦合关系的闭合循环。这一耦合式闭合循环的过程机理为：面对社会及产业的经济增长需求与进步目标，科技支撑被引入作为体系催化剂，适用环境小到产业组织和经济机构，大到市场、社会，依靠科技通过直接生产或间接产生相应的科技应用成果和产品（知识、科学技术、人才、信息、仪器设备等），并将这些技术、科学知识以及产品通过特定应用方式和转移渠道直接用于企业和产业联盟为主体的经济实体以及经济部门，激发实体经济组织和部门的生产要素的倍增式量产或跨阶式生产，最终在经济增长实际以及经济实体成长上实现量与质的双重变革式发展，而这种变革发展又会反作用于科学技术及其科技支撑的发展需求，由此循环往复。如果打算进一步加快这一循环并实现爆发式、跨越式的发展，那么科技支撑这一闭合循环中才需要找寻支撑发展的突破口，而这一突破口则集中突出了科技支撑体系在经济迁跃和社会跨越发展中的重点破发点位上的强大作用与功能（于洪飞，2011；于奎，2006）。

一是明确了科学技术和发明创造在经济增长与社会进步中的方向。这一作用和方式对于经济增长以及社会进步本身是过程性的，而对于科技与创新本身则是最为基础性的挖掘与再挖掘方式，因此两者在人类如何跃迁发展上形成了一个前所未有的共识。众所周知，科学发现到科学原理总结再到技术创新研发最后到实际应用，这之间经历了基础研究、开发研究和应用研究三个主要过程。基础研究和开发研究是技术创新和发明创造的本源，没有基础理论的重大发现与突破就无法形成后期众多技术和创新发明的实现。例如，法拉第和麦克斯韦等学者发现了电磁原理并创立电磁理论以后，电力设备、通信及交流设备等技术性成果源源不断地被发明创造出来，改变了人类的社会生活方式。然而这其中最为重要的是，为以后科学技术以及创新发明指明了一个光明坦途——人类社会的生活方式改变和经济增长需求。

二是针对产业和经济增长需求完成制造过程与装备改进。在产业发展和经济增长实际中，制作设备是生产力的第二要素，也是当代科学知识和技术创新的成功和物化的科学知识与技术创新发明。科学知识与技术创新的过程，就是产业制造装备与设备质量、水平以及数量提升和完善的过程。生产工具的先进程度，揭示着科学知识及技术创新的水平与能力，更展示着生产和制造能力的强大。例如，近代工业革命主要是针对机械的改进与设备完善，要实现劳动力的节约、工作效率的倍增以及量产的增加，进入现代经济阶段，产业和制造需求日益复杂，目标和要求也更高、更为复杂，强调自动化、信息化、网络化，这一时期的数控、计算机辅助、工业自动化制造、工业机器人、计算机集成制造系统等已经在劳动生产率提升方面又出现了全面的革新，并且更加注重产品质量。这也就是说，科技在技术装备与设计方面的突破，能够为经济系统实现高效运转提高支撑，同时这一支撑是客观物化的，所以科技支撑在先进制造技术应用与设备生产上能够为产业和经济跨越发展需求提供更强大、更高效的物质基础（于莲，2014）。

三是在劳动力的素质与培育方面有了新的要求与目标。劳动者在生产力中是三要素之一，劳动者进入人才层次才是体力和智力的最佳结晶体。工业经济增长以及技术经济时代，人才作为影响经济及产业发展的第二作用力，已经逐渐成为产业及经济发展的第二资本——人力资本。同时当前的工业化强国依靠智能流水生产线，体力和简单劳动已经被取代，劳动者的受教育程度、技术素养、工作水平与能力、技能再生产能力已经成为作用于经济增长和产业发展的基本要素之一。据国外一项研究的不完全统计结果显示：教育程度每提升一个等级，劳动者在掌握新技能和新工种方面的时间将缩短 15%，提出可采纳的合理化建议数平均增长 60%，同时在机械化水平较低的情况下，劳动者的体脑支出是 9∶1，相反在高度自动化水平和工作条件下，劳动者体脑支出比则为 1∶9。当前社会发展的速度与知识总量的增加不成正比，知识现在的增加速度是第二次世界大战以前的 3.5 倍，与此同时，在现实工业生产力形成、技术经济循环运行以及科学技术二次研发二次创新等方面上，科学知识转移与技术转化实现的周期仅有 20 世纪的 1/2。面对知识增长的应用和经济增长的需求的耦合目标，劳动者转化为人才的过程就是知识更新、再教育、技能再培训的过程，也将是以后产业劳动者以及人力资本中的主要指标要素。那么，如果要实现劳动者向人才的转化，以及人才素质持续稳定保持增长，唯一途径就是依靠科技支撑，这里也将有效地打开一个科技支撑的突破口。

四是着力实现科技进步贡献率的跃升。科技进步贡献率是科技支撑及其体系在经济增长和社会发展上的直观体现之一和重要定量测度指标。世界上各国通行的做法是，经济增长以及产业发展需要科学技术、资本以及劳动力三大基本要素，当今社会对于科技进步贡献率的重视在于，科技进步贡献率就是代表着现代经济依靠科技增长的份额比，通行标准是工业国家应该占到 50% 左右，当前世界上发达国家的科技进步贡献率已经基本处于 70%~80%。这样说明，科学技术发达的国家其经济水平和科技发展水平均较高，这也就意味着科技支撑与经济发展的耦合效应非常好，科学技术水平对其经济增长和产业进步的贡献率成正比，科技支撑及其体系在经济增长中的贡献很大。国家统计局在对我国 1979~1996 年科技进步分析以后，认为改革开放前 26 年主要以依靠资本投入和固定资产投资为主，而现今则是转为依靠资本和科技的双动力支撑，科技进步带来的支撑将成为主导作用，这将会成为以后的主流趋势与主流发展模式。那么关注科技支撑突破口，必然要求科技进步贡献率在经济与产业发展的作用及结果务必要十分显著（尹继东等，2006）。

五是有助于新产业和新经济增长点的开拓。纵观人类社会产业发展历史，产业现代化和新兴趋势的形成与巩固无不依靠科学技术知识的进步与科技支撑及其相关体系来实现。例如，英国纺织工业的现代化离不开基础物理研究和热力学原理的支撑与实践，德国化学工业的跃升有赖于化学研究的突破，美国电力工业则仰仗电磁学基础的支持。当今美国在知识和信息产业的霸主地位的奠定，与其在集成电路、电子电路基础理论以及软件研发技术上的深耕与领先式开拓有紧密联系（于莲，2014）。

六是传统产业的提升机遇与改造窗口。从一般意义分类而言，传统产业包括农业、机械制造、纺织化纤、建筑建材、重化冶炼等形成较早和发展成熟的产业，而如信息技术、新材料、新能源、航天、海洋、微电子、生物工程等产业则归类为高新技术产业。这还只是其中一个部分，最为明显的区别在于，传统产业在生产设备换代、技术更新以及产品创新方面，很难完全做到高新技术产业对自身形成的那种自我循环往替，这一切的解决都离不开科技、新技术的实践和科技支撑的体系化支持，那么推而进之，则可以说科技支撑在打开突破口的时候也是打开产业经济与技术经济运转交集的条件及窗口。

七是技术经济一体化进程有赖于科技支撑突破口推动。考察当前发达国家科技发展过程中的技术经济业态，科技与经济间的联系也不甚紧密。由于计划经济体制在我国有较长时间的发展，科技与经济之间则是割裂和相互对立的存在，随着技术经济的蓬勃发展，这种科技与经济两张皮的现状正在发生剧烈变化。经济部门本身已经在其内外部形成了围绕经济增长和产业发展的科技支撑组织，而过去一直单纯从事知识生产和研究的科研院所、研究机构、大学已经将技术与经济的结合扎根在生产领域。结果是无论哪个层面无论哪个层次，科学技术进步与创新研究已经与产业发展、产品开发、市场应用等进行全面的融合，在这个交集上科学技术与经济增长形成相扶相依、相辅相成、结合促进的紧密关系。从客观世界发展看，产业园、科技园区、技术型企业和科技产业集团是技术经济一体化的主要外在物质载体，这其中的管理、组织、人才、决策都与科技支撑及其体系有着直接正相关的关系，而进一步讲，这里也将形成产生一种有形式且存在、可观察可改造的科技支撑突破口（于奎，2006）。

八是有利于政府及经济部门打开科学决策的突破口。用于民主和科学决策的科学知识构成及体系，一般被称为软科学。在当今信息技术及知识经济社会中，组织和部门为了保证决策的民主及正确性，离不开科学知识和科技支撑的强力支持。从社会治理、经济增长、社会发展、民众幸福、民主法制的角度，需要政治科学、历史科学、社会科学、经济科学、法律科学、管理科学、地理科学、生态科学、统计科学、信息科学、系统科学以及未来学，还有数理生化等基础科学和其他现代技术的协同支持与综合运用。换而言之，人类文明中民主、科学的决策及其程序的出现，与人类文明中科学知识体系发展与支撑有直接关系。具体讲，针对地区经济发展和产业规划的制定、地区经济政策的谋划都离不开成熟的科技支撑体系以及明确、可行的科技支撑突破口（岳文海，2005）。

第二章

区域跨越发展的科技治理抉择

跨越发展是一种聚集潜在的优势，有赖于发展地区的国内外综合环境、经济发展水平以及经济和产业结构，经济发展及增长的要素禀赋、产业基准以及发展资源则是其催化剂，通过渗透并激发社会政治经济文化发展的要素活跃与创新变革带来的一个后发追赶先发并最终实现超越的过程。科技支撑就是跨越发展地区如何利用其现有的政治经济条件、产业储备、科教基础、劳动力素质等方面，通过引进先进技术或技术跳跃式发展获得跨越发展优势的基础条件。科技支撑区域跨越发展可以表现为：社会经济发展对技术需求结构的综合诉求以及经济基于科技进步和技术转化实现的一种实践化过程，而对科学进步与技术变革而言，则是经济增长与产业发展结构中技术在经济的内渗透与潜扩张的实际能力、水平及程度（赫希曼，1991）。科技支撑区域跨越发展是一个经济增长与科学技术间的结构需求化供给匹配关系，是科技和区域跨越在支撑上的匹配、支持与耦合发展问题，最终表现为一种经济和技术产生的聚变效应与倍增式发展过程，这才是本书提出的区域跨越发展离不开科技支撑的作用与功能的意义所在。

第一节　区域跨越发展战略的比较与甄选

一、区域跨越发展及其战略的类举

纵观人类社会经济增长与社会迁跃历程，当时每个强国和发达地区的出现都不是偶然或随意的现象，是与科学知识和技术进步有着直接的关联。例如，西班牙在工业革命之前成为海洋强国，依靠的是对当时地理大发现和航海技术的应用；英国则依靠机械、化学的现代化应用，引领了第一次工业革命，一度雄霸世界科技与经济中心与发展制高点；美国则是利用两次世界大战，借助欧亚等科学技术转移和人才流动带来的技术经济机遇，左右了第二次产业革命的潮流，迅速甩开其他国家成为当今世界上最为发达的国家；第二次世界大战后的日本借助当时的内外部环境，坚决地跟随第三次产业革命的潮流，并在科学和技术上形成了自己的突破优势，一跃进入世界发达国家行列，也成了亚洲最发达的国家；亚洲曾经的"四小龙"奇迹更是国家和地区利用第二次世界大战后经济增长需求、社会发展诉求以及产业变革力量的内外部环境，借助技术引进、人才招募、市场开放、产业跟随等战略，在极短时间内成为世界经济快速增长的榜样和亚洲新兴的工业化标杆国家及地区。回到中国发展的话题上，中国经济与社会的快速发展虽然得益于改革开放和市场化的迅速建立，然而其中科学技术的支撑才是中国经济持续快速增长与国际竞争力迅速提升的另一重要支柱。具体例证有，深圳抓住改革开放的时机，不失时机很好地利用了经济特区的政策，并始终走在制度创新的前列，在当时的中国区域发展中完成了跨越式发展，一跃成为中国大陆范围内最为发达的城市之一；江苏南部地区在乡镇经济改革过程中，充分地运用企业制和市场规则，也获得了跨越式发展的成绩，成为当前国内经济发达地区之一；浙江温州则是通过大力发展私营经济，活跃民间经济的力量，在市场化的促进下实施产业集聚，实现了区域经济的跨越式发展，在区域跨越发展方面也是一种发展典型（蔡昉等，2009；保育钧，2011）。

通过以上可知，现代经济与产业条件下，区域及社会经济跨越发展的一般方式或者类型有以下几种。

一是外援式跨越发展。第二次世界大战结束以后，全世界的国家都面对一个共同的问题，即快速发展本国经济。然而随着在美国"马歇尔计划"援助下快速站起来的欧洲地区，一些发展中国家发现无论哪种发展计划，单纯依靠本国自身的实力与积累很难完成经济跨越式增长，同时在社会及产业发展的机会付诸实施以后，对资本金、技术的需求量倍增，唯有通过大量的外资与技术引进才能推动本国经济计划的顺利实施，这直接促成了外援式跨越发展的形成。随着这种发展模式的不断深入，尤其在经济面临跨越节点时候，外援资金的进入目标与本地发展战略及经济增长目标能达成一致取向，并有效地将外部进入资金引入经济发展所适用的领域以及与经济发展水平相吻合，这样才能避免资本金的盲目引入而带来金融活动的蓬勃发展与实际生产活动的桎梏不前的矛盾，最终导致经济泡沫与虚假繁荣而非跨越经济发展阶段真正的完成经济增长目标与任务。而这其中也还包含着一种全面开放市场的开放式外援跨越发展，这一模式并未获得相应的成功，因为流入的资本与驻留发展资本及技术的需求不成正比，且资本流动性过高，反而会造成金融冲击产业和社会经济发展，形成经济发展的大起大落（曹裕江，2004）。

二是对外贸易型跨越发展。第二次世界大战后初期的世界经济与贸易形式并未发生较大变化，发展中国家希望通过对外贸易快速发展本国经济的实践受到了较大的阻碍，这时候广大发展中国家采取贸易方式的转变进行应对，主要是通过进口替代和出口导向的发展战略。进口替代本着以经济及产业的独立自主、自力更生为目的，国内市场完全或者主要由本国产业供应，以达到消除或者尽可能减少某类商品的进口，一方面全面繁荣了本国产业及相关制造业，另一方面为经济回升、产业重启和市场平衡带来了最为直观的效果。出口导向则强调产品出口和商品外向型经济的经济增长贡献和积极作用，同时在原本的简单初级产品出口升级为初级产品、深加工产品以及半成品和成品的全方位出口策略，这其中一方面有效地提高了单位产出的产值和降低了总产出的成本，另一方面借助出口导向参与国家分工，有效地在国家产业链中形成自己的产业优势，合理、且在可预见获利驱动下积极地参与国际经济贸易循环。就当时实施情况看，采用这一战略的发展中国家和地区不但极大地获得了国内外贸易条件的改善，并且对于其经济增长和产业发展有着相当的促进作用。不过从国家长期发展战略和经济可持续发展的基础而言，该战略和该类型发展过于单一的强大进出口贸易，其中存在的一系列风险。例如，可能存在进口替代中的本国产业发展误判，对受保护产品的保护形成某种程度的行业和产业变相垄断，不利于产业和行业的自我更替，同时出口导向过于强调自己的比较优势，一旦半成品和成品商品出口不利，在商业资本和工业成本的压力下，出口导向型产业会自行将产业结构和布局锁定在低端的原材料或粗加工产品，或者根据当时国际产业与市场变化而不断地变换初级产品供应领域，总而言之反而导致国家改进生产能力、提高技术水平、改善产业更替能力的目标受到极大限制，这样出口与进口两端所带来的产业外部正收益将日益为外界产业链和市场行情所控制（曹裕江，2004）。

三是"重工业为纲"型跨越发展。这一发展模式一般意义上认为为苏联所开创，配合以集体经济所有制，获得了相当程度的成功。我国也曾经延续这一发展模型，因为新中国成立初期，国内经济仍旧处于传统的农业社会，工业、服务业在国民经济中所占比重很小，但与苏联发展基础有很大差距，因为苏联继承了俄罗斯资本主义发展进程中相当的工业与技术积累，而我国却在工业品自给自足方面都很难实现，所以在全面推行优先发展重工业的战略实践以后，短期内确实初步奠定了国家的工业、物质以及技术基础，但要持续维持经济增长和产业的高速发展，就要持续不断的国家计划配置，人为干预或指令性降低生产要素的价格，确保资源优先流向重工业部门，虽然在一定程度上克服了产业结构中工业基础及技术要素薄弱无法支持经济增长和产业发展的困境，同时国民经济增长也有了一定的起色，然而希望通过这种集全社会之力发展重工业来实现经济增长、社会发展跨越以及超越发达国家的想法会造成产业发展畸形、经济增长可持续性不强以及经济部门依赖性倾向高等负面问题（曹裕江，2004）。

四是基于科学进步的技术型跨越发展。跨越发展原本就具有超高速、超常规、非均衡的特征，技术与科学进步的特点也符合这些含义，这种跨越发展类型主要是指后发国家及地区通过针对先进的科学知识和高新技术实施引进与自主创新的双规并行的技术型发展路径，依赖技术和科学进步助推经济与产业快速跨越经济及产业发展的某些特定阶段，并在技术和经济方面实现追赶并超越的一种战略。第二次世界大战后的日本崛起就是在大量吸收当时先进科学技术，促进本国技术和科学进步的同时，实现了对欧美发达国家及地区的赶超；斯堪的纳维亚半岛上的诸国致力于通信技术研发，仰仗技术及技术经济应用，实现科学技术支撑跨越发展而一跃成为技术和经济强国。当今的中国也在电子通信以及网络化方面有了相当的积累，这也为中国进行技术跨越提供了可行性准备与基础。然而单纯依赖技术和科学进步实施跨越发展，只能是在一个国家或地区的工业发展层次和技术水平方面有所突破，在短期和局部获得快速进步，也能够在一定程度上促进经济增长和产业发展。而就整个国家和地区的经济增长跃迁远景目标而言，单纯的技术支撑跨越远不能解决问题，因为产业管理、经济制度以及国民经济运行的体制改革等深层因素才是制约一国或地区的经济跨越的关键性因素，跨越是从一点突破而实现全面的跨越，不然很难对经济增长形成持续支撑力（曹庭珠，2009）。

就以上四种主要跨越发展模式与类型的列举与分析，每一个模式都有其优缺点，然而针对当前技术经济和知识经济发展的时代，建立科技支撑体系对后发国家及地区的产业发展路径、经济结构与布局以及经济增长的可持续性都有着极其重要的意义，因为可持续、良性跨越的发展模式要实现，只有依靠强化技术应用、实行科技发展的科技支撑跨越发展体系。

二、区域跨越发展战略的遴选

通过类别列析区域跨越发展过程，在以上的一番路径与匹配条件的比较中，随着数字革命和互联网时代的来临，由于科技支撑在区域跨越发展战略中展现出强大的外部延展能力与内部衍生动力，逐渐成为跨越发展路径选择的主流。

从区域跨越发展的种种迹象表明，突出实用与应用型技术创新的科技支撑体系建设是最优选择，因为科技支撑体系建设的目标与目的就是面对经济增长以及产业生产力解放，同时是对技术创新的全力促进，只有技术引进与吸收并行、自主创新融合产业转型升级的发展路径在科技支撑体系中形成良性循环，科技支撑区域跨越发展的基本点才能稳固、内外动力才能源源不断。后发国家及地区在较短时间内对发达国家及地区的赶超可以依靠技术及创新的简单模仿、引进、本地化改造，其中后发优势是其中的决定性力量，因为简单的移植以及模仿科技支撑体系不但会遭遇地域区别、文化差异及历史发展因素所带来隐形阻碍，还会埋下畸形发展的潜在隐患，而且仅仅通过简单的照搬照抄与引进改造，将会成为简单的先发国家的一个经济增长翻版，这将会在产业发展及未来经济增长再次陷入追赶的境地。这也就是说，选择是重要的一环，尤其是面对经济增长以及社会发展的战略性选择，遴选的体系建设及战略导向必须要适合并适配于本地发展情况以及制度体系、技术承接结构、科技体系建设等一系列软条件，这才能够保证科技支撑体系建设为该地该区域经济增长的持久发展形成源源不断的动力与超越能力（曾婧婧和钟书华，2011b）。

区域或国家的发展情况以及制度体系、技术承接结构、科技体系建设等一系列软条件是在经济增长中与科技支撑体系配合最为紧密的软环境，也是最具可塑性的制度体系与技术体系，这也是各国家及地区在讨论跨越式发展问题中最为集中、最为关心的核心议题。以中国政府推出的科教兴国战略为例，通过政府与理论界的关注与大讨论，提出如何选择跨越和超越发达国家的突破口、战略及具体实施的技术环节等问题，笃定一个基于教育——基础教育为轴、高等教育为节——技术跨越发展战略，通过育智、引智缩小与发达国家及区域的差距，而后通过拼智，形成教育先导技术与科学突破的跨越模式。反观中国产业的经济发展跨越模式没有因地制宜的发展方略的指导，因为当前中国企业在国际经济活动中仍旧处于加工者附属地位，产业链的高端依旧为发达国家及地区所把持，之前的跨越发展战略就是来料加工和低廉劳动力优势形成的脆弱的世界代工工厂模式，以形成规模化的经济增长的飞跃，而这一跃升并不能形成最终的超越和追赶。究其原因，就是产品制造的高利润环节基本为产业链上游和商业链所攫取，只能获得依靠大规模的投入以及廉价劳动力成本换取的规模性代工经济增长模式。这个不但对中国经济的产业技术跃升不利，也是与追逐世界制造业中心的地位极不相符的，这种依附发展的产业经济只能是"昙花一现"式的经济增长。中国大陆及其范围内区域追赶先发国家及地区的竞争性战略定位于跨越式，那么其中的实施就是遴选最具竞争实力与能力的一种模式，首先不能放弃的就是后发优势。就当前经济及国家贸易发展形势看，中国经济的外向型竞争能力已有雏形，尤其在重化重装备领域，中国参与全球产业竞争与扩张的能力也有所具备，虽然还是以扩大商品出口基数总额方面持续发力，但是从跨越发展的角度看，从技术和智力输出为主要砝码的一批技术创新型国际化企业将会引领中国乃至区域经济形成跨越崛起的风潮，也将从根本上改变中国产业参与全球竞争的格局，经济增长也将不期而至（蔡宁和杨闩柱，2003）。

回顾第二次工业革命，产业链在科技支援下产生的延伸、多产业交织与融合方面异常活跃，而技术创新与知识转化在产业与市场中的及时实现刚形成了技术经济繁荣的局面，这就不难解释为何美国西部的一片荒地在短短数十年间迅速成长为国际产业中的世界级中心。1998年，纵深不过25英里（1英里=1.609 344 千米）的硅谷地区工业产值已经相当于当时我国国内生产总值（GDP）的四分之一，硅谷就是通过科技支撑产业飞跃式增长而推动其区域的跨越式发展，飞跃漫长的产业发展链，一跃成为信息革命浪潮中最为耀眼的明星，而这种依赖技术和创新带来的发展模式也为世界所注目并群起效仿，这一块创新区域带来的魔力，打开了跨越式发展的新篇章。这种成功的发展模式在全世界后发地区迅速形成了示范效应，中国台湾的新竹、印度的班加罗尔等地区也是模仿并利用本地资源，形成了以技术为基础、科技创造和输出为优势的技术经济优势地区，其经济增长能力与技术竞争优势十分明显（曾晓华，2010）。

从跨越发展本身讨论，回归到依赖技术的跨越发展战略必须要结合国家和地区的后发优势本身，否则很难发挥出科技支撑跨越发展的绝对优势，这也是跨越式发展遴选的重要考察项。就技术角度出发，基于技术经济的跨越发展是后发国家及地区通过模仿、引进并吸收世界产业或经济领域的先进技术及科技，或者通过自行研发面向产业发展和经济实用的跨代技术与科技，在自主经济模式与产业发展环节中形成跃升能力，形成基于技术与科技跨越经济及产业链的跨代连接，直接跳过产业和经济发展的摸索或中间发展阶段，结合后发优势形成自有的独特的创新发展模式，并形成技术、社会发展以及经济增长方面迁跃式急速发展战略及模式（茶洪旺，2008）。

历史经验已经证明基于技术和科技水平发展的跨越模式是后发国家赶超先进国家的选择之一，这种模式是有效且成功的，并且该迁跃式发展的潜在隐患较少，并能够顺利地在未来发展起点形成与先发国家同步发展的能力与技术基准准备。第一次工业革命，世界技术及经济中心的迁移就是技术的被动变革到技术的主动创新，然后形成的为跨越而生的技术跨越，从英国到德国，再到美国，再到亚洲的日本、中国台湾、中国香港、韩国及新加坡地区无不展现着技术模仿、技术引进、科技创新以及自主变革带来的技术创新、科技应用以及经济增长的赶超。尤其是20世纪经历第二次世界大战的日本，其在技术模仿、技术引进、科技创新以及自主变革的短暂沉积形成了爆发式经济跃迁以及产业赶超的态势。中国台湾、中国香港、韩国及新加坡地区借鉴日本经验，形成的东亚创新发展模式，也迅速地使这些地区完成了向新兴工业化经济体的转变。斯堪的纳维亚半岛诸国一度处于技术相对落后状态，通过依靠技术推动经济的跨越策略，在迅速完成本国社会信息化水平跃升的同时，通过爱立信、诺基亚等国际跨国公司，一跃进入世界通信产业的领头行列。基于技术的跨越发展策略自工业革命开始以来始终为各国所重视，然而基于技术的发展要通过体系化建设才能在社会产业领域以及经济增长方面形成跃迁能力，否则只能是流于技术性改良或者简单的社会发展中的技术充实，因为基于技术的跨越发展是知识与科技以及创新形成的战略性资产，且能够成功地将其转化为巨大技术级差，并形成经济优势与竞争性的经济增长优势（陈春和阎红娟，2009）。

　　20世纪80~90年代，基于技术的引进与发展使得大量的发展中国家及地区认为抓住了迅速追赶先发国家及地区的机遇。技术引进以及应用成为这一时期的主流，吉布提、马尔代夫、毛里求斯和卡塔尔等发展中国家通过通信领域的技术应用，直接跨越金属导线和信号模拟阶段，进入了通信的网络数字化阶段，相比较而言，当时一部分先进的工业国家仍在用高成本的通信替代换代技术网络，然而除了卡塔尔和极少数国家，其他逐流的国家却止步于这次单纯依靠技术引进的拿来主义式革新发展。因为单纯技术跨越只能为国家和地区在技术水平的突破带来实惠，虽然也能在一定程度上刺激经济的发展，形成社会变化，但在根本上实现发展障碍的突破以及获得快速经济跃升方面很难有后续作为。单单依赖技术而未形成基于技术的科学支撑经济发展的综合发展体系与体制，就国家及地区的经济发展而言，是十分不足的。一般意义上讲，制度、体制、管理环境以及产业经济运行系统等多方面深层次因素是关系到国家及地区经济增长的关键所在，只有将技术跨越的能力与竞争体系引入或与之产生关联，才能形成经济和社会跨越的动力与合力，否则只能是经济的短暂刺激，经济增长的持久仍是虚无缥缈。回顾中国当前的发展情况，中部崛起战略的实施就是对技术和科技创新带动经济迁跃的一次谨慎尝试，典型国家或区域的跨越发展，一般是从通过技术的转移和科技创新的扩张开始。世界经济重心已经开始从西向东转移，发展中国家及地区要抓住这种转移中的机遇，必须要把握住技术及科技创新这一关键因子，同时形成针对经济增长的综合发展体系。英国通过第一次工业革命实现工业化用了150年的时间，美国则花了100年的时间，亚洲地区的部分国家仅仅用了不到50年的时间。让我们再参照一次下列的时间表，首批工业化国家实现人均生活水平翻番的时间为英国58年、美国47年、德国43年、日本34年；1966年以来，韩国花了11年，智利花了10年，中国仅仅用了9年。这些数字说明，后发国家及地区通过基于技术的跨越发展不但能够实现工业化转变，也能在极短时间内实现经济的高速迁跃，在技术动态转移过程中，实现后来者赶超先发者完全具备这种可能（陈德智等，2002）。

　　既然基于技术的跨越发展战略是遴选的最优选择之一，但没有发展的平台也还不能形成技术实现跨越发展，而这个平台就是科技支撑体系。科技支撑体系就是针对经济增长和产业发展的实际，将科技进步、技术创新的力量融合在跨越发展平台。从技术转移和经济增长中心的扩张过程来看，经过贸易、投资和技术转让，特定区域或者典型地区依据自身条件并借助经济扩张影响和技术因子成功地形成后发优势，尽管先发地区在生产、技术以及经济水平上均处于领先地位，在贸易及产业链方面具有较绝对的优势，然而这一优势将随着转移和学习过程在追赶地区形成一种竞争力，使得这些地区和典型区域能在较短时间内跨越经济发展的特定阶段，这其中科技支撑体系和跨越发展体系作为技术应用、科技进步以及管理实施的平台载体是绝对核心与成败关键。从其中发展的过程分析，很显而易见，因为在这种典型区域和地区实施技术引进以及相关投资，良好的环境以及承载系统是必要的配套条件，外部投资以及技术引进吸收必将加速本地技术水平以及产业从业人员能力的提升，同时极大地缩短了技术、研发以及资金积累的时限，那么管理及综合系统的维护与助力将成为其中最为重要的帮助与支持，这也将为区域治理系统带来微妙的变化，为区域整体性变革与社会进步形成新的发展契机。回到经济增长本身而言，先发地区对后发地区的示范与转移过程、期间的信息传递与经贸联系越发紧密，后发国家及地区对于市场的敏感程度以及产业走向的判断也将随之活跃。在市场与经济繁荣方面，后发区域能够通过有限的资金以及相对集中的产业能力获取较大的市场份额与利润分成（陈德智等，2002）。

从技术经济模式支撑跨越发展的实际效果来看，后发国家及地区借助自身优势吸引技术与资本流入，并形成经济增长，产生整体竞争力，这在社会及产业发展道路上确实是弯道超车，这点已经为工业革命中国家工业化进程所具体体现。就后发地区实施工业化所形成的增长与跨越而言，其中较为显著的两个原因：其一是技术引进、产业转型升级、科技创新均可以仿照已有工业化路线进行，这对于后来者是一个相对低成本的创新过程。其二是外部资本的引入以及导向使其进入技术经济层次。这两者将为后发地区通过借助先发国家及地区的模板，跳过漫长的科技投入以及技术攻关的时期，在只有少量本地资金和大量外部投机资本的支持下直接进入成熟的产业化运作与生产，从而完成短时间形成经济增长的任务。例如，韩国的经济增长经历了三个阶段：20世纪50年代韩国同中国台湾和新加坡一样开始进口替代战略，走内向型发展经济的道路，到50年代末和60年代初，它们都基本上完成了进口替代；韩国经济的起飞始于60年代，称为腾飞阶段，主要依赖出口，走向出口导向型经济发展战略；80年代，韩国则提出依靠高新技术促进增长的思路，通过出口积累了大量的资金，为实现产业的高级化创造了条件。韩国智囊机构在其《迈向2000年的国家发展规划展望》中提出实施"技术立国"的方针，开始了"工业升级"和"第二次工业革命"阶段，经济结构由劳动密集型向技术、知识密集产业转移，产品市场由出口导向和出口内需并重的方向发展。也正是通过一系列的技术吸收和经济赶超行动，从而在经济上取得了巨大成功，从20世纪40年代末穷困潦倒的农业国一举跃升为中等发达国家（陈德智等，2002）。

第二节　区域跨越的基础条件及发展需求

区域跨越式发展的模式应不同于以往常规式经济发展所呈现出的均衡、渐进和常规顺序，而是以一种高速、突进的过程，在较短的时间内实现常规经济发展过程需要较长时间才能完成的经济目标。而就科学知识及技术本身，一般意义上认为其是世界性的公共资源，虽然当前有知识产权的保护作为壁垒，但这只是对发明者贡献的肯定与回报，合法获取知识与技术同样将为经济与技术落后地区带来经济的繁荣，因为科技和经济落后的国家及地区可以跳过基础研发阶段，直接进入应用和开发研究。正如绝大部分应用和开发研究有知识产权归属，那么对于跨越发展地区的科技支撑体系选择而言，甄选相应经济系统的知识源和技术源，为经济和社会跨越发展提供既有自主知识产权又针对自身发展需求的革新性技术与创造性成果。因此推动和发展高新技术及相关产业，才能在典型区域或国家的经济增长中绕过壁垒形成新增长点。例如，北欧国家通过对通信信息产业的选择，龙头企业的重点突破，抢占产业上游，并通过通信产业链的扩散作用对国内相关产业实施拉动和推动，从而使国内经济形成整体带动式发展。从产业发展角度看，我国产业及技术水平层次和国际发达国家还有相当的距离，通过对传统产业的技术和科技改造是有效的跳跃发展途径，结合我国产业发展情况，基于高新技术方面实施突破，才能真正地在经济体内形成整体发展的拉动与增长（陈华和尹苑生，2006）。

第一，区域超常规发展的后发优势具有区域自主性。回到区域跨越发展本体而言，相对于一个国家或整个经济体，其除了具备与后发国家相同的后发优势外，还具备区域独有的特征，即后发优势成形迅速，且由于在区域范围内，优势的发生与发展易于掌控和运作，因为相对于先发国家其具备参照系，且在自身发展阶段能够有效地做出最有利于自己的选择与判断，时间跨度将是最先完成的任务。相比较而言，以国家整体实施跨越则面临整个国民经济体的动态调整，其后发优势的准备与助力需要多方条件的配合，这一点上区域发展的后发跃升因素明显且易获得。同时由于发展的承继性以及发展的系统规律变化，区域的经济增长与跨越式变化将推动国家的经济体变动，同时国家在后发追赶过程中所形成的发展一体化效应也将后发优势在极大程度上转化为全社会的发展动力，进而形成跨越效应的"扩溢"。这里要专门说的一点是，后发优势对于任何发展起步的国家及地区而言都仅仅是一种适用于发展的潜力，是对接跨越发展的一项必要条件，但仍不是充分条件。北欧国家通过实现通信行业的跨越，进而带动后发优势"扩溢"至国家及产业的现代化进程中，这样的先例是成功的，但其客观上并不是因为其后发优势为主要环节，而是实现了科技支撑的重点领域突破。

第二，区域跨越发展的创新性是基于自主基础的创新发展。后发地区在实施跨越发展上利用两个主要方面：一是利用先发和发达国家的成熟先进技术成果、科技资源以及逐利资本；二是以先发国家为参照系，借鉴经验教训，找寻快速产业及经济现代化的入口与路径，基于后发优势实现赶超。在这些条件的刺激下，区域的变革将会产生资源导向意识，在遵循系统发展的规律基础上，将产业与有限的社会资源调谐至满足跨越发展的初始条件。那么在自主基础上的创新才能落地生根，才能对于经济及产业发展落后的"位差"实施精准的作用，加之创新结合了自主基础，既不会面临先发地区的技术壁垒，又能巧妙地借用现有国际贸易开放市场的利好，这样才能在缩短距离方面完成迅速的赶超。

第三，区域跨越发展的先进输入因子应当包含先进的科技要素和管理经验。超常规的跨越发展需要大幅度增加资本和技术投入，然而经济落后以及社会阶段进步缓慢必然存在制度和体制的落后与不适应，那么面对发展利益，制度的调整与变革也将要适时展开，只有这样才能有效地吸收和利用最先进的科技知识、技术成果以及管理经验，这才能有效地降低社会及经济增长结构中的调整震荡以及交易成本，在为新的经济发展模式以及产业现代化过程中提供生存和发展的新环境新条件的同时，着力改变产业及经济发展的社会成本支出，消解区域内对产业发展及经济结构升级换代过程所产生的阻力与障碍。不夸张地讲，科技与资本是工业经济时代最为活跃也最为敏感的因子，与社会体制及制度变革紧密联系在一起，从近代工业发展历史轨迹寻觅可知，技术支撑跨越的奇迹虽然带来了多次世界性生产力发展高潮，然而制度和社会治理体制的变革同样翻天覆地，尤其是在第二次世界大战以后技术综合创新中，社会及环境体制迎合技术经济发展的态势已然形成，要想把握科技与资本结合的跨越发展这一路径，就必须为这一路径开辟快车道，即同时实现管理制度的配合变革（陈华和尹苑生，2006）。

第四，区域跨越发展必须突出非均衡特点。区域跨越发展不但要在产业选择以及发展领域方面突出先后、明确侧重，更要在特有行业、特色领域和重点产业形成突破，这样才能带动和促进相关行业及其他领域的融合式发展，进而最终实现区域整体发展水平的跃升。区域发展无法在资源调配、资本吸引、科技投入以及产业优化方面有全方位的准备，因此效益比的高低决定了发展只能是压缩成本、节约资源、集中重点投入，这其中既要速度又重效益，这样也就特别需要科技进步以及科教的大量支持，基于此才能形成非均衡发展态势，发展条件还是十分苛刻的，因此在非均衡推荐与不平衡增长双方面的压力下，效益与速度的平衡式追求是跨越发展实现的基本保障。回到主题，当前国内区域中高新技术产业的发展确实能够提供相当的条件助力，而选择以及突破口却十分依赖科技支撑在非均衡局面中的表现。

第三节　区域跨越式发展的机遇与推手

一、区域跨越发展的机遇——以湖北为例

国内绝大多数区域发展的现况是：传统的低成本劳动力优势逐步削弱，生产

要素价格上涨明显，而发展不够是最大的实际，科学发展、加快发展是解决区域跨越所有问题的关键、基础和总钥匙，一般常规性的发展，解决不了典型区域发展不够的问题，有所积累的区域需要科学快速的跨越式发展。纵观当前区域发展的态势，区域实施跨越发展需要有所选有所不选，国内发展区域当中湖北正处于厚积薄发的新起点，处于新一轮快速增长期。湖北不仅共享中国经济快速发展的重大利好机遇，拥有许多独特的发展机遇，而且在实践中积累了许多抢抓机遇、创造机遇和化危为机的成功经验。

宏观经济长期稳定向好的机遇。党的十七届五中全会指出："当前和今后一个时期，我国发展仍处于可以大有作为的重要战略机遇期，经济社会发展长期向好的基本态势不会改变"。宏观经济基本面保持稳定，有利于湖北抢抓机遇，实现跨越发展。尤其是中央把扩大内需、促进经济转型升级作为一项长期坚持的战略举措，对于内陆省份而言，是最大的、最重要的机遇。湖北内生型经济结构、交通区位、科教人才、大农业、大工业、生态文化等优势更加凸现，必将厚积而薄发，变成大发展、大跨越的新优势。2009 年以来，湖北经济发展速度、社会消费品零售总额、实际利用外资额增速等多项指标均高于全国平均水平，这是改革开放以来湖北首次出现的好势头。如果全力打造交通运输快速发展，将形成以武汉为中心的"三小时经济圈"，使湖北具有不亚于沿海发达省份的对内对外开放优势，有利于承接国际及沿海发达地区资本和产业的转移。

国家加大对湖北政策支持的机遇。实施《促进中部地区崛起规划》后，党中央、国务院明确提出把湖北建成促进中部地区崛起的重要战略支点，先后批准武汉城市圈建设"两型社会"试验区、东湖高新区建设国家自主创新示范区，短短几年时间，湖北发展被提到前所未有的国家发展战略层面。武汉被定位为中部地区中心城市，并被列入综合性国家高技术产业基地、综合交通枢纽试点城市，拥有多块国字号"金字招牌"。湖北还将享受国家的三峡后续扶持、南水北调工程生态补偿、低碳经济试点省份等政策，长江黄金水道建设、汉江流域综合开发受到国家重视和关注。如此大力度的政策支持，在新中国成立后湖北 60 多年发展史上是前所未有的，将为湖北加快发展、跨越发展提供良好的政策环境。这些几乎是"量身定做"的政策举措，又带来了一个个推动发展的重大项目。

工业化、城镇化加快提速的机遇。湖北人均 GDP 已经接近 4 000 美元，达到中等发达国家水平。国际经验表明，当一个国家或地区人均生产总值达到 3 000 美元时，工业化进入中期发展阶段，城镇化也将进入加速推进期，而这一时期通常是工业快速增长阶段、经济起飞阶段。"十一五"时期乃至"十二五"期间，湖北工业年均增长率均快于 GDP 年均增长率，这表明湖北工业在经济发展中的主导地位进一步上升。而三次产业整体上加快发展和转型，将给高技术产业、战略性新兴产业、现代服务业、装备制造业提供巨大市场空间与发展余地，对重化工业产品也将保持较大需求。随着城镇化进程加快,消费结构的升级又将带动住宅、汽车、新兴耐用品和服务消费较快增长。"十二五"时期,湖北必须要在新型工业化、新型城镇化的发展上有根本性地变化,基础设施建设需求与空间都十分有利,非跨越无以到达,形势迫在眉睫,这其中蕴藏的机遇与动机,都为湖北区域跨越发展的强大动力形成了支撑。

加快转变发展方式,构建区域自主创新体系的机遇。目前湖北经济发展中的深层次矛盾和问题,归根到底都与发展方式有关。中央确定提出"十二五"时期,要坚持以加快经济发展方式转变为主线,这对于湖北而言,就是将科教、人才、交通、区位、农业、旅游等多方面的比较优势有效转化为产业优势和发展优势,充分释放潜力,这为湖北实现跨越式发展提供了重要契机。例如,湖北是科教大省,科教人才是湖北最大的优势,拥有 122 所大专院校,各类人才达 400 余万人,科研活动人员 20 万人,科研机构 1 300 多家,"两院"院士 57 人。2010 年区域创新能力评比上升到全国第八位,国家级高新区和开发区增加到七家。科教优势所具有的强大优势,能够在转变经济发展方式中发挥独特的作用,为新一轮快速发展提供强大的技术、智力和人才支撑。湖北积极推进重点领域改革和体制机制创新,在强抢机遇的同时努力创造机遇,形成了许多独特的优势。目前,已有 72 个国家部委机构与湖北省委省政府签订合作协议,为湖北区域跨越发展提供了有力支撑和坚强后盾。

二、区域跨越发展的外在推手——以湖北为例

加快发展是解决区域发展所有问题的关键和钥匙。让人民共享社会发展的成果,保障广大人民受益经济增长带来的果实,让不发达地区人民群众实现对幸福生活追求和社会发展权利,最为根本的就是加快发展,实现跨越发展(段玉强,2005)。

(一)湖北面临区域发展新一轮分工和竞争

沿海发达地区凭借长期积累的资本、技术等诸多优势,加快结构调整和产业升级的步伐,在新一轮经济增长中占据有利地位,领跑中国经济。中西部地区则依靠政策、资源、劳动力等优势,奋力实现提档进位,经济发展势头十分强劲。另外,2007 年以来,已有 13 个区域发展规划相继成为国家战略,我国基本形成了多极联动,以众多重点区域经济快速发展为支撑的新经济版图。以"十二五"规划为蓝图,全国新一轮区域发展竞赛已经展开,发挥后发优势的中部各省之间竞争尤为突出。因此,湖北除了有传统上的沿海地区和周边省市双重压力之外,还面临着更大的区域竞争压力,不进则退,慢进亦退。从湖北自身看,面临经济增长"赶"(沿海地区)和经济结构"转"(型)的双重挑战。湖北作为一个发展

中的区域大省，发展不够仍然是最大的实际，尤其是工业化程度与沿海发达省份仍然有较大差距，工业化进程还面临着诸多困难和挑战。例如，经济结构和产业水平都有相当的滞后性，支持新型工业化的资源环境压力加大。一方面原有的生产要素投入型的低成本竞争增长模式和高能耗、低效益的增长方式均难以持续，并使得经济增长中的矛盾日益加剧。另一方面能源资源匮乏与能源消费大省的矛盾十分突出，湖北是全国"缺煤少油乏气"的工农业大省之一，能源需求对外依存度较大，单位生产总值能耗高于全国平均水平14.2百分点，产业结构调整升级存在着较大压力。同时，土地约束强化、水资源渐成隐忧、环境承载力减弱等瓶颈制约进一步凸显，率先建设资源节约、环境友好"两型社会"的任务相当艰巨，这些问题也都是湖北"十二五"经济发展不可回避的突出矛盾和现实挑战。

（二）湖北要实现富民强省目标就必须走跨越式发展之路

2014年，湖北人均GDP在全国排位上升一名，逐步实现"十二五"时期更高水平迈进的目标。现实问题以及最大的问题是，尽管近几年湖北经济社会取得快速发展，但总体上发展不够，依旧是湖北区域发展的最大实际。湖北经济总量上升空间很大，市场主体偏散偏弱，农业基础不够强，工业集约集聚程度需要继续挖潜，服务业发展空间广阔，人均GDP、人均固定资产投资、城镇化率等也还徘徊在全国平均线上下，社会经济及产业的发展协调性与可持续问题依旧突出，支持经济增长的资源及相关环境约束日益收紧。环顾四望，沿海大发展、西部大开发、东北地区振兴、中部地区崛起，区域周边发展势头均很强劲，区域间的发展竞争空前激烈，湖北从区域发展方面要面临着极大的外部竞争压力。反观区域内，城乡以及城市间的发展通道狭窄，发展联系脆弱，且域内贫困地区面积占全省57%以上，贫困乡镇"插花"式的遍布湖北82个县市地区，贫困人口接近总人口的10%。就业、住房、教育、医疗和社会保障等依旧是当前城镇居民所面对的最直接、最现实的问题，城乡生产生活条件改善的任务繁重（俞正声，2006）。

（三）根据国内发达省份的发展经验，现阶段湖北应选择跨越发展之路

从一般经济增长规律中，客观存在"十七定律"，即年均增长7%，10年翻一番；年均增长10%，7年翻一番；如果年均增长超过10%，翻番的时间还会缩短。这一规律在我国东部及东南沿海地区发展实践上为之正名，并且在跨越发展中还存在着若干关键阶段，就是在经济增长和产业发展上实现跃升与跨越式追赶，短则几年。抓住特点时期、特点发展阶段的机遇，实现社会经济跨越式增长、产业爆发是可能的。国内经验显示，2003~2004年，广东、江苏、山东等发达省份地区生产总值相继跨进万亿俱乐部，达到1.5万亿水平，三次产业均呈工重农次服务居后的结构特征，地方财政预算收入水平平均在1 000亿元左右，而湖北在2010

年的经济发展总体水平和结构特征才基本达到这个层次。而纵观三省的发展历程，仅历时四年，经济总量实现了从 1.5 万亿元到 3 万亿元的跨越，人均国民生产总值与地方财政一般预算收入完成倍增。根据国家统计局数字显示，浙江完成这一过程也只用了五年时间。与发达省份当时的发展条件和历史环境相比，湖北在 2013 年以后所拥有的发展基础好、发展环境优、发展机遇佳，跨越发展将是湖北的有利选择，同时作为科技支撑平台建设的大省，湖北有能力也有实力通过科技支撑的力量完成跨越发展。

第四节　区域跨越发展的治理抉择及目标

一、区域实现跨越发展的现实抉择——以湖北为典型案例

区域发展并实现跨越都是抢抓机遇时不我待的，坐等不如主动，主动不如立即行动。20 世纪八九十年代，国家的生产力布局重心主要在沿海。1980 年设立了 4 个经济特区，1984 年确定了 14 个沿海开放的港口城市，1985 年划出了 5 片沿海开放地带，1988 年海南建省，1990 年上海浦东开发全面启动。珠江三角洲和长江三角洲现已成为我国经济的两大超强增长极，像两台超级马力的火车头，广泛辐射带动广大内地的区域经济发展。从区域发展及经济增长角度来看，在发展的关口时期，历史机遇、条件准备以及区域环境是跨越发展的先机与主动之锲（储节旺和周绍森，2005）。

从历史角度看，湖北经济社会的主要发展手段是采用"计划式"的常规模式进行发展，以往经济社会发展的过程往往呈现出渐进化和常规化，常规经济社会的发展所需时间较长，发展过程往往呈现出均衡性，在高度集中的计划管理体制下，较少考虑地区优势和地方自主权的发挥。在湖北区域发展过程中，发展战略经历了"均衡—非均衡—再均衡"的演化过程。

从当前实际看，湖北经济社会的发展过程与全国整体的发展规划有着很大的相似性。在我国，1978 年以前实行的是重点发展内地，以平衡布局生产力的均衡发展战略。这一战略强调地区之间的平衡发展，更多地顾及地区公平和备战要求，较少考虑总体经济效益，把东部发达地区产出的一部分国民收入通过空间转移用于内地发展，使相对落后的内地在自身缺乏投资能力的情况下资本存量有较快速度的增长。与此同时，中央开始在生产力区域布局上起主导作用。例如，有计划地把沿海一批企业迁往内地不发达地区，一方面增强内地的经济实力、夯实内地的产业发展基础，另一方面以求改变新中国成立初期沿海地区工业产值占七成，内地工业产值仅占三成的窘境。

从 1979 年开始，国家实施非均衡发展战略，经济发展重点从内地转向了东部

沿海地区，在效率优先的前提下兼顾地区公平。为了充分利用沿海地区的区位优势以带动全国经济的发展，国家投资的重点转向了东部沿海地区，并优先安排沿海地区的对外开放，这使东部地区的经济发展明显加快，区域发展的整个态势由原来的均衡发展转变为非均衡发展。1999年新的均衡发展战略正式启动，从国民经济和社会发展的"九五"计划开始，国家加大了对中西部地区的支持力度，并对这一战略性转变做了准备。1999年3月江泽民同志在"两会"期间提出了西部大开发问题。1999年，江泽民同志在主持国有企业改革座谈会时指出："现在，加快中西部地区开发的时机已经到来，……可以把重点放在西部地区大开发上，采取必要的措施继续支持中西部地区加快发展。"这标志着我国新的区域均衡发展战略的正式开始。而常规性的均衡发展战略往往会导致经济发展的过程所需要的时间过长。2005年8月，胡锦涛同志视察湖北，做出湖北务必尽快建成促进中部地区崛起重要战略支点的指示。从以上国家领导人及高层对湖北发展的战略安排，促进湖北成为中部崛起的重要支点以及发展着力部，就必须要"在经济社会发展上好于、优于、快于其他地区，在地位和作用上重于、大于并带动其他地区"。那么湖北就必须完成经济总量、产业质量、社会位次以及国民经济发展支点功能的跨越式发展，要取得这样卓越的发展业绩，对国家及整个经济体发挥应有的作用、贡献与增长支持力，唯有坚持跨越发展的道路（狄志军，2007）。

二、典型区域实现跨越发展的目标设定——以湖北为例

以上通过理论和实践的结合谈区域跨越发展的框架与路径，但区域跨越发展的目标设定则是一个依赖现实背景与发展条件进行操作的环节，本书这里以湖北为例，对典型区域实行跨越发展的目标设定进行一次案例式说明。湖北面对"发展不够"这个基本省情和最大实际，具体实施环境要综合考量，就湖北现在情势而言，其实施区域跨越发展的目标应有以下方面的考虑与准备。

（1）综合实力瞄准新台阶，是跨越发展的基础与起点。"十一五"时期依据湖北统计局资料显示，湖北经济增量由前两年的千亿元级跃升到近三年的双千亿级，年均增长13.8%。继2008年湖北生产总值首次跻身"万亿元"俱乐部后，2010年再攀新高，达到1.58万亿元，经济总量稳居全国前11位。人均GDP在2009年首次突破3 000美元，2010年再次超过4 000美元。地方一般财政预算收入在"十一五"时期年均超过100亿元，2010年历史性越过1 000亿元大关。高昂的增长曲线佐证，湖北经济正在进入振兴崛起、跨越发展的阶段，基于这样的综合实力可以设定跨越发展的新台阶。

（2）经济结构配合产业实施精准调整，是跨越发展的必须推进性指标。例如，从2005年到2013年，三次产业结构调整明显，第一产业和第三产业比重降

低，第二产业比重提高，产业结构趋向优化。新型工业化进一步提升，市场主体不断扩大，2013 年规模以上工业企业超过 15 000 家，比 2005 年净增 11 000 多家，翻了两番，从而扭转了"十五"以前工业企业发育严重滞后的局面。新增境内外上市公司 18 家，湖北上市公司总数达到 83 家，居中部第一。产业结构优化升级力度加大，针对汽车、钢铁、石化、电子信息、纺织、食品、装备制造业七个重要且突破千亿元的产业，其中五个产业的主营业务收入超过 2 000 亿元。高新技术产业增加值比 2005 年增长 1.5 倍，占规模以工业增加值比重达到 28.1%，增速持续高于同期工业增速，其中光电子、信息、生物、新材料、先进制造等领域已经进入全国前列排名（湖北省统计局，2011）。

（3）固定资产投资规模稳中有增，是跨越发展处于可控和有利导向的必要条件。因为 2013 年湖北固定资产投资继续保持 1 万亿元，相当于"十五"期间五年的投资总和，这也是湖北又一个进入"万亿"行列的重要经济指标。"十一五"期间，累计投资超过 3.2 万亿元，是"十五"时期的 3.2 倍，比新中国成立 56 年的投资总额还多 1.2 万亿元（湖北省统计局，2011）。民间投资已涉及湖北国民经济各个领域，占湖北投资比重达 53.8%，其增速超过湖北投资平均增速 10.2 百分点。针对增强核心竞争力、产业结构升级的工业投资投放精准，效果也较为明显，其间增速高于湖北投资平均增速 3.3 百分点。一大批重点产业和基础设施项目或加速推进，或完工投产，有力地拉动了湖北经济增长，也为实施跨越发展奠定了坚实的基础。

（4）基础设施建设提速提质，是跨越发展的基础条件与硬件准备。因为"十一五"时期，湖北基础设施建设累计投资 8 846 亿元，是"十五"时期的 2.7 倍。铁路、公路、航道港口、机场建设加快，使湖北由区域性的"九省通衢"变为全局性的"九州通衢"。高速公路通车里程跃居全国第六位，武广、武合高铁开通将湖北率先带入"高铁时代"，武汉天河机场年客流量突破 1 100 万人次，武汉新港在 2010 年成为长江中游以上首个货物吞吐量过亿吨的大港。此外，能源、水利、通信、城市基础设施明显改善，为湖北跨越式发展提供了重要保障（湖北省统计局，2011）。

（5）区域内经济及产业布局的优化，是跨越发展的进阶准备与靶向目标。例如，"两圈一带"战略得以确立并全面推进，以武汉为龙头，长江经济带为骨架，武汉城市圈和鄂西生态文化旅游圈为两轮的区域协调发展新格局基本形成，成为实现"十二五"湖北跨越式发展的总抓手。宜昌、襄阳两个省域副中心城市发展提速，2008 年两市 GDP 双双突破 1 000 亿元，2010 年又双双突破 1 500 亿元，成为继武汉之后湖北 GDP 率先超千亿元的大中城市，2010 年两市 GDP 总量占湖北的十分之一。县域经济"半壁江山"格局已经形成，民营经济成为县域经济的主体，经济活力显著增强。

（6）改革开放深度扩展，是跨越发展的可期目标。例如，重点领域改革稳步推进，武汉城市圈被国家批准为"两型社会"建设综合配套改革试验区方取得重大进展。重点领域改革稳步推进，武汉城市圈被国家批准为"两型社会"建设综合配套改革试验区改革试验正在向纵深拓展，国有企业、集体林权制度、农村金融等改革和新农村建设、统筹城乡发展稳步推进，科技、教育、文化和医药体制改革不断深化。大力实施开放先导战略，湖北对外开放继续向多层次、宽领域拓展，招商引资工作取得巨大成效，一批特色工业园区在湖北各地布点建设，有效地带动了各地经济的快速发展。

（7）民生和社会事业作为改善重点，是跨越发展的预期指标。例如，"十一五"期间，湖北社会事业领域累计投资 2 545 亿元，是"十五"时期的 2.5 倍。城乡居民收入年均增长分别较"十五"时期提高了 6.5 百分点和 3.4 百分点，人们开始步入较宽裕的小康生活。教育、卫生、文化、体育、科技等社会事业全面发展，就业和社会保障工作取得可喜成就。生态环境建设得到加强，节能减排力度加大，万元生产总值能耗五年累计下降超过 20%，化学需氧量、二氧化硫排放量提前一年完成"十一五"减排目标（湖北省统计局，2011）。

（8）独具特色的生态环境及文化资源营造发展空间，是跨越发展的助力指标。从地理位置及生态环境看，湖北生态环境多样性及资源丰富，又是 "巴楚文化"与"三国文化"的发祥地，文化底蕴与沉积深厚，湖北适时结合风景名胜与文物古迹推出的"灵秀湖北"渐入人心。与此同时，湖北的生态环境与文化旅游发展也将助力区域跨越发展。2012 年湖北旅游总收入在 2011 年突破 1 500 亿元的基础上，接近 2 000 亿元大关，增长 44.8%，稳居全国十大旅游省份行列（湖北省统计局，2011）。

由此，从湖北需要跨越发展的条件而言，湖北从发展这个最大实际与环节出发，只有立足自身条件和环境并与长远谋划和跨越发展目标相结合，从经济增长、工业化、城镇化等基础工作入手，经济及社会的发展才有可能取得需要的成就。在激烈的竞争中创造并形成差异性发展优势，发挥并放大自身优势，针对发展战略设定和发展目标，不断蓄积发展条件和实力，夯实发展基础，通过改革开放不断改善发展环境，最终将借由湖北自身坚实的科技及产业基础、良好的内外部环境及条件达成跨越发展的总目标。

第三章

区域跨越发展与科技支撑的
协同关系

当前，世界科技呈现加速发展态势，信息、生物、新能源等领域的突破呈现出一体多面、群花绽放的突破局面，以智能、绿色和可持续为特征的新兴产业变革蓄势待发，随着经济全球化的不断深入发展和科技进步的日新月异，科技创新日益成为国际间争夺生存权、话语权、发展权的焦点，区域科技、人才竞争更加激烈。针对自主创新水平及能力的提升的创新型国家建设是我国当前全面发展战略的核心设定和现阶段综合国力跃升关键，只有进一步在战略纵深中增加自主创新的部署力度，才能继续推进创新型国家的纵深建设，进而在更大程度上实现科技及技术支撑对经济增长和社会跃迁的支撑引领效应。世界发展潮流以及中国经济发展的历史经验说明，国家、区域在特定时期实施经济的跨越发展有规律可循，不同历史时期、不同社会发展阶段、不同产业发展历程中很多国家及地区借助技术水平的跃迁和科技支撑的力量，完成了经济增长、发展越级以及制度变革的国家任务和社会目标，最终完成经济增长和社会发展的全面跨越发展。怎么才能通过找出科技支撑突破口从而实现区域跨越发展，这是一个值得认真回答的基本问题。

第一节 区域跨越发展中的科技支撑及其发展

一、区域支撑发展中科技进步的回溯

科技进步与经济发展的纯理论研究已经经历了一段时间的积淀。国际上在此方面的研究已经从积累到了百花齐放的阶段。经济增长理论在古典经济学之后的相当长一个时期内并未对技术及科技进步在经济发展中的决定性作用做标志性研究，现

代经济增长理论又将科技及技术进步作为研究的重要因子加了进来。1956 年的索洛经济增长模型（Solow growth model）就是其中较为突出的代表，其理论提出假定生产及经济增长中只设定劳动和资本两种生产要素，而又假定两种要素可互替，且生产函数作为规模报酬而不变，要素边际产量将随着要素使用及投入程度的增加而下降，而同时再假定劳动力增长率、技术及科技进步率以及存款储蓄率均为外生给定常数。那么由此可得出的基本结论将是，以经济均衡态为参照，资本与总产出增长率将等于劳动力增长率和科技进步率之和，人均产出与人均资本存量增长率均也将等于科学知识增长率，这也就表明了科学进步与技术创新在经济增长中的重要性。然而，随着资本作为生产函数给定条件下，索洛经济增长模型不能有效地破解规模增长而报酬递减的难题时，这也就直接意味着经济增长会在某种程度上难以高速持续。至此之后，经济学者们不再将假设与给定储蓄率和技术进步限定为经济体的外生变量，提出新增长是从内部出现的内生增长理论。这时的新增长理论转向了内生增长，从索洛经济增长模型基础上形成了两大分支。一支是罗默（Paul M.Romer）于 1986 年提出技术内增型模式，即成立或者拥有一个专门的技术创新或知识生产部门为产业服务，以增加知识产出和技术进步为目的，增加对其的投入，并将其迅速转化为生产部门的产出增加，从而在效益和产生上形成绝对增加值，这是一条技术进步内生化的增长选择；另一支是卢卡斯在 1988 年在对资本概念拓展解释中开创性地将人作为主力因素，即人力资本的概念，那么即便存在外生知识增加率和技术进步率的变化，同样能很好地诠释不同国家及地区间经济增长的差异与历时阶段。其实不难看出，不管是单独设立知识生产与技术研发部门，还是控制和运用人力资本，其中最为关键的是科技创新与进步在经济增长与发展中的促进作用，而这一点上内生增长理论是支持科技进步在经济实现长期增长中起决定性作用的。并且还有学者进行延伸研究，对经济周期与技术进步的比对研究，通过技术在经济周期中的作用而提出创新带来经济周期的波动与变动，其中熊彼得（Joseph Alois Schumpeter）是典型代表（陈秀山和张可云，2005）。

以这些理论讨论与研究框架为基础，国内学者及中央领导人敏锐地意识到知识进步、科技创新在经济跃升式增长中的支撑作用。比较有代表性的前期成果，如周勇、李廉水等研究并讨论了"科技支撑和引领经济发展"问题，他们均认为科技在经济增长及发展中的支撑作用，就是科技资源以及科技应用相比其他生产要素，在经济增长和跨越发展方面更具有决定性作用，并且能够满足并实现经济增长"量"与"质"双发展，迎合产业的发展与需要，实现后发国家跨越式经济增长的渴望。从国内实际来看，当前实施科技引领和支撑经济跨越，就是促进并激励知识和技术的爆发式增长以及交叉渗透，通过知识爆炸、技术创新、科技培育，不断地通过学科内爆发，同时提高跨学科、新科学的生长率，将其影响力迅速转化为新兴产业及其经济实际，进而不断创造新的市场需求，创造产业发展和就业空间，从而完成经济增长以及社会经济总量的跨越发展。这就需要政府部门，尤其是科技主管部门审时度势、超前部署，变"无意识"地支撑经济发展为"有意识"地推动科技支撑经济增长和社会发展。

对于我国当前的情况，科技支撑经济的研究还是有所探讨的。例如，科技对于经济增长的支撑是一个系统的、综合的体系，是需要过程化的管理给予辅助，这其中的关键之要就是科技支撑经济的体系化建构与运行机制的完备，国内学者针对这一本土化问题也进行了相关探讨。例如，学者陈立辉就对"科技支撑体系"这一单独的系统进行了内容、功能及作用等方面的阐述，他认为"科技支撑体系"在经济增长以及社会发展中提供的内容与支撑产品是知识、科学技术、掌握知识或技术的人以及知识或技术信息，并且他还提出"科技支撑体系"的功能与作用更为主要的是技术进步、科技创造、应用发明等提供知识保障、改进和优化生产工具及工艺流程、提高劳动者及人才的能力与素质、带来政府及产业组织的科学民主决策等九个方面。学者周志田等则就面向中国可持续发展提出"科技支撑体系"及其建设六个重大任务（方劲松，2010；胡灿伟，2011）。

理论研究的同时，科技支撑经济的实证研究已经越过基础研究而转向更加实务。国内学者积累的实证和应用性研究主要是针对科技以及技术进步在经济增长中贡献的实证研究，研究类型为经济增长贡献率的实证研究和国际或国家（地区）比较研究。例如，史清琪等通过以计算技术进步为切入点，在其对经济增长的影响中给予了方法上的归纳，列并了一系列指标，并给予了理论层面的简单阐释；李建平等则通过提出以系统的科技进步影响经济增长为理论基调，科技在人类社会经济增长中的基础性作用，认为知识经济时代技术进步与科技知识在经济跨越发展以及可持续发展中的重要作用，并以福建为例，以福建科技进步推动经济增长的实证来推断中国以及世界在科技支撑经济增长这一重大疑问中的肯定性答案；还有国内学者的实证研究是以国内部分地区（黑龙江、山东、广西、湖北及武汉等）为观测点，通过科技及技术进步在其经济增长中的贡献率的测算给予实证性分析；学者朱希刚以农业技术进步为研究目标，测算了其贡献份额；安成福、邓宗兵、张旭祥等也完成了相关的测算分析，他们的测算分析均指向一个结论：务必且必须进一步提升科技在经济及生产活动中的贡献率，而解决办法则是增加对科技及其支撑体系的投入（孔德宏，2003）。

因为理论结合实践的迫切需求，国内对于科技的政策及对策性研究较为关注，其中集中探讨的是科技政策在支持创新及应用于经济中的作用，关注科技及其政策在经济运行中作用及地位，并借此与先进国家实施比对研究。这其中的具体分类，如科技政策在经济中定位、地位与作用，地区、行业中科技创新的政策研究，特别以农业领域和高新技术领域的创新政策研究居多，企业、高校及科研机构的产学研政策研究，科技创新及进步的政策分析、政策借鉴以及政策评估等研究。

国内学者刘兴远、章新华、罗友和等分别从科技创新是经济增长的动力和引擎、科技政策支撑创新对增长方式转变存在外在集约性作用、内在倍加性及关键驱动性作用、政策性技术创新在中国经济变化及改革进程具有重要意义以及政策存在重要性，并且这些学者在政策方面基本趋同于以下建议，如政策扶持需要强化、税收激励政策需要完善、知识产权保护要制度化和法治化、科技创新及进步的内外环境要营造好、产学研一体化机制要继续有所创新。目标是科学技术与经济的同生共赢；发展高新技术产业选好起点，并结合好与传统产业改造的进程；建立可靠适宜的风险投资机制，对技术进步以及高新技术产业提供充分的金融与资本支持；重视并完善人才激励政策，吸引优秀人才的同时大力培育创新型人才；等等。学者魏芳、许良对国内科技政策在创新中运行以及过程管理做了考察，针对科技政策在创新方面建立制定机制和完善的政策建议。其他学者则就国外在科技政策扶植创新方面做了相应的介绍、借鉴以及分析。例如，袁晓东考察欧盟科技政策中对创新的预测趋势以及其主要实施内容，并就欧盟在创新上的系统观点和具体政策引导给予了重点分析，提出了适合我国的研究与借鉴对策；许贵庆、陈为生则分析澳大利亚和新西兰两国鼓励科技进步和技术创新的主要做法及特点，并给予了归纳总结；胡志坚、冯楚健则就美国、日本、德国、英国、韩国等先发国家和泰国、印度等后发国家的介绍对比，针对国家制定并实施科技政策中的投入机制、财税激励机制、金融支持和运作机制、政府采购机制、引进消化吸收和再创新机制、知识产权保护机制、人才及军民应用结合机制等方面的做法和经验给予了全面的对比和介绍。还有国内在产业和行业科技政策的创新扶植方面研究较为集中，主要是农业和高新技术产业。例如，莫鸣、曾福生针对创新的八个基本组成要素提出农业科技政策；姜长云详细探究了面向农业的科技创新体系建设的三个主要支撑点，即政府投入为导引，多元投资主体参与的农业技术创新及科技应用的多元创投机制，以知识产权保护制度为基础保护农村科技进步及技术创新的法律法规的实施以及专业化多层次农业职教体系及培训机制（孔德宏，2003）。

还有学者对企业、高校及科研机构的产学研政策进行了深入研究。例如，陈海英提出地方高校在振兴区域经济中的科技创新有着无可替代的推动作用，面向区域发展的地方高校科技创新体系的政策支持，符合科技进步与技术创新的支持政策的内在特性、应力驱动以及动态平衡控制原则；梁燕、吴锡尧则挖掘了高校科技进步及创新应用中知识产权制度化与法治化的作用及效果；郝云宏、曲亮等则就国际贸易以及 WTO 市场化规则为背景，考察政府扶持中小企业科技创新体系的构成与层次，即中小企业科技创新的政府扶持途径、中小企业科技创新的政府扶持内容、扶持制度、产业扶持层次、市场组织机制、资本国有及私营混合的格局等；而肖士恩等则通过政策评估探讨了科技政策对于创新的支持与作用，其中提出科技政策评估者应该是政策制定部门的相关人等、高校相应专业学科的专家以及专业的政策评价组织或机构，在面向科技创新的政策评估中政策及创新对于经济增长的贡献是评价与评估的重要原则，还就政策评估分析方法做了相关介绍（姜霞，2013）。

二、区域跨越发展的科技支撑规律及特征索引

面对跨越式的发展，可以肯定的是这种模式是人类社会经济增长与发展实践中的一个成功经验归纳。回顾人类经济发展的历程，工业化历史及其进程中后发者以较小的代价、较少的投入以及较短的时间完成并走完了先行国家及区域的工业化之路，并后来居上者的事例比比皆在，这些成功甚至其中有些失败的案例也为我们今天针对中国跨越式发展的路径提供着有益的借鉴和启示。要客观地看到一个事实，即由一个区域或地区作为早发地，最后形成以点带面的效果，因此科技支撑跨越发展首先且大多是从一定区域或地区开始的，至此，区域跨越发展与科技支撑之间必然存在着特有的规律及特征总结。

国家层面有美国、德国赶超英国的发展轨迹，而日本、韩国则紧随其后，其实反观这一跨越发展的轨迹，国家赶超也是从国家内部的局地和区域开始然后快速扩展至全国，从美国东部的工业产业奇迹到德国工业区的蜕变，从日本产业的信息技术化到韩国技术经济奇迹，无不说明区域跨越发展的可能性。进入是 20 世纪六七十年代，亚洲四个典型区域的发展实践，尤其在三十余年间保持经济高速增长，这一经济增长奇迹，被世界和经济界称为"东亚模式"，标注为区域跨越发展实现的典型例证，也直接且明晰的就跨越发展是否在局地和区域能成功给出了明确且详尽的注解。转回国内，历经三十多年的改革与对外开放，在一批沿海城市及周边地区相继成立的经济特区，通过改良制度、创新机制，率先对外开放，吸收并快速转化先发国家及地区的先进生产力因子，经济获得爆发式迅猛发展，社会取得了翻天覆地的变化，深圳原本作为一个毗邻香港的名不见经传的南海小渔村，竟然依靠这样的发展，神话似的旋即成为当今闻名内外的现代化工业重镇，就其发展路线和发展模式而言，可以认为是在我国跨越发展道路上的一次成功的探索和实验（金暗，1997）。

那么，区域的跨越发展，虽然在中外经济史和工业化进程中已有诸多成功先例，然而要正确地把握发展规律和运行脉络，这样才能有效地借用经验、利用规律。本书这里采纳国内外学界及学者们就后发国家及地区经济增长和跨越发展研究成果及规律总结，罗列其主要的规律性及运行特征如下。

（1）以解放生产力为目的的政治及社会改造。纵观成功经验，无不是以生产力为解放目标，从政治和社会领域掀起一场主动改革的风潮，在一国或地区经济中对其制度和体制不适应之处完成革命性的解放，而这种革命性的改造其本质就在于充分的解放生产力，生产力获得解放的结果首先就是经济的快速增长和产业

的迅速发展。因为不管在任何一个国家及地区，成功的社会化主动变革与政治改造，经济的增长是对应其解放生产力的最好注释，新中国成立初期的社会主义改造以及 20 世纪开始的改革开放，在国内及不发达区域都具有极好的示范意义。

（2）产业革命是整个经济环境变化的基础。产业革命是由生产力解放引起的，同时其中最为关键、最为本质的要素是技术革新毫无保留的应用，对于产业发展自然形成两个影响，即传统产业将经历衰退到改造后的重生，而现代产业也将随之快速崛起。这种在产业内先引起衰退，却会在产业某些部分或者某一产业领域利用产业革命的震荡和产业转移的浪潮而形成快速崛起，这种壮士断腕的产业淘汰、升级及改造是不可避免的，也正是如此才能形成超常规的产业发展形势与局面。回望世界范围内工业区的产业及其基地的产业改造面临的困难发展局面不得不让人扼腕叹息，而我国东南沿海地区通过产业的快速迭代与无情残酷淘汰，及时抓住产业革命的发展时机，成为了发展的典型范例。

（3）科学技术成为区域跨越的最活跃因子。科学知识倍增以及技术革命来临，不但降低生产及产品的成本，更加速产品和产业的更新迭代，这为区域经济超常规增长和产业跃升式发展提供了现实基础和可能性。因为，科学知识转移应用以及技术革命的到来，能够顺利地使后发地区中面向跨越发展的潜在资源优势转化为现实发展基础和优势；科学应用及技术革命在大幅降低生产和产品成本上具有无可比拟的优势，使得其产业的相对购买水平增强，产品及生产能力获得成倍增长；科学应用及技术革命最为主要的是加速产业和产品线的更新迭代，对于后发地区而言节省了生产装备研发与测试的费用及环节，这就形成了差异化科技支撑优势。例如，现代信息技术革命，为发展中地区在信息化网络化发展建设中提供了极大的成本与发展优势，信息传递成本与产业互联成本成倍降低，使其有了赶超先发国家的可能和基础。

（4）国家整体经济发展战略及政策显现重点倾斜与变化的作用点。区域经济及社会的发展直接影响并关系到国家及整个区域经济增长和产业发展布局，社会发展战略与政策的走向。国家面对经济增长的取舍，会于一定时期在政治、经济、军事、外交等方面，针对区域或区域内某一点进行政策和资源的重点倾斜，这意味着更多的资源、资金以及优惠政策将落户区域，在促进区域经济增长和产业转型方面有着催化剂效应。例如，我国在 20 世纪 80 年代开始在东南沿海地区的政策与政府支持的重点倾斜，使得沿海经济基础薄弱地区也能在较短时间内实现跨越式经济增长和发展。

（5）人力资本是其中的变数。人力资本状况是人力资源中质量及标准衡量的体现。一般意义上，一地的经济发展与产业水平状况和人力资本素质呈正相关关系，这样就是说，对于区域而言，人力资源及其能力发挥对经济增长和产业发展具有重要的影响和价值。例如，因某种不可抗力或者特殊情况变化（战争、社会变动产业调整以及政策变化等，会出现高素质人才呈现快速流进或流出的状态），一地人力资本积累以及素质水平的变化会呈现正向增长的一个阶段时期，那么其经济增加趋势以及产业结构必会凸现相应的改变。这一结论也是新经济增长理论中的基本论断之一。例如，美国在两次世界大战以后的经济及产业层次都出现了一个发展的高潮，而我国东南沿海地区以及现在北上广深一线城市的高速发展都从不同程度和不同侧面证实了这个问题。

（6）区域跨越带来区位优势的变迁。从社会及经济发展而言，区位优势是相对的，经济及技术中心的迁移是经济发展与产业变化的必然，产业及经济对社会、技术以及地理资源要求会在不断的变化中发生改变，这都是区位优势变化的因素。20世纪下半叶以后，由于通信以及交通技术的迅猛发展，区位优势则展现出一种革命性变化的态势。区位优势已经从单纯的地理位置优势转变为格局扼守优势，技术的流动将全面突破地理为界限的区位优势分布，那么科技支撑经济增长的跨越式发展在此打开了资源依赖以及限制的突破口。

三、科技支撑区域跨越发展的作用及表现

首先，跨越式发展为科技支撑带来了展示能力的最好机会。科技作为最具有流动性的资源，能够借助资本流动、发展布局变化、管理模式改进、先进技术及经验引进以及自我创新等实现从先进发达国家进入后发地区及国家，无形中为后发地区形成了发展的物质基础。同时科技作为一种虚拟生产力不但在实际生产与产业发展中形成动力牵拉效应，科技作为人类文明的成果，在社会层面以及精神层面也能促使一种励精图治、赶超前人的精神鼓舞与心理激励，在社会及经济增长的跨越发展中形成并提供精神动力（李雪松，2011）。

其次，科技支撑及其体系只能借由跨越发展的具体实际作为载体而存在和有所体现。跨越发展与科技支撑结合的结果就是将科技支撑的潜在生产能力与高速经济增长转化能力转换为现实发展基础与优势，其中的必要发展途径就是建立强大的科技支撑体系，而这一体系运作并取得成功的唯一成果就是实现社会经济的高速增长以及社会跨越式发展。所以科技支撑及其体系中最为关键的一点在于强调"支撑"是来自于科技，而科技转向"支撑"的社会经济的增长和跨越发展成果，就社会发展模式而言两者能够完美结合，因为科技追求超常规发展目标，这一点上与跨越发展的目标是一致的。

最后，科技支撑与跨越发展实现之间需要很多支持要素。虽然科技支撑能够实现跨越发展，但是科技支撑必须在一定条件下才能助力跨越发展，而回到跨越发展本身的话，科技支撑只是取得成功的一个重要因素，因为在跨越发展中没有决定性因素，跨越发展是一种超常规发展模式，其发展因素更倚重外在环境和支撑，发展

的成败在于技术因素、资本条件、自身优势以及外部环境的综合。科技支撑在跨越发展中只是一种潜在可发挥、能实现赶超的必要条件，而充分利用和发挥其作用及能力的只能是系统化的科技支撑即科技支撑体系，后发地区的政府及产业组织要对其有正确的定位和认知，调配资本，协调环境，使其结合后发优势形成充要的跃升基础与动力，这样才能有效地实现跨越发展。因为当今世界上绝大多数国家依旧处于发展缓慢、贫穷落后、寻找发展机遇、苦于发展无门的境况，科技支撑并非遥不可及，而良好的政治、经济、社会环境才是其发挥能力、创造神奇的基础。同时，充分发挥和依赖科技支撑也并不难解决所有问题，在科技支撑体系中必须有结合自身优势的创新意识与自主创新行动，这样才能真正地缩小与先发国家间人力资本、技术水平、管理制度、产业及经济结构等方面的差距，才能实现赶超，而只是着眼于学习和单纯的模仿，丢失了科技支撑中最核心的创新模块，那么只能是短暂的经济爆发以后再无增长和赶超趋势可言（李彦亮，2006）。

　　这里要特别强调说明一点，即基于科技支撑的跨越战略及其迁跃优势与比较优势及其战略有三个重要的不同点。一是基于科技支撑的跨越战略并不消极地依靠比较优势原则参与国际化分工，其更加注重并突出要素品质和素质的提升，主张打破垂直分工体系，进入水平分工层次，摆脱垂直分工的底层地位与行列，迅速挤占国际化分工的较高端层次。同时，后发地区可以利用这一"战术"原则，推动地区内不具有比较优势的行业或产业，通过人力资本积累、资本投资增加、技术模仿和引进再吸收以及政策性扶持等方式，打造差异化竞争实力，这一方案在资本和技术密集型行业比较容易实现。二是注重发挥科技支撑对后发优势的改造与提升。后发国家或地区，尤其是区域，在自然资源、劳动力资源以及环境资源方面具备一定的优势，即便都不具备，也可以通过政策倾斜形成政策优惠飞地，这样形成的主动比较优势，比在国际竞争中刻意通过低价战略或者资源战略形成的比较优势更可持续，并且不会透支后发地区的经济及产业发展能力。三是科技支撑形成的优势与比较优势的最大差别在于应用范围上，比较优势战略在贸易和商业领域更容易实现，而科技支撑推动的战略则可以辐射资本、人力、科技、管理、制度、体制等社会政治经济诸多层面，并且或将带来文化变迁，相比狭隘的用于国际贸易的比较优势战略，其展现出一种系统、全面、立体的学习并再创新的追赶战略（李植槐等，2011）。

第二节　区域跨越发展中科技支撑的定位

一、科技支撑在区域跨越发展中关键点与作用点

　　一般观点认为，与经济先发地区和发达地区相比较，区域发展尤其是实现

经济跨越将会面临诸多障碍，不过作为发展过程中的后来者，后发区域的跨越发展不但有后发优势，而且可以借助科技支撑强化跨越追赶的后发优势。毋庸置疑的是，后发地区在实现现代化和跨越发展中，能够有效地借鉴和利用先发国家和发达地区的成功经验，同时利用成功、成熟、可靠的科学知识及技术积累和产业结构设置及经济管理制度，在这些综合成功"外溢"的条件辅助下，成功的实现跨越发展（李新安，2007）。这其中的关键与作用点位需要特别注意，大致有以下几点。

技术后发优势是关键。跨越区域与先发地区间一般均存在着科技和技术水平鸿沟，缩短差距的唯一办法就是通过多种途径学习、模仿先发和先进地区，并尽可能多的获得先进技术、技术指导和科技积累，为创新节约资源和宝贵的时间，进而从容实现自主创新。

资本聚集优势是推手。区域跨越发展需要大量的资本，而作为后发地区一般均缺乏足够的发展资本，相对于资本丰富的先发地区，因为其本地资本收益率维持平均水平，可流入后发地区的获利几率将大增，继而促使资本向后发区域流动，这样不但形成资本积聚的优势，并且成为了后发国家及地区经济增长和产业发展的直接推手。

人力成本优势是基础。面对竞争优势，劳动力和人力成本是比较优势最为关注的一项，然而不管后发优势还是比较优势在这一点上有着共同的认识，不过后发地区及其战略更为注重人力资本的后发优势积累，通过全球化以及教育国际化，学习先发国家的科学技术知识、专业技术技能以及管理经验更为有效且快捷，同时能够通过人才引进以及针对性同步人才培养，进而大大提高后发地区的劳动力水平和素质，在较短时间内大幅缩短与先发国家及地区在人力资本及智力资本上的差距。

制度机制突破优势是条件。后发国家实行跨越发展是尽快完成现代化，而建设现代经济及产业经济体系的过程中，要借鉴和吸收先发国家及地区成功、成熟的制度及管理机制，如现代企业制度、经济调控机制、社保及救助制度、金融制度及运作机制、产权及专利制度等。通过政策和改革完成自身的制度机制突破，在自我的改造和创新中走出自我创新发展之路，这期间节约了大量制度创建、摸索的成本与时间，能够有效地服务于后发地区经济及产业的迅猛发展的需求。

结构变革优势是基石。地区跨越发展其实质就是对经济结构和产业结构特征进行的一次全方位改造与升级，资源、资本从传统部门向部门中先进方向以及新兴部门转移，落后产业层级向高端和先进产业层级转换，这才能形成社会生产力和生产率的大幅增长与提高，才能带来经济速度的增长。这种结构性的资源再配置更由于技术革新和技术创新尤甚突出，并将在地区发展上为后发优势形成重要且关键的推动力量与凝聚力量。

二、科技支撑区域跨越发展机理的作用面

总的来说，科技支撑及其突破口在区域跨越发展中的实践主要是在潜在优势发挥、经济动态发展、跨越驱动机理生成、适用及相对发展能力、迁跃水平及特性等方面展开（李新安，2005）。

科技支撑要发挥潜在后发优势需要区域作用基本面。作为潜在优势的地区后发优势而言，跨越发展的实现在于科技支撑的作用基本面是否存在，即政府、社会以及宏微观经济体是否能够给予足够的发挥空间。而后发优势转变为现实发展优势与竞争优势，不但要培育优势发展基本面，还需要发展环境等各种条件的支持，同时还要考虑这些条件在不同时空范畴下形成的效应范围与组合能力。当前的区域发展问题，不光光是抓住机遇，而营造科技支撑及其他发展条件的优势发挥基本面才是将潜在发展优势转化为可实现的后发优势的重要一环，这才能实现经济腾飞和社会发展赶超。

经济发展性中动态性与非均衡性为区域后发优势及科技支撑带来了机遇，更形成了挑战。从人类经济发展史可知，经济的发展性中其动态性和非均衡性显示了其巨大的反转能力，相对于19世纪的英国，很多国家虽然都具备后发优势，但是德国的崛起就是利用了经济的动态性和非均衡性，一举实现跃升，而20世纪的美国、德国等国家处于世界先进行列，而日本、韩国、新加坡及北欧诸国能够利用非均衡性与动态性特征作用于后发优势，进而实现了赶超。

科技支撑离不开市场机制的支持与辅助。市场机制是以利益为驱动的，那么通过市场来配置发展资源，刺激竞争的发展，改变与创新经济行为和经济结构，通过市场机制的手将区域跨越发展的动力机制拎起来，同时调动利他驱动的外部逐利机制，形成聚集于跨越发展和产业经济结构跃升为目标的一种发展动力，并且辅助于政府公共政策、特定的制度安排，整合发展优势，为跨越发展的优势聚集形成合力作用。

科技支撑在跨越发展中务必要关注到其适用性和作用相对性。科技作为最具有流动性和最无边界属性的社会虚拟发展激发因子之一，在进入一个地区后，虽然是节省了比较、选择的时间和成本，但发展的可能性还需要当地经济发展主题对其进行有效吸收和再创新，在外来经验的借鉴与转化上形成机遇式适用，在资源利用方面体现出作用相对性和最大化利用性，以朝向现代性和高度工业化为目标，以率先实现经济增长为背景，在产业和经济发展上形成最大的发动与激发能力。

迁跃水平及其特性展示是依赖科技支撑的区域跨越发挥追赶优势超越先发

国家过程中具有的一个显著特色。科学技术和科学知识就其整体而言是逐步推进、层次迭代的，但就某一地和一国的适用则可以出现相应的跳跃性应用，因为进入知识经济时代，知识及科技积累速度已经超出产业和经济追赶能力，技术生命周期的缩短使得技术淘汰率以及迭代率陡然增加，先发国家的技术转移也是一种再获利与再利用过程，所以技术流动在当今时代已经成为一种潮流。后发地区的产业升级换代，需要技术、资本以及人才等重要因子的支撑，而其迁跃水平具体体现在经济及产业结构的换代结果上。由于不存在较高的技术和知识迭代成本，所以通过直接引进和采用最新最成熟的技术和科技支撑，从较高的起点出发，是能够实现赶超和超越的，这一特性即技术迭代加快带来的迁跃水平提升（李响等，2013）。换而言之，就是后发地区通过直接引进、吸收先进成熟的技术，实现经济与产业的跃升式发展。之前的历史先例如日本，日本在 20 世纪 50 年代年平均技术引进为 230 多项，而到了 60 年代则达到 1 000 多项，进入 70 年代的头五年里则实现年均技术引进 2 000 多项，技术转移和吸收的倍数式增长带来的是经济增长的跨越。美国经济学者对日本在 20 世纪 60~70 年代的年均国民收入增长率测算高达 9.563 7%，而其中经济发展的跨越"神迹"则占了其中的 66.7%（严冀和陆铭，2003）。

第三节　区域跨越发展中的科技支撑选择

经济学家一直在研究经济及社会阶段的跳跃式发展问题。第二次世界大战以后，世界经济在恢复中迅猛增长，国际经济局势日新月异，经济发展的问题日益成为各国的焦点问题，经济倍速式增长和跃迁式发展自然成为经济学界研究的大热，尤其是世界上不发达和急需发展的国家和地区占绝大部分，经济复苏和经济复兴是重中之重，在探索从不发达到发达，从经济贫瘠到经济增长的道路上，跨越发展成为众人关注的对象，而最有效的助力之一的科技支撑也同样为人所关注。

跨越发展作为一条社会发展和经济增长的规律而存在已经毋庸置疑，那么在不同历史时期、不同的阶段条件下，如何通过整合科学知识、技术、经济部门、制度及发展环境，进而实现经济迅速增长和实现跨越发展呢？通过前面对人类社会经济发展史以及工业化文明的经验总结，不难发现科学知识及其技术支撑体系在其中扮演的重要角色。例如，西班牙抓住航海技术发展通过地理大发现一跃成为当时的海洋强国；英国则通过蒸汽技术革命在第一次工业革命以后占据了世界科技和经济的中心宝座；美国则借助两次世界大战带来的欧洲先进科学技术以及人才移民的机遇，在现代工业革命浪潮中迅速成为世界上头号发达国家，并且在第三次工业革命中扮演主力角色，在信息科技革命中依旧遥遥领先；回望亚洲"四小龙"国家和地区的发展，也是在第二次世界大战后亚洲经济及技术恢复的时间里，快速引进并占领技术制高点，在极短的时间里成为了亚洲地区新兴工业化国家及地区（李植槐等，2011）。

如果转向支持技术经济发展模式，也就是利用科技支撑的力量及体系化发展模式，那么其中发展要素的瓶颈限制将有效地降低，甚至可以通过技术迁跃优势，不被发展要素所束缚，在产业和经济发展中打开一个全新的发展突破口。第一章里就提到过，学者 Rosenstein Rodan 在研究欧洲部分较落后地区及国际在第二次世界大战以后如何快速实现工业化的问题的时候，提出所谓的"大推进"理论。Rodan 认为，在工业化进程中投入、生产及产出存在不可分性，资本投入的少量分批次投入效果不如聚集大量一次性投入效果显著，这样就是说资本投入必须且应该达到相应的规模，形成规模投资以后才会产生规模效益，从而间接地降低各部分成本。那么这点上资本或许不能完全的实现，但是技术和高素质劳动者的投入则能够有效地显现出来，因为后发地区一方面受到技术水平和资本的遏制，同时又急需获得技术水平提升、储蓄率增长以及产销收入增长三方面支持，所以在增加资源配置中，受限的资本以及自然资源只能维持成本不会增加，而真正实现增长的就是技术再吸收与科技支撑，在这其中无论资源到达某种瓶颈限制，只要高素质劳动者和科技支撑发挥良性作用，其他要素如生产能力、技术水平提升以及产销水平将维持不变，这样自然会稳步实现经济增长和产业发展的态势（厉以宁，2000）。

反观之，科技支撑则可以通过在任何一地的科技经济与技术迁跃，带来产品与贸易的平等化发展，简而言之，就是技术和科技支撑带来的力量抹平不平等发展地位和贸易关系，这样对于追赶地区而言本身就是一种跨越。从不平等发展与外援式发展而言，经济学者霍利斯钱纳里（Hollis B. Chenery）在分析希腊、以色列、菲律宾和中国台湾等国家和地区的经济发展历程中，提出发展中国家合理地利用外援是能解除相关制约，绕过发展约束。经济发展的外援理论认为，这一方面可以增加一国或地区生产能力与出口能力，另一方面由于生产能力和出口能力扩展带来的国民收入增加，能够为国内储蓄率的提升有所作用。但是科技支撑作为外援的话，不仅仅只是改变的生产、出口能力和储蓄率，更为重要的是对其经济的本质性改造。科技支撑将实现一国或地区的国际分工和国家贸易中对接专业化现代化生产与发展模式，改变贸易中资源交换型分工模式，直接进入高阶生产模式，打开更为广阔的新市场，形成经济发展的不均衡态势，绕开国家的国际分工和国际贸易不平等性壁垒，在贸易格局中占据有利地位，彻底摒弃外援理论中进口替代战略和出口推动战略等经济导向型贸易发展理论，进而真正的从本质改造区域经济及产业发展走向（林元旦，2004）。

科技支撑最为突出的一点是能够通过科技的支撑力量形成一个快速增长的突破口，从整体增长趋势和曲线而言则表现为一种从谷到峰的倍增式极点发展。就这点而言，弗朗索瓦佩鲁（Francois Perroux）等在经济史分析中分离出的关键之处在于，注意到了国家和地区间存在经济成长过程的不平衡，那么增长极理论推崇的是通过经济发展中主导部门的先成长，进而带动其他经济部门的成长，从行业到厂商的逐步过渡，将经济增长由一点发起，形成扩散效应的一种经济传导。增长极理论与科技支撑突破口在这一点上有着高度契合，即强调突破口（增长极点）形成，并做针对性发展，关注并催化其突破口（增长极点）的外围传导和辐射效果，进而形成整个区域内的产业和经济快速发展。就科技支撑及其体系而言，这也为其在区域跨越发展指出了一条更加有效的捷径，即后发地区先调集资源，集中力量选择针对性的突破口（增长极点），对其实施精准的建设和投入，培育其壮大并快速形成辐射效应，通过周边的向心效应，形成聚拢式区域整体发展，从而实现经济在科技支撑中的快速跃升与倍数式增长。

通过以上论述和辩证可知，科技支撑是可以作为多种选择的跨越发展支持条件的，具备一定基础和相应条件，区域跨越发展必然可以在科技支撑的平台上实现其目标和宏愿。

第四节　区域跨越发展依赖科技支撑突破口

一、科技支撑突破口是典型地区实现跨越发展的捷径

区域经济的跨越式发展，是指该区域经济的质量、水平以及规模均实现国民经济平均水平以上的高速增长，且能在中长期内实现持续的超速递增模式。实现持续超速递增模式的已有或现有经验主要是区域产业结构的规模式优化、产业技术的跨越式进步和新兴主导产业的倍增式扩张等。典型区域要体现促进地区崛起重要战略，率先实现跨越式发展，实现经济和产业发展的持续超速递增模式，全面展现区域工业化、信息化、城镇化、市场化、国际化的发展效率与发展成果，高新技术产业以及相关的战略性新兴产业是必然首选（徐瑛和陈秀山，2009）。依据区域经济现状、产业布局以及科技与创新资源情况，科技支撑突破口是典型区域依靠高新技术产业实现跨越式发展突破的捷径。科技支撑是基于综合管理和服务扶植的战略突破型实践政策体系，是一种针对科技领域及其行业的管理服务架构与政策助推机制。根据体系架构和支撑方式的分工不同，包含三个具体体系，即管理体系、服务体系、扶植体系。管理体系包括决策与政策系统、管理与服务体系、经济与投入测算系统；服务体系主要有人才与科技优势培育、信息交换平台；扶植体系主要有舆论导向系统、示范与试点拓展、市场平台、监督和保障体系。科技支撑的介入为区域高新技术产业提供更多的需求弹性和更大的生产率上升空间，是区域实现经济增长在量、质、规模上齐头并进与持续递增的保证，这

一切将形成并造就区域实现跨越发展的突破口（林海，2004）。

二、经济结构的调整和优化需要科技支撑突破口催化

经济结构对于一国或地区的经济发展质量和经济增长速度有着至关重要的作用，决定其外部经济竞争力能力强弱和水平高低。影响经济结构的因素众多，如需求结构、消费倾向及结构、国际贸易情势、资源禀赋水平、技术水平及技术结构等，以上因素在经济结构调整和优化中都会起到作用，然而其中最为关键的要素是技术和制度，这也正印证了科技进步与技术水平决定着产业结构水平与发展能力，作为产业发展的根本驱动力之一，相比其他要素更为突出。当今新经济增长理论的主流学派，均将科技进步、创新水平以及科技支撑能力作为经济增长的动力源与催化剂。新古典经济增长学派的索洛就提出，经济增长要可持续只能依赖科技增长和技术进步。不过如果深入考察科技进步对于经济增长的促进作用过程的话，就会发现经济增长量的扩容过程实际上就是科技进步催化经济结构的调整与优化过程（李仁贵，2005）。从这个角度讲，科学增长及技术进步是经济增长的第一推动力是恰如其分的。邓小平同志曾在对科学技术作用的长期观察和思考后，提出了"科学技术是第一生产力"的精辟论断。那么科技在经济结构调整中施展影响力，主要是通过科技创新对生产力构成及其要素的作用，以及制约经济结构的相关要素上的。经济发展史表明，科技水平、经济结构和经济增长水平三者存在异驱同步的特性，即相互之间是互相作用驱动的关系，而发展及实际表现则出现同步性特性，互为发展因素和刺激因子，不过三者中科技还是起着更为激进的根本性作用。

不发达地区或者落后地区的经济结构通病，是产业结构间数量与质量、速度与效益、规模与结构等方面的统筹协调欠佳，不能有效地形成其对经济增长的支持。广阔市场空间和持久市场需求的对接不足，产业布局的空间狭窄，新兴产业和高新技术主导产业的发展机会与机遇因竞争日益激烈而更加稀缺，现有经济运行压力依然巨大，拓展发展空间和营造发展机遇的要求紧迫。经济结构调整与优化不但需要科技支撑辅助，更需要科技支撑的突破口形成差异化发展缺口。一般意义上，技术水平先进、经济结构合理和经济发展水平适当这三者间，一直会处于一种趋近、整合、上升、再趋近的螺旋互动关系。科技支撑介入经济发展，那么必然为经济结构调整带来直接的催化与动力影响，进而带动产业结构内在运行机理的变迁。也就是说，通过先进科技技术的催化与驱动，形成高水平、高效能、高产出的经济结构，这也是经济结构调整和优化的目标，而科技支撑突破口则将加快这一进程的形成，因为经济结构的调整与优化将反需求于科技水平的快速提升和驱动效果，那么面向快速增长需求的经济结构调整方案，在科技支撑中找寻

突破口则是最优的选择与催化手段（李仁贵，1988）。

三、经济增长方式转型需要科技支撑突破口破题

经济增长方式转型需要具有决定性作用的因子介入，而科技支撑突破口则可以迅速形成差异性优势和质量性技术经济增长方式，而突破口则只能选择科技创新及其产业化。纵观经济增长史，发达国家和先发地区的经验和成功已证明了这一结论：从第一次工业革命伊始，先发国家依靠技术优势和科技创新，开发新产品、新服务和新兴产业，对原有产业和行业系统实施技术改造，据不完全统计，人类两次工业革命的经济增长中有超过 50%以上源自技术进步、科技创新及产业化发展。从发达国家的指标测算，法国、德国、英国、日本等均在 55%以上，而美国更是尤甚，第二次世界大战以后美国经济增长中超过 75%的部分来自技术进步、革新和产业创新。重视和依靠科技创新及其产业发展不但是科技支撑突破口形成的基础，更是经济增长方式转型的关键条件之一（叶威，2009）。

以湖北区域发展为例，改革开放三十多年间湖北省域经济保持在一个较长时期的稳定的较快速度增长。GDP 年均增长达 10.4%，2008 年破万亿元大关。然而，虽然即便如此，湖北发展和经济水平不仅没有缩小与沿海发达地区的差距，就是与中部周边区域和省份横向对比亦不曾拥有绝对优势。经济结构上，供给结构、需求结构、区域结构和城乡结构四个方面均存在问题。"十二五"期间，湖北实现"建成促进中部地区崛起重要战略支点"战略目标的关键是加快发展。发展的理念是科学发展，科学发展的主线是优化发展质量、转变发展方式、调整经济结构。根据人均 GDP、产业结构、城乡结构等多因素综合分析，湖北的工业化目前尚处于中期阶段的上半期，当前湖北经济发展的重点是树立工业立省的理念，优先发展第二产业。农业中传统农业比重大，农业产业化水平低；工业中现代制造业特别是高新技术产业发展缓慢；服务业中现代服务业和新兴服务业发展滞后（湖北省统计局，2007）。因此，迫切需要通过科技创新以技术产业化完成现有产业结构的调整，通过产业结构优化升级形成上升优势，对传统劳动密集型产业实施技术改造，重点发展资本、技术密集型产业，全面提升产业结构中的科技创新及产业化比重，推进经济增长方式完成集约型转变（湖北省科技厅，2010）。

然而只有发挥技术经济和科技支撑的优势，才能够在经济和产业发展方面打开一扇全新的发展窗口。除了科技创新外，还是要关注一些外部因素在经济结构升级中的影响，这些因素也是不能忽视的，如产品的国民需求结构、国内外消费倾向及结构、国民消费及投资比例、劳动力储备、资本禀赋与引援情况、国际贸易及出口形势、产业政策、经济制度及市场机制等因素。在这些科技及创新作用较慢或者渗透较少的因素中，如何形成结构性经济效应是关键环节。因为技术及

创新的结构性经济效应主要包含三个层次：技术及其创新左右着产业部门的发展和走向，技术创新极化规律左右着产业的有序更替演变，技术及创新的扩散效应左右着经济结构的变迁方向。在这一经济与科技支撑的根本性关系结构上，如何将其他因素有效地整合进入科技支撑区域跨越发展，从而形成经济增长的驱动合力是科技支撑有效实现扩散效应的条件之一，这样科技支撑打开的突破口也将通过技术跃进和科技支撑的驱动力与支撑能力形成经济和产业的迁跃式发展，并最终实现跨越发展的目标。

第四章

区域跨越、科技支撑
与产业经济的关联度

近十年来，国家的大政方针以及发展规划纲要均突出了国家及区域经济和社会发展的宏伟战略是加快迈向中等发达国家的行列，加快追赶世界发达国家的步伐。这其中就需要全面强化国家科技支撑的能力，尤其在提出国家创新体系建设的口号以后，科技支撑中的创新能力建设与方向重点为之明确，科技在经济增长和社会发展的具体战略部署与实施措施也在区域落地生根。面向近十年国家规划提出的以科技为主体，着力加快经济发展方式与增长方式的主要工作中，特别强调要求科技进步、技术创新、自主创新及再改造成为经济增长和经济发展方式转变的主要支撑。这一点从国家"十二五""十三五"规划中进行了各项指标点对点的明确。例如，明确提出社会在面向产业及经济发展的研究试验支出要占 GDP 的 2.2%，这其中包含国家财政的科技投入，而最为关要的是加大在社会经济及产业领域中的支出，着力点是企业在产品和技术创新上的支出。还有聚焦于发明专利拥有量，强化每万人发明专利拥有量，并且提出全面铺开知识产权创造、保护和应用等重点工作，明确要求科技进步和技术创新需更加强调与经济增长和产业发展实际应用结合，全面提升人才因素在战略中的地位，充分调动产业及相关人员的创新思维和创造能动性，切实实现科技作为跨越发展的优先地位和重要支撑的目标。那么区域跨越发展怎么能够有效利用产业经济活力和科技支撑力量，科技支撑能否作用于产业经济，产业经济能否融合科技支撑作用并实现区域跨越，这一系列问题是必须回答也必须透析的。

第一节 社会经济跃升、产业发展与科技支撑的关联度

一、科技支撑为现代农业发展提供质变核心力

如果回望人类社会的农业发展史，知识探索、科学进步和技术变革始终作为主要质变核心力伴随农业和农村社会发展的左右。传统农业到近代农业再到现代农业的一个发展历程实际上也就是技术变革与技术进步应用于农业产业的过程。所谓现代农业，是指利用现代科学技术、现代工业提供的生产资料与科学管理方法实现的社会化农业。科技在其中的作用毋庸置疑，机械、化肥、农药、灌溉、育种等方面的知识积累和技术突破，技术革新及其在产业领域的广泛应用与推广，对于世界范围内农业生产以及农业经济增长力的提升都起着决定性作用。当今的世界各国尤其是泛农业经济区都制定了科技支撑、自主创新的农业经济发展战略，这说明了科技支撑在农业中的重要且不可或缺的决定性意义。回到现实情况做分析，从当今世界上农业发展方式的考察，以农业生产要素视角可分为三类，一是地广人稀幅员辽阔的国家及泛农业区，如美国、加拿大、俄罗斯、澳大利亚等国，只能走劳动力机械化道路，发展以机械和自动化技术为依托的劳动力增替方式；二是人地比例适中农业地理范围可控的国家及地区，如英国、法国、德国等地理类型国家，会选择既大力发展机械和自动化替代技术，又需要借助生物育种和化学技术解决土地相对不足，最大可能地压榨土地生产率且拥有较高劳动生产率的途径；三是人多地少或土地广袤却贫瘠难以开发或人口超出土地承受极限的国家及地区，如日本、荷兰等国，这些国家唯有通过生物和化学技术以及全面管控的农业管理技术，发展资源替代和资源再循环开发技术，一方面弥补土地不足，另一方面加大资源节约力度，同时辅以科技或贸易换粮食的路线。中国因为人口基数限度内的土地承受力以及国土内可开发农业适用土地的锐减，从类型上应该归属为第三类发展类型，然而中国当前依旧处于相对落后的农业技术应用层次，单位劳动生产率以及土地生产率均不够高，且农业占有劳动力的比例依旧较高。那么无论哪种方式和发展类型，如果不借助科技知识、技术进步和自主创新，农业生产力水平的提升，农业发展跃升战略的实现终究不能完成（黄伟和韩雪，2007）。

环顾当今世界，农业部门现代化水平和技术含量较高的国家，其农业科技贡献率均达 70% 以上，这里具体可以美国和以色列为典型。美国农业以高效率著称，其现代化水平极高，以不到全球 7% 的耕地，生产出占全世界农业总产值 12.6% 的农产品，农产品生产能力超过本国需求的 50%，粮食人均占有量是我国的三倍。美国之所以取得如此的成就，与其极其重视农业科技的发展密不可分。美国在农业科技方面的做法包括：重视科研场所建设，注重产学研的密切结合；农业科技

发展计划性强、农业科技投入经费充足以及重视服务型农业合作社的发展。再看以色列，以色列的农业科技走在世界前列，且该国已经形成了一条独具特色的依靠科技进步、因地制宜集约和高效利用资源的现代农业发展道路。如今，这条现代农业发展道路已成为该国经济发展的杠杆。以色列利用科技进步发展现代农业的成效显著，早在20世纪80年代，以色列科技进步对农业增长的贡献率就已经达到了96%，同时还建立了一套完整的农业科技研发机制。该国拥有一批高度发育的民间科研机构，这些研究机构虽在民间设立，但所研究领域广泛包括了化工、医学、生物工程、基因、电子等；有一批高素质的农业技术推广人才，在以色列从事农技推广的工作人员超过800人，他们大都在研究中心上班，并把最新的成果推广出去，迅速产生经济效益。以色列农业科研紧紧围绕生产，强调经济效益，将科技力量作为农业发展的制高点（郑杰和李荣光，2011）。这些案例恰是论证了科技进步在农业发展中的重要作用，与之相比，我国农业科技发展还远远不足，国外的一些优良经验值得学习借鉴（黄建中，2008）。

我国农业正处于传统农业向现代农业转型的关键时期，农业产业领域需要不断扩展，应逐渐朝能源农业、海洋农业、生物医药和精细化工等多个领域渗透，传统农业的经营方式也需要朝产业化的方向发展。但是，来自资源、人口、环境等方面的多重压力决定了现代化农业的建设必将是一个长期艰难的过程，这个过程需要依靠国家政策的扶持、政府的资助以及科学技术的进步和创新。2006年国务院颁布的《国家中长期科学和技术发展规划纲要（2006—2020）》中明确提出：要以高新技术带动常规农业技术升级，持续提高农业综合生产能力。2012年是全国农业科技促进年，中央一号文件首次把农业科技创新作为主题，出台了一系列对我国农业发展史具有里程碑意义的科技性政策及措施，力求打牢基础、谋划长远。国家政策将科技支撑提上农业发展日程，充分说明了现代农业发展过程中务必要重视科学技术的运用和科技创新的实施。响应政府宏观政策并结合现实发展，中央与地方政府积极发挥科技在现代化农业发展中的支撑作用，并取得了可喜的进步。2011年我国粮食总产量达到11 424亿斤（1斤=0.5千克），实现了半个世纪以来首次连续八年增产，首次连续五年稳定在10 000亿斤以上，人均粮食占有量首次超过850斤；棉油糖、果菜茶、肉蛋奶、水产品等主要农产品实现全面增产，是近十六年来的第一次。同时，农民收入实现连续八年较快增长，人均年纯收入超过6 900元，是1985年以来增长最快的一年，2011年我国农业科技贡献率达到了53.5%（万钢，2012）。

以湖北为例，2012年，我国三次产业结构为10.1∶45.5∶44.4，广东省三次产业结构为4.7∶50.4∶44.9，浙江省三次产业结构为4.0∶51.2∶44.8，江苏省三次产业结构为5.2∶52.4∶42.4，湖北三次产业结构为11.2∶49.5∶39.3（湖北省统计局，2014）。不难看出，我国经济较发达省份第一产业所占比重普遍偏低，第二产业、第三产业占比高，尤其是第三产业占比较高。与沿海省份产业结构状况相比，湖北第一产业占比太重，甚至超过全国平均水平，这一点凸显了湖北作为农业大省的特点，但距农业强省的目标实现还有较长一段路要走。2013年江苏省农业科技贡献率依旧高达65%以上，位居全国第一，浙江、广东两省的农业科技贡献率也都超过全国平均水平。以上各省良好成绩的取得要归因于它们高度重视科技进步和创新，始终将科技进步和创新作为经济建设的核心与主要动力。那么，湖北当前需要做的是利用科学技术调整产业结构，降低第一产业结构比例的同时加强科技农业的发展，提高农业生产总值。2010~2014年，湖北反复强调要为现代农业发展提供科技支撑，依托湖北的农业资源优势，创建国家农业区域创新中心。自2006年以来，湖北农业产业化经营取得了较快较好的发展。为推动农业产业结构调整，农民增收，农业增效，湖北涌现出一批成长性好、辐射功能强的农业产业化龙头企业。截至2013年，湖北规模以上龙头企业预计达到4 900家，销售收入有望突破5 000亿元大关。但总的说来，湖北农业产业化仍较落后，已有的龙头企业存在规模较小、实力较弱的问题，农产品品牌度较低，目前在国内外知名度较高的鄂牌农产品甚少。此外，湖北农产品加工业尚不发达，这些问题都将导致湖北农产品整体竞争力不强，进而在带动农民增收方面的作用不大，这些成为制约湖北从农业大省向农业强省跨越的巨大障碍。对此，湖北必须要发展现代农业，而现代农业区别于传统农业的最大地方是科学技术的应用（张俊飚等，2012）。

现代农业是以现代工业和科技为奠基，具备面向产业化的农业基础性设施建设及相关条件，转换传统农业理念和需求为目标，以国内外需求为出发点，所建立的一套基于现代农业生物科学技术、借助工业化设备、实施现代产业化管理的农业工业综合系统，其做到了传统农业无法完成生产的前中后紧密结合、农工贸不能有机对接的综合性发展模式（卢良恕，2007）。党的十六届五中全会上对发展现代农业总的要求是：加快农业科技进步，加强农业设施建设，调整农业生产结构，转变农业增长方式，提高农业综合生产能力。因此，用科技支撑促进现代农业发展，是湖北农业科技工作的首要问题，也是构建品牌农产品，提升湖北农业竞争力的重要手段。由于湖北是农业大省，是全国的大粮仓。"十一五"期间，湖北保持了又好又快的发展势头，粮食生产连续七年增产，农民收入实现新的突破，2013年湖北农民人均收入保持在5 400元左右，农业结构调整取得不小成效，一批优质农业板块基地发挥作用，农业产业化也获得了新突破，截至2012年，预计销售收入过十亿元的加工型龙头企业达到29家。期间，科学技术在湖北农业发展过程中，发挥着巨大功效，取得了可喜成绩。例如，建设鄂东南双季稻高产技术中试基地、中稻高产综合技术集成中试基地、优质有机稻标准化生产示范基地和保护性栽培中试基地四大农业产业化技术示范基地，丰产试验区示范面积已经扩充至700多万亩（1亩=666.67平方米），湖北区域内依赖科技推广的辐射面积则超过 7 000 多万亩，用科技示范效应支撑的农业生产基地成为标杆和发展标准，在农业产业化、现代化推进过程中起到了激励效果和虹吸效应。此外，湖北争取到了"十一五"期间国家粮食丰产科技工程的落户，湖北以工程建设为机遇，以项目为纽带，以县市基地示范为抓手，针对农业产业的现代化与产业化发展，从水稻高产栽培技术、水稻优质高产无公害生产技术等技术突破口切入，在推广科学种植方式中实现量产和生产技术的双提升。而其中最有标志意义的是，湖北通过此项工程完成了农村科技扶助体系的建设和完善，有效地完成了农业科技创新平台的相关建设，在产学研的农业技术创新与应用机制发挥上形成了产业支撑能力和产业创新能力。由此可见，科技要素是提升湖北现代化农业整体水平的关键因子，科技进步与科技创新将在其中发挥巨大的贡献，也将一直在湖北农业工作中发挥不可忽视的作用。这样就是说，在典型区域如湖北的跨越发展上，科技支撑能在其农业产业发展与跨越方面表现足够的支持实力与发展能力（原永胜，2004；胡灿伟，2011）。

二、科技支撑是新型工业化建设的基石

走新型工业化道路是加快我国现代化进程的必然选择，科技化、信息化工业和产业现代化发展的必然选择。当前新型工业化道路的本质内涵是科技含量足、经济效益高、物质资源消耗低、环境污染小、软性资源优势效果突出。身处全球化、信息化浪潮中，新型工业化道路的实现离不开信息技术，信息化可以大大缩短工业化进程，新一轮产业升级必须依靠信息化拉动，对此，需要重点在工业领域广泛运用信息技术和手段，提高工业的自动化水平；要善于利用当代信息技术，以信息化带动工业化，这是缩短经济发展差距的重要途径。当今世界已经进入信息化时代，一些主要发达国家早已进入后工业化社会，并将以信息产业为代表的高新科技产业作为其主导产业。我国工业化阶段与发达国家相比已经落后一个历史性阶段，但同时信息化时代给我们提供了巨大的机遇，必须要承认的是，用信息化带动工业化，即要以信息技术为代表的高新技术和先进适用技术改造传统产业。观察科技进步和工业化进程，从以电气技术和内燃机发明引发的工业革命到20 世纪 80 年代以来，各种计算机辅助工具、高效的柔性生产设备、现代设计技术等的创造和使用引发了工业产业的革命性飞跃，尤其是近年来，信息技术和人工智能的出现，将工业产业推向了计算机智能集成阶段。不容置否，是科技进步促进了工业产业结构的升级，促进了工业化进程以及新工业化时代的来临。工业化的历史进程证明了众多的科技成果孕育在工业发展中，工业为科技开发提供物质基础，科学技术与工业化发展相互促进、相辅相成。除此之外，走新型工业化道路，还必须以可持续发展为目标，走集约式发展模式，在依靠科技进步不断创

造出具有自主知识产权的新技术和新产品的同时实现低消耗低污染，促进经济社会的和谐发展；走新型工业化道路，必须发挥科技作为第一生产力的重要作用，注重依靠科技进步和提高劳动者素质，改善经济增长质量和效益（刘希宋和曹霞，2005）。发挥科技对新型工业化的支持作用要实现科技与经济、科技与产业发展的紧密结合。科技转化为现实生产力的切入点包括：加强高新技术的研发，实现高科技的产业化，推动经济的跨越式发展；推动技术通过传统产业转型的渗透、转移与扩散，借助先进技术和高新实用技术完成对传统产业的改造，其核心还是以信息化带动工业化，以工业化促进信息化（云伟宏，2004）。

区域发展的典型选取以湖北为例，作为老工业基地，工业是湖北实现跨越式发展的要害。面对跨越发展，湖北尚处于工业化中期阶段，想要实现由工业化中期阶段向工业化后期的跨越，加大科研投入和自主技研创新，形成新型工业发展的苗头和态势。湖北工业属于"重化型"、"内需型"和"制造型"，轻重工业之比基本在3∶7左右波动。湖北有丰富的矿产资源，但典型的缺油少气，多年来采掘工业创造的工业价值所占比重并不高，相反每年需从省外调入煤矿、石油、木材等初级产品。总体上是能源要素供应紧张，企业生产经营成本高、压力大。要克服困难实现跨越发展，湖北只能凭借科技力量与技术进步的支撑实现由工业的传统向新型的转变，通过高新技术开发区开发建设和已有开发区建设升级为发展点，打造工业的产业集群并形成集群优势，重点突出增长型和突破型产业集群；借助国家自主创新示范区建设的机遇，在工业和相关产业的核心技术和关键科技上实施突破，培育并成长一批面向经济增长的战略性新兴产业集群。面向科技支撑下的跨越发展过程，是湖北工业努力探索转变发展方式的重要过程，也是工业发展经历重大考验的关键过程。针对科技支撑下的跨越发展，湖北要坚持走新型工业化道路，从工业和产业部门结构调整入手。首先是产业规模总量不断扩大，如2015年湖北规模以上工业企业完成增加值是2005年的350多倍。其次是工业结构不断升级，2012年湖北三次产业比重为11.2∶49.5∶39.3，2015年比重中二次产业和三次产业逐步上升，以电子信息、生物医药为主的高新技术产业增加值占湖北规模以上工业增加值的比重由2005年的26.7%提高到34.4%；工业及相关产业部门的产品取得了很好的开局，例如，汽车产销双超百万辆大关，海洋钻采及钻修设备、制冷压缩机、工程胶黏剂、达菲、磷复肥等产品市场占有率居全国首位；船用低速柴油机、超重型数控机床、数控激光切割机、烟气脱硫脱硝设备、污（废）水处理设备、大型碱回收锅炉等产品达到国际先进水平。自2012年以来，湖北轻工业比例继续保持上升1.5百分点。湖北轻工业完成增加值持续增长，占湖北总量的32.2%，同比增长达到30.1%；重工业完成增加值继续增长18%。轻工业增长快于重工业6.6百分点，轻重工业之比由2014年年底的30.1∶69.9调整为31.7∶68.3，轻工业比例提高了1.5百分点。这对一个重化工业省份来说，殊为不易，更见证了科技支撑的强大实力。除此之外，湖北工业企业的自主创新能力显著增强，到 2015 年年底，湖北大中型企业技术开发机构接近千家，国家认定的企业技术中心、工程研究中心分别达到 30 余家和 10 余家，省级认定的企业技术中心达到 400 余家，世界 500 强企业在鄂设立技术研发中心有 10 余家（杨明杏，2012）。

总之，科技要素是湖北工业在产业新型建设与调整改造中的支柱与根基，科技进步与技研创新将成为工业新型发展的动力源，也将一直在湖北工业经济可持续发展上发挥主导作用。就当前湖北通过科技作用于工业的产业发展支撑表现而言，可以说，面向经济增长的工业发展核心源泉离不开科技支撑。

三、科技支撑是现代服务业发展的桥梁

服务业的发展水平代表了一个国家经济发展阶段和人民生活质量达到的水平，是促进市场经济发育和优化社会资源配置的重要途径，也是经济增长的重要动力。面对新世情、国情和区域发展需要，政府应大力支持现代服务业的快速发展。所谓现代服务业是指以现代科技和技术改良尤其是信息通信及网络技术为变革式支撑，谋求建立基于技术和科技支持的商业模式、服务方式和管理方法上的服务业，也就是把握紧追技术发展新兴服务业，其中最为重要的是运用现代技术对传统服务业的改造与提升。国家已将加快发展现代服务业作为重要战略，《国家中长期科学和技术发展规划纲要》明确将信息产业与现代服务业列为中长期科技发展的重要领域。《现代服务业科技发展"十二五"专项规划》中已明确提出发展现代服务业的指导思想是以科学发展观为统领，以促进现代服务业创新发展为战略目标，以模式创新为核心、技术集成应用创新为支撑，通过资源整合，完善现代服务业技术支撑体系、科技创新体系和产业支撑体系等。与此同时，最近十几年间，科技部在现代服务业领域实施了 29 个国家科技支撑计划项目，涉及数字医疗、数字媒体、信息及空间服务等方面。科技进步为现代服务业发展提供了技术支持和发展平台，而服务业的现代化及其发展步伐则从根本上极大地改变着科技进步速度、科技创新深度和科技变化方向，不仅回馈和完善着科技进步的内容支撑，也进一步全面推动着科技和技术改良的普及应用（岳文海，2005）。

作为第三产业的现代服务业，其中多数是信息密集且依赖通信和网络技术支持的行业。在其服务过程中的每个阶段均要求服务供应商与顾客进行实时互动和及时沟通，这一特性给信息和通信技术为代表的高新技术提供了作用发挥的空间。这就意味着，信息、通信和网络技术与科技在服务部门及其经济领域发生的全面融合，这将极大地促进服务行业（如旅游、物流等行业）及其经济部门的腾飞。一般意义上讲，服务及其经济部门提供的产品就是典型的人际互动型经济生产活动，技术进步和科技创新若能帮助企业提升服务水平、改进服务理念、优化服务流程以及服务

传递方式、改造服务管理模式，形成或增进服务内容、种类和方式，这就极大地带来经济效益和实际增长。例如，美国有一家叫 uWink 的餐馆，该餐馆将游戏技术与服务传递技术有效地结合在餐厅运转过程中，即餐馆内，餐桌设计成带有触摸键的四方桌，桌面则由一个显示屏组成，所有菜谱都通过这个桌子的游戏界面的触摸屏幕实现，顾客点选菜品则可以通过网络直接传递到后厨，无需点单催单，就可以将配餐送到顾客面前，为打发等待送餐的无聊的时间，顾客则和朋友一起获得了桌面共同游戏的快乐，在减少服务项目的同时极大地提高了用餐服务的水平和项目（李迎君，2011）。科技创新和技术进步为服务业打开了跳出依靠服务态度、服务项目的狭隘低端层次，依赖科技的帮助让受服务者获得了更加个性化体验与享受消费的过程。例如，运用科技创新和技术进步的最新成果带来的愉快消费体验如零售业的条形码技术、网络预订、自动安检系统、网络评价系统等。同时，科技创新和技术进步能从服务方式方法以及项目上实现服务产品质量的提升，对于企业服务应变能力的增进有着极大的帮助，因为服务业最为关键的立身之本是服务质量与消费者满意度，依靠科技创新和技术进步的带动，能够完全实现服务流程的规范严格，在服务质量改良与提升方面全面引入现代管理手段，能够保障服务质量维持在高标准高质量满意接受度的层次（张合林，2010）。

图 4-1 中所显示的第三产业中资本、劳动和科学技术贡献的变动趋势，可以看出科学技术对第三产业发展的贡献整体呈现的是"高—低—高—趋于平衡"的趋势特点，原因主要是科技的提高是一个较长期的过程，它的发展伴随着劳动者知识的积累、工具手段的改进以及新技术的发明与使用。在科学技术水平较低时容易受到其他因素影响，但一旦这种知识内化为劳动者的技能后，科技进步的贡献就会相对稳定，第三产业发展将获得较快提高（曾国平等，2009）。发达国家和地区给我们的经验是服务业的高速发展往往产生于一个国家或地区经济水平经由中低收入层次进入中上等收入水平的过渡期。

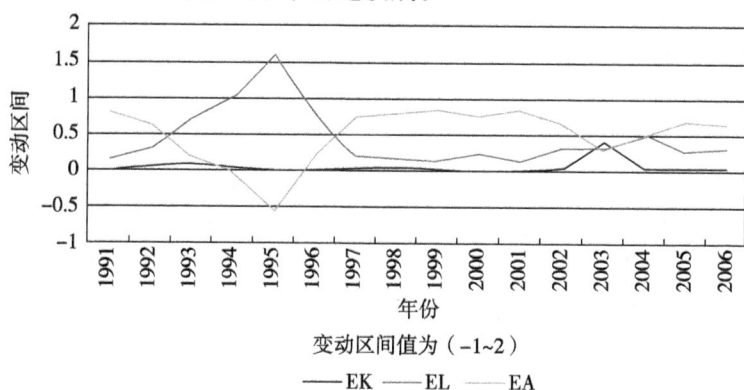

变动区间值为（−1~2）

—— EK —— EL —— EA

图 4-1　国内第三产业资本、劳动与科学技术贡献率变动趋势（1991—2006）

资料来源：国家统计局（2008）

回到湖北这个例子，当前的经济增长需求和发展趋势而言，湖北作为区域发展的典型，可以抓住从服务业切入的加快调整经济结构和转变发展方式的战略机遇期，区域服务业也将进入新一轮的快速增长与发展时期。近年来，湖北在第三产业改造上注重科技创新和技术引进相结合，改造和提升传统服务业为契机，在巩固和提高商贸等支柱服务业的整体规模与质量的同时，投入大量精力和物力全面发展需求潜力大的现代服务业，实现了多个新兴行业和关键领域的重要突破，全力打造第二产业、第三产业共同拉动经济又好又快增长的格局。湖北就针对新时期跨越发展需求的规划，应该在旅游、金融、物流、文化、信息五大增加值潜力巨大的现代服务业上均力争收入突破千亿元的现代服务业，完成服务业产值在区域经济中形成三足鼎立的支撑格局（章海鸥和王涵林，2002）。

总之，科技要素是提升湖北第三产业关键素质的决定性因子，科技进步与科技创新是主要贡献力量，也将为湖北跨越发展所需第三产业时候发挥出决定性的作用。由此，典型区域如湖北，第三产业的发展离不开科技支撑的支持与扶助。

第二节　跨越发展视域下科技支撑与产业发展的依存及影响

一、高新技术促进区域经济发展

对于高新技术，国内外普遍认同的特点是高度的创新性、高度的战略性、高度的增值性、高度的渗透性以及高度的风险性。高新技术作为智力密集型技术，需要通过研发的高投入，进行知识的开拓与积累，创立新的技术思路和途径。高新技术标志着当今世界发展的制高点，是以科学技术形态表现出来的一种战略资源和国家实力，直接关系到一个国家、地区在全球竞争格局中的经济、政治和军事地位。高新技术研发处于科学技术创新链的前段，具有明显的超前性质，因而对区域经济发展起到巨大的推动作用，进而影响着区域内的产业发展。高新技术在区域经济发展中的作用具体表现在以下几方面（蔡莉，2010）。

（一）高新技术产业对区域技术进步的影响

区域技术进步和科技创新的促进来自于高新技术企业，因为高新技术企业在权益配置上除一些纯技术类公司实施独资或持有绝大部分股权外，会采取非股份的合作方式，这样能灵活地获得技术收益，通过如购销合同、分包生产、互相参股及多方技术合作等方式，这些形式十分有利于技术及科技的扩散。

高新技术企业在要素生产率方面的优势远远盖过传统企业，从而在行业和产业内竞争中扮演着搅局者，由于其在区域内对其他企业形成的竞争压力，区域内企业只能通过改进技术、降低成本、提高要素利用率等方式提升生产效率，通过完善自身的经营状况、产品质量以及技术水平以获得良好业绩，从而不被市场所淘汰。高新技术企业通过释放技术引领行业潮流，进而会对区域发展形成技术创新激发经济增长的高潮，因为高新技术企业会通过对社会开放有利可图的新产品和新工艺，从而促进区域内或者行业内的产业改造、产品结构及其质量的调整，这其中还能完成新技术新工艺在传统产业中的对接应用，促进技术及创新信息的传播，在巩固高新技术优势的同时，形成基于技术的产业集群更有利于技术进步和科技创新的发展。另外，高新技术企业还能及时采用最新的管理方法、生产组织方式与销售方式，全面推动区域的技术进步、产业组织变革和行业管理能力提升。

（二）高新技术产业对区域人力资源开发的影响

高新技术企业在人力资源开发方面也有利于区域发展，进而促进经济发展并做出相应贡献。为配合高新技术企业所需的技术层次和需求，会通过培训以及生产流程训练，获得了大量的高新技术产业工人。同时对管理人员的先进企业的管理方法和管理理念的灌输和培养，提高其管理能力的同时获得了大量现代企业管理人员。在技术研发、科技创新上加大研发力度，注重对技术人员尤其是研发人员的雇用和培养，从而为区域发展变相积累了大量的技术研发人才。此外，高新技术企业作为竞争的搅局者，通过企业竞争，变相的刺激和激励其他企业重视人力资本的培育、积累，形成区域人才聚集，在减少本区域人才净流出的同时完成对外部人才的吸纳，在充实和促进区域内科技人才聚集以及力量发挥的同时，完成了人力资本积累的最大化，进而为经济发展形成了强大助推。

回到实践中，高新技术产业从一出现就在经济增长和产业变革上展现出远高于其他产业的动力和能力。有研究表明，以微软为标准的高新技术企业，每增加一个就业岗位相应就可创造出 6.7 个全新的工作岗位，与此相比，波音公司为类别的传统制造企业却是 1∶3.8 的比率。据不完全统计，进入 21 世纪后，发达国家及地区经济增长中 60%～80%源自于科技创新和技术进步，其高新技术产业和新兴技术产业在二三产业中的比重均超过四成。我国则从 20 世纪 90 年代开始以国家级高新技术产业开发区为切入口，通过技术引进、高新技术创办等为企业创造基于技术进步、科技创新、研发取胜的发展环境，进入 21 世纪以后，其综合效益的示范效应明显，工业增加值已经占据全国工业增加值的四成。以科技部统计 2009 年统计数据显示，在 2009 年科技及技术进步促进经济及社会发展指数排序中，上海、天津、广东、北京、福建、江苏、浙江、辽宁、山东等省（市）排在前十的位次，从这些省份的发展水平看，也均高于全国平均水平，2009 年科技促进经济社会发展指数为 62.65%。然而，2009 年湖北省的科技促进经济社会发展指数为 61.16%，低于全国平均水平约 1.5 百分点。此外根据科技部报告显示，2009

年统计我国以省级区划的区域综合科学技术进步水平情况，依据综合科技进步水平指数则全国 31 个地区可划分为五类：第一类，综合科技进步水平指数高于 60% 的地区，包括上海、北京、天津和广东；第二类，综合科技进步水平指数低于 60%，但高于全国平均水平 56.99% 的，包括江苏和辽宁；第三类，综合科技进步水平指数低于全国平均水平，但高于 40% 的地区，包括浙江、陕西、湖北、山东、福建、重庆、黑龙江、吉林、湖南、山西、内蒙古等；第四类、第五类分别是综合科技进步水平低于 40% 但高于 30% 和低于 30% 的地区（蔡莉，2010）。从中不难看出，湖北作为中部崛起战略的重要省份，要成为跨越发展的典型区域，其科技进步水平还远低于全国平均水平。科学技术，尤其是高新技术在实现区域经济快速发展过程中可以且必然起到关键作用，典型区域在实现弯道超越和跨越式发展的进程中，务必要充分依赖科技力量，从实际数据来看，湖北作为典型区域在利用科学技术发展经济社会过程中还有所欠缺，但这同时是科技支撑经济增长和社会发展，实现跨越式发展的发挥空间所在。

区域经济制度对区域经济的发展至关重要。由于种种原因，我国一些地区经济体制改革步伐较慢，面对发展区域经济中选择采用什么样的方式和路径，依然畏步不前，但必须要看到并承认高新技术企业以及新兴技术产业作为市场主体，展示了技术进步和科技创新对于区域发展的强大助力和对传统产业的冲击力，也为制度改革艰难且产业变革迟滞的区域指出一条有效的解决路径。

二、高新技术是产业调整和经济增长的有力推手

产业结构调整是加快生产方式转变的重要内容，对促进地区经济快速发展具有决定性意义。产业结构调整过程中，科技创新及其产业化是一种有着比较优势的质量型经济增长方式，对产业结构优化调整起到非常重要的作用。发达国家和地区的经验已经证明了这一结论。例如，第二次世界大战以来，美国经济增长中有 75% 来自技术革新与科技进步。在过去的五十年里，发达国家依靠科技进步与科技创新，大力研究开发新产品、新服务，将新技术广泛应用于传统行业，不断丰富壮大技术密集型和知识密集型产业，经济增长中有近一半来源于创新与产业化发展，这一指标法国、德国、英国与日本分别为 76%、78%、73% 和 55%。这些发达国家能够保持良好的经济势头，除了原有的发展基础外，还有一点不可忽视的是重视并依靠科技进步与科技创新来促进产业结构的调整和经济增长方式的转变。

进入 21 世纪，国内绝大部分高新技术开发区在创建环境布局优化上下工夫，注重培育有技术和潜在技术竞争优势以及技术发展前景的科技创新型产业集群，并且加大了高新技术产业与传统产业改造结合的项目工程，打造和形成一批对经

济快速增长以及技术发展潜力巨大的且有巨大行业和产业带动作用的优势部门，在优化产业结构、促进经济增长方式转变上做好了科技支撑跨越的有力准备。以可靠数据来源的 2011 年为例，截至 2011 年，我国 54 个高新技术开发区营收总额连续三年超六万亿元，工业增加值连续两年破万亿元，在国家经济总量变化和区域经济增长方面体现了巨大贡献。这早有先兆和基础，因为 2008 年高新区各主要经济指标均保持增长，其中，营业总收入增长 20%，工业销售产值增长 17.7%，工业总产值增长 19.0%，净利润增长 4.6%，上缴税额增长 22%，出口创汇增长 17%（图 4-2）。1992 年以来，高新区营业总收入、工业总产值、实现利润、上缴税额、出口创汇五项指标的年均增长率分别为 42.4%、42.28%、36.09%、43.49% 和 47.31%。

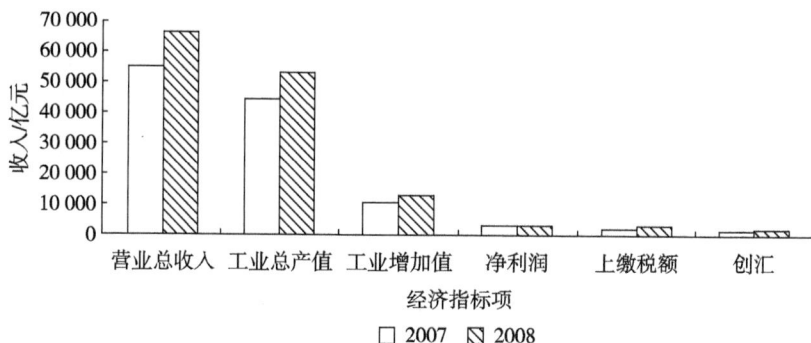

图 4-2 国内高新区重要经济指标（2007~2008 年）
资料来源：陈洪转和羊震（2011）

高新技术对促进产业结构调整和经济增长方式转变的作用具体体现在以下几个方面：一是其主要贡献在于对所属地域的直接和间接经济贡献。高新技术开发区对其所在地域和城域经济增长的贡献有目共睹，其经济效益显著，尤其是其工业增加值在其属地区域内所占比重处于连续攀升趋势，据不完全统计显示，工业增加值占到所属区域内工业增加值比重 33% 以上的达 19 个。从高新科技园区的区内生产总值情况分析，占属地生产总值达到 23% 以上的达 12 个。二是在人均劳动生产率水平上凸现出巨大优势。据科技部公报显示，2008 年全国各高新技术园区统计的企业人均指标保持连续增长，人均营收达 90 余万元，处于发展中国家高新技术园区的前列，人均工业总产值 70 余万元，人均工业增加值达 17 万元以上，人均出口创汇则接近 3 万美元，其他累进数值与累进增加率均较之前有 0.7% 百分点的增加，这种喜人的增长势头是科技作用的力量。三是能够成功有效地吸引国外投资和国外资本。自 2006 年高新区累计外商合同投资额超千亿美元以后，至 2014 年均保持平均每年实际投资额达 700 亿美元。其中外商实际投资额过百亿的高新技术园区有上海张江、无锡和苏州，而加上中关村科技园区、南京高新科技园区和成都高新科技园区，这六大园区吸纳投资总额达全国高新科技园区吸纳外部投资总量的 48.1%（陈建军和胡晨光，2008）。四是高新技术产品极大地促进和开发了出口增长。从科技部报告显示，高新技术开发区的高新技术产品的出口产品创汇品种丰富，产品出口创汇在千亿美元以上，范围涉及较多的工业产品名录，产业产品出口领域重点是电子、信息及通信领域、光机电一体化设备、新能源及节能材料、新材料及化学产品等。这些领域的出口总值占该类产品出口总量的 15.7%。

依据科技部和国家统计局数据的报告，就全国范围高新技术发展的数据账面看，2010~2013 年广州三次产业结构为 2.04：38.94：59.02，其中第二产业增长 14.9%，第三产业增长 20.6%，第三产业对经济增长的贡献率为 73.6%，对比 2009 年三次产业结构为 1.9：37.2：60.9，其中第二产业增长 8.8%，第三产业增长 13.6%，第三产业对经济增长的贡献率为 60.1%；2010 年三次产业结构为 1.8：37.2：61.0，其中第三产业增加值为 6 464.79 亿元，同比增长 13.2%，对经济增长的贡献率为 61.2%。那么将湖北作为区域发展典型来看，高新技术产业最为聚集的武汉自然是湖北高新技术经济发展的龙头，但其中由于三次产业结构存在较大问题相对抑制了高新技术的发展。2010 年，武汉三次产业结构为 3.1：45.9：51.0，第二产业增长 17.8%，第三产业增长 12.5%。以上数据表明，武汉目前第三产业发展速度明显低于第二产业发展速度优势，第三产业比重明显偏低，重化工产业结构十分明显。但武汉是我国历史形成的科教重地，有着丰厚的科技资源，理应抓住现有加快发展高新技术产业，利用高新技术产业加快产业结构调整，实现湖北率先在中部崛起的战略选择，是推进经济结构战略性调整，加快新型工业化步伐的关键所在，就是抓住高新技术产业的发展规律，选择最适宜发展高新技术产业的环节实施努力和突破。从当前湖北的一系列努力来看，高新技术产业发展势头喜人，已取得一些可喜成绩。

2013 年以来，湖北的高新技术产业重点在电子信息、先进制造以及工业现代化技术化改造的新增长点上形成了高新技术的平稳、高速发展态势。高新技术产业总产值达 8 000 亿元以上，2015 年逼近万亿大关，高新技术产业年均增加值接近 3 000 亿元，均速同期保持高于工业增长速度近 1.9 百分点。在其高新技术主导产业发展中，电子信息产业实现增加值三连突破，是增长最快、发展最好、势头最强的产业，先进制造与新材料产业位居其后，而新能源、节能产业作为湖北从"十一五"期间就开始重点培育的战略性新兴产业，经过近十年的培育已经初具规模，并保持高速发展态势，同期实现经济增长 29%，近年后起之秀的生物医药、医疗器械制造产业依旧保持平稳增长态势，整个湖北地区的高新技术产业增幅稳定、可持续性强、发展后劲十足。其中，电子信息、新能源与节能产品出口增幅均超过 100%，这两个行业在全市高新技术产品增长中的示范带头作用最为显著。2003~2013 年，湖北打造并形成围绕光电子、信息通信、新材料、生物医药以及光机电一体化先进制造产业为主体的特色高新技术产业群，其中光纤光缆、光通信、激光加工、"3S"和"3C"软件、生物制剂、化工原料制造、汽车研发等处于国内领先的产品和项目，其中"十五"计划期间中国一个光电子产业基地"武汉中国光谷"坐落于武汉东湖高新技术经济开发区，此时已位居中国最大光纤光缆生产基地、中国最大的激光设备生产基地、中国光电信息产业中最具实力的研发基地。不难看出，高新技术产业在湖北的影响继续向中心城市和高新区聚集，对武汉、襄樊、宜昌等城市支撑带动作用明显，高新区和特色产业聚集群也已成为湖北高新技术经济及产业化的关键载体，成为引领湖北区域发展和经济增长高速增长的标杆。截至 2014 年年底，湖北全省认定规模以上高新技术企业达到 2 000余家。由此可见，高新技术产业发展对带动湖北经济整体性突破具有巨大的优势，也是湖北依托"十二五"开拓"十三五"实现跨越发展的关键条件与强力支撑（周飞，2014）。

这一切的实际发展情况展示，高新技术产业作为一种强烈助推经济增长的战略性先导产业，相对于其他产业在经济增长和产业发展上最具激励动力、最具含金量、最具赶超能力。依靠高新技术产业形成基于技术和科技的支撑发展战略，决定了如湖北这样的区域发展的质量和水平，在区域跨越发展目标实现以及战略设计上有着积极的作用和重要意义，更决定着区域跨越发展以后的未来格局及可持续发展地位。

三、传统产业实现跨越发展依赖高新技术支撑

将传统产业的优势与高新技术结合，才能有效适应一国或地区生产力多层次发展水平。高新技术在实现科技支撑跨越中最为强大的地方在于渗透、辐射并最终改造传统产业，实际则通过现代科技创新、技术改造、设备及工艺流程现代化促成传统产业的转换和升级。高新技术对传统产业的渗透与改造作用主要体现在关联带动和促进内生转换，顺利完成传统产业高新技术化现代化，实现高新技术产业和传统产业的无缝融合对接。不过要注意的是，通过高新技术实施的传统产业改造项目，应遵循高新技术的应用规律和传统产业对高新技术的吸收规律。高新技术产业可以与绝大多数产业中的细分行业产生"化学反应"，这也就为高新技术与传统产业间建立联系打下了良好的基础。高新技术通过必要的产业化，以产业现代化和高新技术化为引领，打开高新技术产业与传统产业的对接与突破口，实现改造传统产业的同时实现高效技术产业的再发展，进而完成区域经济增长和产业结构的产业现代化改造，从战略可持续发展角度实现经济总量和质量的双提高。就当前国内产业数据反馈及相关材料显示，国内很多地区尤其是中西部地区传统产业还是主要产业，然而如果按照产业生命周期理论来看，处于产业成熟期的传统产业继续发展和前进的空间已经愈发狭隘，那么接受先进技术的技术扩

散，引入高新技术进行科技创新、技术改造和产品及市场再造，传统产业才能迎来新的发展契机。同时，高新技术与传统产业的互动与渗透，在提升和改良传统产业的技研水平与生产效率的同时，又在极大程度上削减了高新技术产业的发展风险，这样才能进行有效的产业间融合。

如果这里要选择典型案例，已有的经验与研究告诉我们，高新技术作为传统产业可持续发展的有力支撑有着很多成功经验。例如，2012 年湖北启动了华中农业高新技术产业开发区建设，该开发区按照高技术、高品质、高效益、新模式的标准，借助江汉平原农业产业资源的特色与优势，在农业生产、加工环节实施集约化、专业化、标准化改造，实现技术水平与国际最先进的现代农业同步，钻研高新技术的应用，打造农业新型工业化道路。武汉东湖高新技术经济开发区则围绕高新技术项目、传统产业企业以及特色产业改造集群，为传统产业提供科技、技术以及创新支持，在传统产业中运用高新技术挖掘新的经济增长点，同时借助武汉及周边的城市圈带建设为契机，以高新技术为切入口，建设若干传统产业结合下的特色产业基地，打通武汉高新技术经济发展产业带，重点支持传统产业的高新技术化以及高新技术企业的传统产业改造项目，在汽车、钢铁、石化、纺织、建材、食品等传统产业落脚，并且通过制造业信息化改造为突破，将信息技术全面引入工业化进程，完成国民经济信息化改造，为经济快速提升提供充足的信息资源准备（张镧，2014）。

另外，当前在高新技术产业介入的传统部门中第三产业占有相当大的比重。例如，公共管理服务业、教育事业、交通运输、仓储业、批发零售贸易业等也都需要高新技术支持以及产业现代化，加快高新技术服务于第三产业的深度广度，解决第三产业跨越发展受制于外部条件的困境，实现第三产业在高新技术及科技支撑下的飞速跃升。

所以，区域跨越发展需要且十分依赖高新技术及其产业化发展，因为区域跨越发展需要智力、技术以及研发等后发优势，通过高新技术产业化以及高新技术产业基地建设，借助高新技术和先进理念改造传统产业，让传统老工业基地脱胎换骨，在传统产业改造、产业崛起以及高新技术产业自我发展上展现其强大的内在经济增长和工业转换催化能力，才能真正地实现高新技术支持区域经济增长和跨越发展的重任。

第三节　跨越发展和产业跃进依赖技术创新突破

一、创新、技术创新的溯源及意义

依据当前的经济发展理论以及国际既有经验，技术创新和科学进步在知识经济时代成为经济增长的源泉与产业发展的支撑。约瑟夫·熊彼特于 1912 年第一次提出"创新"（innovation）概念，创新就是在原有的产业生产体系中引入新的组合并形成新的产业生产状态，引入的组合可以包括新产品、新技术、新市场、新的原材料供应源、新型工业组织等。进入技术经济时代以后，技术创新就成为创新的核心理念之一。技术创新包括承继研发、逆向研发以及变革研发，其面向的就是经济应用和产业需求，以人类技术知识及科学积累和相关经验为基础，针对市场中产品和服务乃至消费的一种不可或缺的经济性活动。技术创新从狭义上可以归类为单一产业部门或组织将创新活动产生的知识、技术、工艺，运用在生产和市场拓展中，形成面向经济和产业需求的新的生产和经营方式，通过产品、服务及消费环节的变革，实现超出传统水平的市场价值与回报的全过程。如果进入跨越发展的语境考察，创新就是对推动产业跃升和经济增长为目的生产、经营与管理等活动，以及各种能够提高和优化社会发展的资源配置效率的非传统活动，其中以技术变革和科学进步为类型的社会活动成效最为明显。作为人类知识与科学积累在人类社会生产、生活中的重要表现形式，技术在人类社会的发展中起着至关重要的作用，而创新这一人类典型的发展行为与活动也是以技术为发生与发展要素的，技术是创新活动中最容易实现也最容易产生新成果的一个元素。

那么从当代意义上的跨越发展看，创新已经不能单纯的作为一种应用于技术经济的观念，也不是一般意义上管理科学所提出的一种人类政治经济社会管理活动，而是一种新的经济增长发展观。因为以技术变革和科学进步为核心的技术创新，已经是一种将科学进步和技术变革转变为实际经济增长力，转化为产业和国民经济现实竞争力，以及国家及区域经济跃阶的实质性战略的综合社会活动。在跨越发展中，创新更多的与跨越发展中非传统、非对称的核心理念相结合，形成了基于技术变革与竞争力跃升的科技支撑型技术社会活动体系，不但是创新作为一种经济增长发展观的理念实现，更是跳出了单纯强调经济增长与产业发展、强调科技进步作用的简单理念应用，而是深入技术变革经济的增长方式与水平，科技与经济融合对产业形成的推动与变化的高级发展模式。因为创新在技术以及科学上的结合，带来了经济增长的新动力、产业发展的新模式，这些在推动国家现代化和区域工业化的进步上有着至关重要的作用。因为传统意义上技术进步一般都是以改良为主，并且是围绕传统普通常用产业及经济资源以及投入要素展开，一般分为"劳动力节约型"和"资本节约型"两个大类。当今社会，知识、信息及多元新技术催生着产业新方向及经济增长点，也迎合了市场的全球化扩张及各国经济增长需求，更为明显的是，技术创新和科学进步在发达国家及多数发展中国家的经济增长和产业进步贡献率已经远超其他生产要素及资源贡献率的总和。当今知识技术经济大趋势下，国家及地区的经济增长与产业进步比之前任何时期都更加倚重来自技术创新与科学进步的创新（赵玉林和张倩男，2007）。

那么回到我国的实际情况看，从21世纪初的科教兴国到可持续发展战略，就是从新型创新的角度转移到经济增长、产业进步的科技支撑和可持续发展的绿色生态路线上来，因为 21 世纪开启了技术与知识的新时代，经济及人类社会的发展阶段因为技术及其相关要素的供需比的变化而形成了新的创新发展模式，这对于任何有相应基础的发展中国家而言，都将会是一次实现跨越发展的绝佳机会。中国当前的发展可以标识为，20 世纪 50 年代到 80 年代是技术改良的传统要素推动模式，是线性发展过程，90 年代到 21 世纪初是基于改革开放的市场活跃其他发展要素的拉动模式，是曲线发展过程，而进入 21 世纪的前十年是科学、技术、市场的磨合改良与并行发展模式，是螺旋发展的过程，当下的国家尤其是区域发展，则是科技研发、技术创新、经济设计、产业制造、市场管理及营销、产业部门组织合作共同参与的紧密网络发展模式，是网络发展的过程，因此当下的跨越发展可以在经济增长和产业进步的网络节点上实现跃阶式发展（熊勇清和李世才，2010）。

这里要特别说明一个新的变化就是 2013 年中央提出并强调了国家创新系统。国家创新系统从国家经济、产业、市场以及国民需求的高度，奠定了技术创新、科学进步积累在创新运作进行的方法、模式以及战略的研究，更强调原发性知识及技术的研究、突破性技术及工艺的应用以及高度集成的系统运转方式。从当前的理解看，国家创新系统强调，技术、知识及信息在劳动要素、经济运行机制以及产业部门间的流动是创新及其运行过程的关键。在该系统中有政府、高校及科研院所、社会研究机构、产业部门以及金融资本机构等重要成分，它们不但是创新活动中的重要组成部分，更是创新系统网络化发展的重要因素，其中产业部门是国家创新体系中的绝对主角，国家创新系统是由政府、大学、研究机构、企业、金融机构等有机地联系起来，把它们看成是创新活动中的不同角色和网络中的各个要素。从构成来看，国家创新体系的创建是政府及其政策实施的范围，是政府公共干预的产物，政府通过运用直接和间接的公共干预，或补救市场或促进创新，总之是将所有的创新角色维系在一个为创新而发展的互动网络之中，确保知识、技术的创新应用在信息网络中顺畅流动，各要素协调互动和发展，而创新体系中的主导者则是产业部门与研究机构，系统中的风险与溢出效应并存。其实，进入 21 世纪以后，为抢占知识技术经济时代的制高点，世界发达国家以及多数发展中国家都开始积极地创建并巩固本国的知识技术创新系统，在这方面，美国、欧盟以及亚洲的日韩都已经走在前列。国家创新体系一般意义上包括知识创新系统、技术创新系统、知识及技术传播系统和知识及技术应用系统。知识创新是技术创新的基础和源泉，技术创新是产业及经济发展的动力和根本，知识及技术传播系统可以及时传播技术和知识、培养和输送高素质人才，知识及技术应用系统则尽快将科学知识进步与技术创新转化为现实生产力和经济增长力。整个系统在创新及技术创新的推动与发展过程中，扮演着今后世界发展所需支撑系统构建者的角色，也是科技支撑体系建设的基本基础和条件之一。

二、技术创新与经济增长

在技术创新与经济增长上，西方经济增长理论从古典到现代都有深入的讨论，随着社会分工的日益深入以及机器工业后时代的智能时代的道路，机器制造工业开始在技术进步上选择智能与智慧路线突围，从手工作坊到机器工业再到工业集群最后到智能制造，技术创新在经济增长中的作用始终伴随左右。

技术进步及科学知识积累在进行信息时代以后，与经济增长相结合以后其形成一种全新的经济发展形态，也具有很大的发展潜力，这就是技术知识经济。从技术创新及科学知识积累的发展看，技术知识经济的形成是其发展的结果。作为21世纪的主要经济业态，技术知识经济与之前的农业经济、工业经济以及资本经济是阶段性对应关系，因为农业经济是以传统的农耕和劳动力投入要素为基础，工业经济则是以大量自然资源以及工业原料消耗、加工制造以及技术型劳动力要素为基础，资本经济则是工业经济后期的资本与工业经济体发展的混合形态，其中资本的要素与元素力量支配着工业经济的发展方向，技术知识经济则提出了从科技创新、人类知识进步与突破的超常规经济形态，以知识技术、智慧制造、高精尖人才等要素为基础的创新可持续的经济业态（叶威，2009）。

回到技术创新本身，技术在创新过程中，新产品、新市场以及新的产业竞争力随之产生，技术创新在工业产业部门集聚中提供了重要的形成前提，而技术创新关系带来的溢出效应以及外部性，更为产业部门的系统与智慧发展提供了前提条件。而对于产业部门及其管理者而言，从事创新活动是其保持发展活力，保持发展竞争力，保持产业素质水平的基本条件，也是为产业部门形态向有利于自己发展方向的变化提供便利的基础，更有利于创新在产业部门系统内产生良性循环。从当前国际发展形势看，发达国家如美国已经在技术知识经济时代中抢先一步，早在20世纪80年代中期，美国提出知识和技术密集型产业将是美国经济与社会发展的未来，一方面以公共干预的方式进行全面的产业结构调整，通过进口替代战略清除污染重、费工料、技术低、利润薄的一般工业品；另一方面在全力发展新兴产业尤其是信息技术产业的同时，对其仍具备优势的产业实施知识技术创新的改造，目的只有一个，即确保美国产业和经济在世界上的领先地位。当前美国拥有世界绝大多数顶级软件公司、绝大多数业内顶尖芯片公司和信息硬件制造商，信息技术及知识经济产业对于美国 GDP 的贡献率超过 40%以上，是传统工业制造企业的十几倍，尤其从 20 世纪 90 年代到 21 世纪前十年，虽然面临地区性和世界性经济金融危机，美国经济在知识经济产业的支撑下，依旧保持着年均 3%以上的增长率，同期的欧盟和日本也在知识技术经济支撑下紧随其后，联合国教科文组织曾在其发表的《世界科学报告》中指出，发达国家和欠发达国家的差距就是"知识、技术与创新间的差距"。技术知识经济时代，国家及地区发展不能再单纯依靠资源以及劳动力或资本的单一化传统发展战略，这样只会使得差距越来越大，因为当今世界的竞争，就是在知识和技术的创新能力、创新实力与创新水平的综合竞争，一个国家或地区希望借助后发优势，实现跨越发展，是否能抓住技术创新和科学进步的机遇，是否能展现其技术创新应用的效果，决定着其未来的发展道路与成果。

三、技术创新与产业制造

人类社会经济增长和产业发展的历程就是技术革新、产品出新的过程，产品与制造的提升关键在于工艺、制造流程和销售设计，而技术创新与知识进步会带来产品竞争力和制造水平的提升，从刀耕火种到青铜制器，从铜铁工具到机械工业，从陆地到太空，技术创新与知识开发不但是经济增长、市场开发的关键，更是人类社会经济和工业文明进步的基石，技术知识经济时代带来的不但有挑战，更多的是机遇与飞跃式发展。技术知识经济所提出的创新就是技术革命替代产业革命的一次根本性的转换，是技术和知识主导市场的开始，是推动传统技术向现代技术转变的一次历程，是科技在经济增长和产业发展中建立支撑地位的序幕，是产业走向智能与智慧化的开端，只有技术创新和科技进步才能带来更为广阔的经济文明和产业文明，跨越发展的非传统非均衡发展模式将成为普遍和可能。

回望中国产业部门的发展，很多著名企业都是在创新和技术进步的推动下成长和壮大起来，这其中有华为、联想、中铁集团、方正、中核电等民营和国有大型企业。国际的知名跨国企业都是将商业和产业部门进行完美融合的体系化产物，通过商业运作模式创新实现企业的商业全球化，通过技术创新实现企业产业部门全球化，只有如此才能屹立于技术知识经济时代的最前沿，这也是中国企业和产业部门努力奋斗的方向与目标。这其中还有一点非常重要就是自主创新的重要性。例如，北大方正通过激发知识创新型人才的技术研发和创造才能，在印刷和电子拍照技术上实现突破，尤其在汉语电子照排系统的开发上为国家及民族今后的发展立下汗马功劳，守住了国家的一方技术高地；华为作为民企，却能够在竞争白热化的信息产业跃居为世界前十，解决了国产信息装备完全依赖国外技术的尴尬局面，这一切的背后都是技术进步、创新研发与知识进步的支撑。不过，创新并不意味着就一定能够形成发展支撑，诺基亚通信就是一个在技术与创新上未能实现持续与相互融合、互相支撑的例子，虽然诺基亚始终致力于技术研发、知识积累和创新，但由于其创新在溢出效应和规模优势上没有形成持续的扩张，其产品份额与技术占有率在 2008 年以后开始持续下滑，最终失去了全球市场和绝大多数消费者的认可,从全球手机第一的位置变为现今微软旗下的一家科技公司(熊勇清和李世才,2010)。

所以,技术创新在产业制造中所表现出来的并不是单纯的技术活动和知识进步意义,而是关键在于现代意义的创新,即新技术、新知识、新工艺、新的管理与销售方式所带来的巨大市场价值的一次技术到现实价值的实现过程。换而言之就是,技术创新、技术产业化就是一个科技转化成产业制造价值以及资本,而价值溢出与资本附着继续形成科技创新,技术创新与科学进步再次实现价值与资本的良性闭合可再生的价值循环。

四、技术创新与跨越发展

经济和产业相对落后的国家及地区,从其现有经济能力和技术水平出发,若要实现赶超发达国家及地区的目标,其产业及经济的发展路径延续发达国家及地区先前工业化的道路和发展模式不但会陷入资源瓶颈,也会为时间和技术的加倍付出而停滞不前,那么要实现跨越发展,就必须依靠技术创新和知识进步。

从技术角度看,落后国家及地区与先发国家的技术差距在10年甚至更长的时间距上,其中有些产业几乎以现有的技术基础和知识准备基本无法实现追赶,更无从谈起超越,在经济、技术和知识全球化如此发达的今天更是难上加难。那么如何实现跨越发展,只有从技术跨越的角度实现,在引进国外先进技术的同时集成自主创新,充分开发并利用自身的后发优势,通过对成熟技术的转化应用上加速应用和转化时间,在开发新技术和新产品上瞄向形成优势,这样才能在较短时间内完成与发达区域距离缩短的目标。同时要看到,要通过技术创新实现跨越发展,只有后发优势还是不够的,还需要具有相当的经济、科技储备以及产业基础,并且实施首先在局部谋求技术优势立足而后结合后发优势跃居的战略路径。当前就我国发展而言,我国区域经济发展成效显著,从经济实力、产业能力以及技术储备和承接能力上都具有了一定的基础,若能有效或者充分利用自身的后发优势,充分把握技术走向和自主创新的规律,迅速在技术和市场中打开突破缺口,迅速形成优势抢占,才有可能从较高起点开始,并迅速进入产业及经济发展的前列领域,这样才能在激烈的国家与区域竞争中获得立足之地,并在不断的技术水平、组织形式等创新的支撑下实现跨越。

从跨越发展模式看,产业技术及其创新实现的跨越首先是以先进产业技术和知识、工艺转移的一个现象和过程出现的,一般意义上认为会引发经济乃至社会各领域的跃迁式发展,同时有着巨大的经济增长潜力和社会实现效益。然而事实上,不同的产业技术支撑跨越由于其主体不同,其产生的实际效果自然也不同,也是当今国家和地区通过产业技术创新实现跨越的多种形式出现的原因。例如,日本是吸收引进与自主研发结合，而韩国则是技术引进、市场参与、产业聚集与自主研发并行。因为产业技术系统是以产业技术为核心要素的产业部门、研发部门、研发人员与产品销售设计系统的综合体系，这个系统与外界社会环境、资源储备以及本地适应水平密切相关，其形成、发展与运行都是其中各要素的组织与运转过程。产业技术来自各学科知识、技术研发和创新的成果，是技术和知识在实际生产活动领域内的渗透与转化。从知识和技术的转移、扩散视角看，单个产业部门通过引进和吸收成熟及可转化的面向产业的技术与知识应用，使得产业进步与技术革新和知识创新的路径一致，同时作为产业技术进步的形式之一，产业技术支撑跨越则是在产业技术发展逻辑顺序中，跳跃技术发展阶段，直接从低端跃居高端技术阶段和形态的活动，这一活动在技术及知识创新角度看，是可行的，但是通过技术发展形态影响产业发展的业态，并形成跃迁式的业态质变确实也还需要多种要素的配合（邢怀滨和苏竣，2006）。

从技术支撑产业跨越的形态变化看，产业技术支撑跨越是一种以技术为支撑，促进跨越主体实现技术研发转化水平及能力提升、先进技术吸纳能力提升等技术表现能力与水平，同时在通过小规模实验与先验自主创新，借助后发及重点投入优势跨越技术及知识的产业"鸿沟"，迅速缩小与先进发达地区的技术及经济发展水平的过程。实际上，在产业技术进步实践中，或因为产业内的技术系统、技术融合要素以及系统维护要素等方面的影响，产业技术支撑跨越的模式、途径与进程会出现差别甚至反转效果。产业单元在技术进步和技术跨越上与外部因素的交集，从影响因素看技术发展对产业的影响可大致分为三类：第一类别是结构性支撑型，就是技术支撑产业跨越的过程中外部因素和相关元素交集保持不变，如地理地域、基础设施以及环境资源条件等，其中常量因素在产业技术系统中是支持技术质变的基础，其存在的意义是产业技术支撑跨越发展及其实施环境大为简化。第二类别是外因性支撑型，就是技术支撑产业跨越的过程中间接因素形成长远的交集变化或间接逐渐施加影响，如社会文化、教育培训以及创新创业的开拓精神等，这些因素在产业技术支持跨越过程中对主体因素的发展环境与变化环节中产生影响，其影响的长远性及不可见特性，一般容易为人所忽视。例如，通常后发地区在实施赶超先发地区过程中很容易忽视这种外在间接影响因素的培育与持续性保持，因为这种影响需要在整个阶段过后或者很长一段时间才能有所察觉或者被察觉。第三类别则是内因性支撑型，就是技术支撑产业跨越的过程中由内部要素及相关元素交集产生直接变化，并形成较快的变动，这类因素通常有资金、人才、信息、市场等，这其中影响对于产业跨越的过程表现出直接的显著的推动作用。依照经济增长规律与技术革新原则，产业技术进步过程就是产业技术应用效率的变化过程，也是产业技术随时间变化的效率曲线，这就能够利用回归分析求解产业技术支撑跨越发展的实践模型数学表达式，这点上数学理论中突变理论、耗散结构理论以及协同学等探究复杂性的系统科学理论，可以成为实证研讨产业技术支撑跨越的理论基础。

五、产业集聚依赖技术创新

技术创新与产业发展的互动机制一般是一种"群"的模式建立的，也就是产业集聚，这有助于产业通过技术支撑跨越的主体化选择、风险规避与成本分担，在预测、效益分析以及规模发展上，能够通过产业单元或部门间的"群聚"发展模式实现一体化发展，同时在面临跨越中从容的实现动态调整和相关因素的调控，能够从产业掌控的角度完成产业技术支撑跨越的发展进程，并有针对性地自觉完成。产业集群内部各单元可以通过无障碍的技术和研发成果共享，所有单位均可以从较高起点或者产业单元中最高水平展开，不必重复同样的发展与研发过程，对于产业的整体带动能力势必更强，也能更快地进入新产业领域，实现集群式的技术、工业制造水平、组织管理的跨越发展，进而达成区域跨越发展目标（王缉慈，2001）。

除了某些产业领域的政府干预式集中发展策略以外，产业组织选择符合发展方向，市场前景良好，具有结构优化、经济及竞争有实现力的产业实施集中是一种现代产业与技术创新的自发选择。单个产业单元在技术和创新上实施重点或者革命性突破以后，只有带动产业内的规模发展才能够确保发展的竞争力，通过改变技术创新的扩溢形式，以技术创新和创新共享形成聚合力，吸纳产业内其他单元的集聚，在技术研发中能够通过集群内的快速迭代，打造集群内的完整产业链，既有利于保护技术创新的环境，又能有效地通过技术合作和共享模式，保持技术的获利与利益分享公平的共存，在分摊集群成本的同时能够更为有效地集中力量实施突破，加快通过技术创新实现跨越。所以，技术创新的可持续是产业集聚的重要前提条件之一，投入研究开发和技术创新是对未来发展的可靠与长远投资。这也就意味着，技术开发以及快速的商业应用在获得市场优势和继续扩大竞争力的同时，逐渐形成的科技支撑经济发展能力，产业集群通过突破性创新，能够在实现产业转换的同时完成技术创新推进经济增长、技术产业支撑扩张的跨越发展。技术创新左右着产业集聚收益与效益，技术创新使产业单元获得了差异化竞争力和超常规收益，那么其他产业单元可以通过集聚而方便地获取技术转移和创新成果。产业聚集内部的领头单元或部门会通过持续的创新，不断增加收益，使得集聚拥有持续的向心力与内聚力，通过技术的突破所带来的效益增加是整体性的成本分摊与技术顺利迭代的必然结果。形成高新科技产业集聚是区域跨越的重要战略选择之一，因为高新技术产业为区域经济跨越发展提供了机遇与基础。技术产业及经济的发展强烈地冲击着原有世界经济和产业发展秩序，当今世界经济与产业的一系列深刻变化是在当前以信息科技为突破代表的第一波技术知识经济革新浪潮形成的，而后技术将会通过竞争与聚合优势席卷产业的各个链条，那么面对高新技术产业改变世界、改变产业发展形势、改变经济增长结构的态势，选择高新技术产业集聚必然为区域跨越发展提供一剂强心针和催化剂（王缉慈，2001）。

六、区域跨越需要技术与产业形成互动

技术及相关基础设施建设会促成产业集聚的形成，而面对当前产业及经济向技术知识经济过渡阶段，传统意义上技术与产业互动已经成为技术在产业上的竞争力凝结，产业集聚取决于技术及知识创新的集聚和发展。自从进入工业文明时代，机械在最大效率上解放了劳动生产力，经济增长速度开始以倍数增加，而高能耗、高污染、低效率的增长模式不但带来了一系列问题也形成了未来发展的瓶颈与障碍，但是技术及知识创新却能够通过与产业的互动，完成经济及产业结构的优化，迅速释放产业的活力，通过新兴产业部门充分释放经济增长活力和能力。通过当前世界及国内形势看，人类产业及经济整体水平不断提升，但是发达与欠发达的国家与地区间的差距不但没有缩小反而在不断扩大，同时产业集聚程度的不同也加大了区域经济与产业能力极差，进而真实地反映在经济平衡状态上。毋庸置疑，经济发达地区产业集聚度高，经济发展水平高，而其中技术与产业的互动与融合表现最好。而经济欠发达地区产业集聚度低，经济发展水平也低，技术与产业的互动与融合表现差，这其中固然有很多因素，也不能冠以绝对因果关系，但是技术与产业的互动着实在创新与产业集聚上有着良好的表现。生产本身的技术特征和生产的外部因素特征在给定的要素特征下决定了产业与经济发展的特征，要想实现超常规发展就只能通过技术集聚的方式实现产业竞争力凝聚，这里告诉我们，创新而导致技术支撑产业发展在产业、经济跨越中存在着某种内在和必然的联系。

第四节　科技支撑突破口引导产业跨越的关联内涵

一、科技支撑突破口引导产业发展的本质内涵

就动力源发能力而言，科技支撑在产业跨越发展的引导是产业跃迁的基石之一，因为区域产业集群既是产业适应全球化的发展结果，又是面对全球化挑战的最佳选择。从 20 世纪全球化浪潮席卷全球以后，生产在全球贸易的带动下从简单的产业价值体系建设，深入并拔高到了全球世界价值体系的层次，将全球范围的经济部门、产业以及技术资源汇聚在一个重构的生产制造与经济实现架构中，从全球的视野推倒了原有生产链条与产业组织的片段化、分散化结构，全球的产业要素与价值资源开始在地区或者某一特殊产业中实现特色、重点和归属的产业集

聚，这一趋势虽然是由全球化推动的，但是最终这一全球化价值链的形成则是技术转移和科技支撑的隐蔽之手所牵引，形成了产业与经济"区域集中、产业聚合"的地理分布特征，而正是这种连接诸价值环节的地理集聚特性，使得产业集群以地域为特征却串接着全球产业价值链条中每一个从属部分。超越国界的众多产业集群，也只是全球价值链中一个价值加工、制造和实现的各个环节。全球价值链的外包体系化现象不但带来的是空间高频率的产业集聚发生，更为重要的是便于技术的转移与迅速转化，同时管理和降低成本，进而形成巨大的经济集聚虹吸效应，在提升集群产业和经济竞争优势的同时，又全面增强了该地域的产业进步能力和产业竞争水平，区域经济的增长则是应有之义。因此，从跨国公司到区域产业领军产业单位，在产业集群的参与与发展上要不遗余力，同时政府也能成为产业集群的促进者，两者在顺应技术发展和流动的趋势上，必然推动着经济与价值的附加转移，这也是区域跨越发展中选择产业聚集的原因之一（王国峰，2005）。

就主体参与程度而言，技术和知识将依附于产业单元而成为产业集群形成与发展的主导力量与引领力量，能够迅速建立全球经济链与区域集群间的联系纽带。虽然产业集群的外部形态表现为以一地或者区域局地形式的产业单元空间集聚现象，然而从全球层次的经济一体化价值实现体系看，集群犹如全球产业链与价值实现体系在局地的产业介入，以世界性优势产业集群为例，如美国硅谷、日本硅岛、印度班加罗尔、日本筑波等优势产业技术集群，其通过技术辐射全球的能力在产业集群及价值实现中发挥着重要的中心作用。例如，我国的中关村科技园、苏州工业园、东莞工业园、上海金融贸易区、武汉东湖高新区等集群一方面代表着国内产业链的高端环节与领军力量，另一方面也通过跨国企业与全球经济和价值实现体系紧密联系。这也就是说，要上行占据价值链上游或核心环节的产业单元或行业集团，成为面向全球的区域集群是首要目标，因为这一集群主要在技术和知识的主导中成为产业链和价值链的实际掌控者与管理者，作为全球价值与产业链的节点，直接或间接地掌控着分布于全球价值链与产业链其他环节的千万个地域性的产业单元与相关集群（王奋宇等，2015）。

就空间层次建构而言，从产业链、价值链及全球地域分布看，产业群存在着明显的核心—边缘架构特征，这是由产业集群在全球产业与价值层次的定位所决定的。因为产业集群在产业链及全球区域化中分布具有层次性特征，一般意义上说就是，发达国家的产业集群以技术、产品质量、创新速度、设计及贸易能力为竞争优势，也就是占据市场高端和产业链高阶，走高端发展道路，而发展中国家、欠发达国家及地区则只能以资源、价格优势、产品数量和等级以及相应的模仿为竞争优势，属于市场和产业链的中低端，道路则是中低端发展的惨烈竞争道路，这就是全球产业集群的核心—边缘架构，即从产业链、价值链以及产业集群发展角度，发达国家或先发地区居核心地位，发展中国家和欠发达国家及地区位于边缘。不过，由于生产要素的密集程度会随着技术和人才的流动而产生变化，那么就有可能打破这种层次性阶梯式的国际分工现状，区域产业集群可以通过技术与人才吸引和转移，集中于后发优势，同时通过对核心集群的通联和模仿，不断发展、学习和营造新竞争和发展优势，使自身由边缘进阶为核心，从而实现超越。因为产业聚集区能够聚集创新要素，有利于创新要素的共享和创新能力的放大，既是自主创新的重要平台，又是科技成果转化的重要基地。具体可以实施以培育具有国际竞争力的高新技术企业和产业集群为目标，推动技术型产业集群实施围绕自主创新能力为核心的"二次创业"，建设区域创新基地和高新技术产业集群化发展基地。支持和引导特色产业聚集区建设，大力引进高新技术项目，发挥产业集聚效应，形成高新技术产业集群，带动区域高新技术产业发展。加快科技企业孵化器建设，把科技企业孵化器建设成为科技成果转化的工厂、创业者创新创业的平台、科技型中小企业成长的摇篮、高端人才集聚的高地（王必达，2004）。

就贸易经营策略角度，产业集群必须通过全球化实现价值，通过产业链、价值链的跨区跨国要素融合与整合必须成为一种常态。传统的产业群和产业组织的封闭与独立运行模式已经无法适应技术知识经济时代的发展，面向全球化的产业集群，应该是集地方本土特色的本地化产业系统，又是开放对外的，与外界经济和产业紧密相关的产业联合体。因为一方面全球化的经济实现主要是通过跨国产业集群和跨国企业集团实现的，在一个产业集群内部，资本、人才、技术以及信息的全球性流动是必然的，没有跨国跨区域化集团的存在就无法实现，而另一方面也是资本、人才以及技术从特定区域向全球产业聚集区域流动的机遇和条件。这一点上，对于后发追赶地区及国家而言，能够抓住全球化的机遇，从全球范围内整合与借用资源为自己所用，能够迅速实现本地集群区域的全球联结与互动，跳出局部地方资源和条件的限制与瓶颈，这样才能有效地快速地融入产业的价值实现链条，才能执国际贸易与经营的牛耳。

就价值目标实现角度，产业发展离不开自然与环境的和谐相处，确保可持续的未来前景。经济增长、产业发展以及经济全球化在经济发展和产业进步的同时，资源的过度利用以及自然和环境的耗竭是一个十分现实的问题，必须认真面对。传统工业发展时代，都是以掠夺性开发、无节制利用资源或牺牲环境为代价，然而这种不可持续的发展模式不能提供持续的竞争优势，所以从区域概念看，经济、社会、资源和环境的系统化依存与协调发展模式才能可持续，而符合生态、绿色和可持续发展的产业集群组织形态。20世纪90年代开始，生态可持续发展战略由发达国家掀起，从宏观产业选择、管理、立法，到中观区域产业布局、园区设计与建设，最后到微观产业部门生产技术改造、管理实践，生态化、可持续理念贯穿始终。要想实现产业集群生态化、可持续发展的演进只有依靠技术和知识，这不仅是技术和知识的自身特性所决定的，也是产业理性设计和社会全面发展的必然要求与选择。技术和知识不但能够继续维持经济全球化的高速增长，主要使生产和经济发展方式更加多元和绿色，供应链延伸和专业化协作更加好，物质和环境资源的依赖弱化，以技术创新制胜和完成经济价值的实现。毫无疑问，技术引领的产业集群会是今后各国产业全球联动和经济影响的主要发展元素。

回到产业发展和提升角度，在发展要素上能够实现跨越发展。转向技术发展的产业集群最为需求的发展要素是人才，有了人才，就打通了除了技术转移以外的另一条获得技术提升的通道。只有通过知识和技术频繁迭代，才能在产业规模化集聚以后仍能保持较强竞争力和较高的经营效益，而人才就是这种保障的前提。当前跨国企业和集团纷纷在全球设立研发中心，就是通过全球产业链的延伸，有效地收揽人才，避开人才地域性限制，极大地开发全球范围内的区域人才，使其在同等条件和地理集中度上拥有比其他对手更多的技术与知识优势，从而有效地保障自身竞争力的优势与实力，并且这种持续的积累会形成累加效应，使得其竞争能力和技术创新能力与水平在相当一段时间内很难被超越，这种在人才要素上拉开层次的策略，也是基于科技创新与科技支撑推动产业发展的特性（王必达，2004）。

二、产业借助科技支撑突破口形成跨越的因素

一般意义讲，产业借助科技支撑突破的常规选择是激发区域科技研发与技术创新的优势，实现科技支撑的技术优势形成实际产业的增长优势，期间利用科技创新和引进形成的科技支撑突破口为契机，形成科技支撑突破口发展模式，其中关键因素在于科技体制、环境及条件的支持力度和创新力度。

如果分析科技体制环境对实现跨越式发展的影响因素，必须要深入考察政府的科技管理职能、企业的科技研发改进能力以及科技创新的社会化程度三方面。具体方面可以有：转变政府的科技管理职能，改善公共服务水平，促建科技中介服务体系，建设科技创新的社会化、市场化运行机制，加大科技政策环境的创新力度；加快科研院所和科研型企业的结合，使二者形成战略同盟关系，对企业进行一定程度的改制，针对突破性成果设立专项攻坚联合体，加大政策扶植力度，通过财税政策鼓励企业增加研发投入，引导以企业为主的创新主体产生，加快企业作为创新投入主体、创新成果应用主体的步伐，建立以企业为主体、市场为导向、产学研用联合体为支撑的技术创新和科学进步支撑体系，加大科技服务环境的创新力度，营造全社会的创新氛围；以政府资金和投入为基础，建设政府与金融机构联合的技术及科技投融资平台，加大加强对产业技术、科学知识积累等项目的投资力度和规模，加快技术、产业与金融的创新融合，鼓励社会资本参与，采用公私合作、市场化运作以及混合所有等一切有利于技术经济发展的投融资方

式。在政府、企业和社会的共同努力下，以产业发展为基础，以科技支撑突破口为靶向，推动产业发展和区域跨越（孙久文和叶裕民，2010）。

基于从以上论述，这里以典型区域湖北为例，进一步说明关于科技支撑突破口支持产业跨越发展的具体选点及操作。

首先，科技政策是产业跨越发展的导向标。湖北作为自主创新的建设高地，一直为中央和国家所重视，多项国家政策的集聚效应显现，为湖北全力实施自主创新战略提供了良好的政策条件。2005 年国家提出实施"中部崛起战略"，2007年武汉城市圈获批"两型"社会建设综合配套改革试验区，2009 年武汉东湖高新技术开发区荣列三个国家级自主创新示范区之一，2010 年湖北成为我国首批低碳试点省，武汉市被中央定位为中部地区中心城市。此外，中央陆续在长江黄金水道建设（已实施）、三峡工程后续发展规划、汉江流域综合开发和武广高速铁路（已开通）修建的政策与战略上，湖北都是重要的自主创新示范点，一系列国家级战略与政策在湖北的区域叠加，形成了湖北自主创新与产业跨越的重大机遇和历史转折（刘勇，2004）。

其次，良好的环境是产业跨越发展的外部支撑。科技政策引导湖北科技发展人物财等方面条件下，营造良好创新环境显得尤为重要。湖北科技与法律部门在着手实施知识产权战略，支持企业研发自主知识产权和对产业发展具有重大影响的核心技术，快速扶植一批以知识产权为优势的竞争性企业与产业集群。同时，制定完善的法律规章，严厉打击专利侵权行为，保护知识产权合法权益。湖北地区政府切实落实政府采购支持政策以外，建立公共资金采购自主创新产品的试点，鼓励本地企业加强自主创新的信心。政府切实落实税收激励政策，加强了宣传引导，运用各种媒体，大力宣传自主创新的政策、成果、典型，积极倡导自主创新及技术发展的价值观，营造尊重知识、尊重人才、支持创新、鼓励创新、勇于创新的良好发展氛围。湖北在近几年结合重大工程建设和重大装备开发上，着力加强集成创新和引进消化吸收再创新，以科技创新为标准，重点解决涉及战略性、全局性、紧迫性的重大技术问题。

最后，技术跃进与科研聚集是产业跨越发展的动力因子。湖北作为科技大省，本身拥有得天独厚的科技研发能力，拥有 985 高校和一批 211 骨干高校，具备良好的研究基础和一批能力卓越的科研人才。在国家的科技支撑计划中，湖北在中部地区占有绝对关键位置。国家科技支撑计划源自于国家科技攻关计划，湖北参与集中攻克了一批产业关键技术和共性技术，其中包括杂交水稻、三峡水利枢纽工程、乙烯工程等重大科技突破，产生了巨大的经济效益和社会影响。当前湖北以提升科技的支撑能力作为首要，在湖北跨越式发展的基础上，寻找湖北产业发展的科技支撑突破口，设立湖北科技支撑计划，以集成全省优势科技资源支撑国民经济和社会发展。

　　通过实例解读，不难看出在实现区域跨越式发展的进程中，政府应该成立专门专项工作计划，加强对科技创新体系的统筹协调和一体系统的体系建设。政府应该以促进科技与经济紧密结合为己任，加大科技支撑体系建设力度，把产业发展作为科技支撑突破口的重要内容。完善市场机制，充分发挥市场的资源配置与技术实用作用，依靠企业和产业部门推动科技创新和推动可持续发展，深挖科研机构的潜力，形成科技力量多元化，全面支持和加大科研机构转化科技成果的力度和强度，支持产学研用联合体的创立。同时，鼓励各类企业参与技术创新、产业技术进步和高新技术园区建设。

三、自主创新是产业跨越发展的核心支撑

　　经济的跨越发展和产业的跨越，要义在跨越，核心在创新。经济增长、工业现代化水平的提升是区域发展的基石和支撑，而科技进步与自主创新则是实现区域发展的首要动力。工业现代化水平的提升，关键要靠产业结构升级，而产业结构变化则依赖技术进步与自主创新的推动，充分发挥技术和创造在产业跨越和经济增长中的战略支撑作用。发展经验表明，人均地区生产总值从 3 000 美元向 10 000 美元提升阶段，是社会及经济发展爬坡的关键阶段，也是科技进步与自主创新支撑经济增长和产业跨越的实施阶段。放眼世界范围，发达国家及先发地区都是通过科技进步与自主创新，越过了经济发展中资源、环境以及产业发展约束的关键阶段，强化自主创新与科技进步的支撑能力，就能够实现短期内缩短与发达地区及国家的发展差距，在为经济增长和产业发展提供持续动力的同时，从后发地区的发展环境、实力积累以及比较优势凝聚出后发优势，实现关键阶段的赶超。

　　自主创新进入区域跨越发展以及产业跨越的视域以后，不单单是塑造宏观的发展环境，更要从微观实施短期改观。大力发展产业技术和创新平台，加速传统产业与新技术的产业融合、产业结构调整与升级，激活和释放区域内技术和创新的驱动潜能，构建面向全球竞争的现代技术型产业发展结构。从产业的技术化与自主创新切入，强化知识创造和应用创新的转化与实用，打破传统产业发展受困于动力、资源、空间和手段的瓶颈，从推动地区知识性产业发展切入，实施承接国内外中高端产业的转移与接收，加快工业现代化和技术化进程，跳出制约经济与产业发展的资源依赖怪圈，充分发挥科技资源禀赋及比较优势，加快创新精神和创业文化的本地化培育等。

　　从市场机制和地区发展追赶来看，推进自主创新是应有之义。传统经济结构发展缓慢，过剩产能和缺乏创新拖累产业的发展，从市场角度看，这为新产业与技术创新的兴起及发展提供市场空间与发展机遇，因为技术进步与自主创新可以通过提高生产效率、工艺能力及制造水平、降低生产成本、提高产品质量等打开

新的市场，同时还能实现经济增长由粗放型向集约型、由资源依赖向知识技术驱动的彻底转变。同时，自主创新通过增强产业部门的竞争力，不但促进产业转型升级，更反映在技术产业的增加值实现倍增方面。例如，2008年，湖北高新技术产业增加值突破千亿元人民币，2009年就实现了同比增长20%以上的佳绩，这种通过自主创新大幅提升产业增值能力的做法，使得自主创新成为区域及产业跨越的内在动力。

在当下高新技术为根本的全球化竞争格局中，自主创新成为关键所在。各国政府都高度重视自主创新建设，从国家到地方都通过引导和促进技术、资本、人才等自主创新要素的集聚，形成推动自主创新的内外合力。这其中一般意义上的做法有：积极参与和融入全球产业创新链和创新资源角逐，争取创新资源向本国或地区集聚；以高新技术聚集区为载体，以重点领域和关键技术为突破口，形成立足地区、辐射全球的自主创新竞争体系，发挥本区域创新在空间、技术和市场的辐射范围与效果；持续推动自主创新在产业的深度挖掘与新兴产业建设，把应对气候变化、实施可持续发展、建设环境和资源节约结合起来，全面融入全球化的新型产业发展规律之中；如果视角落在单一产业部门或企业上，要么引领产业创新的潮头，要么抓住产业转移机遇，探索自主创新与承接产业转移的"叠加效应"思路与发展路径。因为，单个企业或产业部门要想赢得市场先机，拥有自身的研发能力是关键，而自主创新也是需要条件的，自主提升创新能力是一个方面，快速跟进新技术新知识也是优先考虑的问题，同时在内部营造自主创新的环境，给予自主创新有利的发展环境与条件支持，加大对自主创新要素的吸收与利用，塑造产业部门或企业内部的自主创新文化环境,在创新主题上实现文化孕育事业，事业激励文化的良性循环（陆大道等，2003）。

在公共干预与扶植自主创新的政策引导视角，还是要努力提升产业部门和企业的研发能力、科研机构的技术转化能力，充分鼓励企业作为投入、研发、受益和风险承担"四个主体"，鼓励和支持企业与部门坚持自主创新的技术开发市场导向。从区域产业集群和产业发展形式出发，因地制宜推进自主创新，结合本地区产业发展的实际出发，把原始创新、集成创新、先进技术引进吸收消化及再创新三者紧密结合起来。依托现有企业和产业集群，依托突破性工程项目，通过自主创新开发具有自主知识产权的核心技术。妥善处理引进与创新的关系，妥善处理自主研发与逆向开发的关系，妥善处理研发投入与效益增收的关系等。

四、产学研用结合是科技支撑产业跨越发展的有效途径

营造产学研用合作的氛围和环境，深化产学研用合作对产业跨越和区域发展至关重要。产学研用合作是一项复杂得多部门协调发展的系统，其建设工程性、

对接专业性、协调综合性都很复杂，是产业界、科技界、教育界、金融界以及政府等社会诸部门通力配合、不断完善的产物，这其中需要资本资源投入机制、组织合作对接机制、系统转化协调机制、技术保护保障机制、法律法规约束机制、贸易经营运作机制等，为产学研用在区域发展实现实际运行和常态发展提供各种保障。

（一）产学研用的作用与科技支撑的形成

产学研用助力科技支撑的关键在于其强有力的科技成果转化机制。一般意义上，通常把科技成果转化应用作为科技创新活动的重要评价指标，同时是科技支撑的实际表现与根本目的之一。一般是科研项目通过外部支持，形成面向产业的成果，其参照标准就是以转化应用前景为重要依据，随着成果转化应用效果的显现，产业实际收益同时表现为科技在产业发展与收益增加的支撑，这时候产学研用的作用与科技支撑的形成才有了统一的可能。从实际来看，政府科技奖励把成果转化应用效果作为评价标准，研发及高校科技评价体系则把应用开发研究和成果转化率与增值效果作为评价标准，这都说明了产学研用与科技支撑在产业跨越和区域产业发展中的同一化作用，那么在区域产业发展视角上，产学研用就是科技支撑的具体实现手段与表现之一。那么科技支撑在区域产业发展中的形成与建设，要通过具体的产学研用，参与分配知识、技术、管理等要素，同时全面介入科技成果转化和技术咨询、技术服务工作，通过科技奖励体系、科技成果孵化基地建设、科技中介服务机构建设以及技术市场体系和信息、咨询、策划等服务平台，形成了一个庞杂但目标一致的科技支撑产业发展体系（刘钟其，2003）。

产学研用运转良好的外部支撑在于完善的科技投入与运行导向机制。科技支撑在实际运行中的形成有赖于产学研用的良好运转，这就需要政府公共干预、企业自主创新、研发机构及高校的研发能力及水平、市场运作和金融及资本的介入等社会诸元素参与扶植。政府科技投入只是起到引导放大作用，引导社会力量增加科技投入才是目的，多元化、多层次、多渠道的自主创新体系，通过产学研用引导和集聚各类创新进入研发领域，借助市场、金融的渠道与投入，将技术和知识创新切实的应用于产业发展实际，最终将虚拟的科技转化为实际的生产力与经济成果，这其中就是产学研用的作用与科技支撑形成的有效互动。

（二）产学研用是科技支撑发挥的最佳途径

产学研用作为科技支撑发挥作用的具体作用点，那么务必需要将产学研用提升到经济和产业推手的高度，为区域发展和产业跨越提供持续动力，成为加快经济发展方式转变的强大引擎。从区域和产业角度看，要立足区域及资源优势，巩固产业基础的同时突出比较优势，产学研用着力点在利用域内外各种创新资源，特别是充分发挥区域的研发及产业单位的科技进步与自主创新的力量，这是产学研用在形成科技支撑过程中的主要作用表现，那么，产学研用的实体该如何建设，对于产学研用的发挥领域又该如何给予重点扶持，这些都是产学研用作为科学技术支撑体系主体力量的重点与难点。

建设创新平台、自主创新产业联盟，基于产学研用综合体建设产学研用合作载体。有效地激活公共创新平台和产学研用联盟的活力，促进高等院校、科研院所与各级企业的技术与创新间的纽带联系，围绕产业及价值实现问题展开技术攻关和自主创新，通过共享和开发产业技术标准调动、发挥联合体内各方优势及参与积极性，有效地利用公共技术平台，在知识产权共享以及技术合理流动中，完成创新资源效率融合。以突破核心技术为主题，通过技术转移和应用，加速成果商业化应用，同时依靠人才联合培养，鼓励人员的交流互动，建立产业创新中的人才支撑体系。完善创新联合体的组织与合作管理，从产业技术共享到产业技术标准再到产业联合发展制度，实现产学研用联合体的规范化发展，推动产学研用联合体成为技术研究、产品开发、市场开拓和产业发展、经济增值的综合产业跃迁平台，并不断创新组织形式，进一步强化产学研用共同体的发展。

完善、创新产学研用合作的新型体制机制，挖掘自主创新和技术进步活力。一是深化科技管理体制机制改革，着力实现科技人员服务于一线。借助产学研用联合，加快区域技术及经济管理体制改革进程，突破一切束缚自主创新的体制机制障碍，完善并切实实施有利于创新资源流动、创新人才聚集、研用共赢发展的公共政策及公共措施。

建立多元化产学研用合作投入与发展机制，通过政府财政科技资金稳定投入建立公共干预机制，利用财政投入与公共基金对创新的导向实施放大，由政府和产业组织或集群牵头，借鉴已有的国家、地区及产业的成功和成熟经验，引导多方参与合作，鼓励金融资本、产业资本和技术资本形成产业联合体，同时形成多元化科技创新服务体系，积极发展多种形式的技术市场，打开创新投入和自主创新应用的便捷渠道。探索产学研用联合的新模式、新机制、新做法，充分释放产学研用联合的技术经济力量。

确立产学研用合作中企业主导的导向与体制机制建设，从企业及产业实际出发，确立企业在联合体中的关键地位。"学""研"必须以"产""用"为导向，面向市场和产业需求进行自主创新和技术研发，这里可以借鉴国内外成熟经验，联合"产""用"从产品和市场的调研与分析入手，紧跟市场和产品需求，这样产生的技术应用与转化尽管不一定意味着百分百成功，但基本不会存在转化问题。恩格斯就曾说，"一个市场的需求比十所大学更能拉动技术进步"，这里也是从市场需求对创新和技术进步的内生性与动力渴求出发的，产学研用联合彻底解决了技术创新与技术进步需要围绕谁为核心的重要问题。从产业组织和企业角度出发，绝对希望学研部门提供很强竞争力的新技术、新产品或高水平知识产权，最为重要的是其技术研发与创新能够直接应用于产业实际和经济增长，这就是以企业作为市场真正参与者，最为了解也最为直接地面对竞争，而"学"和"研"是其最强有力的支撑，所以坚持企业在产学研用的主体地位，才能将"学""研"通过企业这一现实"介质"转化为直接市场竞争力，真的完成"学""研"走向市场实现价值。

（三）区域发展中产学研用的科技支撑示例

这里引入典型后发区域发展实例湖北，进一步探讨区域发展中产学研用的科技支撑问题。就湖北当前的区域发展与产学研用情况看，科技储备及研发能力是湖北的优势，较好的科技支撑力量储备是基础，关键问题在于产学研用在湖北存在产学研用的利益分配与补偿机制不够顺畅。高等学校和科研院所因为远离产业实际与市场一线，对于研究成果的市场转化与经济效益没有准确的评估，较为倚重西方发达国家及市场的通行经验，在合作中容易片面强调科研主导地位。然而产业部门和企业由于处于激烈的市场竞争中，对于研发成果和创新产品在转变为实在经济效益上十分迫切，一方面对研发和创新寄予厚望，另一方面自身在长期、大量的成本投入上踌躇不前，产学研用的矛盾就此在合作中有了障碍与隔阂（刘永庆，2010）。

从湖北案例的实际看，重点发展导向是新材料、光机电一体化、生物及新医药、电子信息、新能源及其产业。用高新技术改造培育汽车制造业、特种玻璃及电光源、冶金建材、机械设备制造、食品加工、纺织和造纸、电力和能源等主导产业。加快产品结构调整，拉长产业链条，大力发展高端、终端产品，积极开发高精专深产品。研究开发新产品、新工艺、新装备，节约能源和资源，降低消耗和成本，提高产品质量，减少污染排放，加强资源综合利用，发展循环经济。

农业在湖北跨越发展中占有重要地位，用高新技术和先进适用技术改造提升种植业、农产品加工业、畜牧业等传统农业，以良种培育及产业化开发、中低产田改造和防灾减灾为重点进一步强化粮食生产，加快高产优质商品粮基地建设，推广高产优质水稻、高产优质小麦、玉米，为实现粮食增产提供科技支撑。重点加强种质资源发掘、保存和创新与植物新品种培育、畜禽水产健康养殖与疫病防控、农产品精深加工与现代储运、农林生物质综合开发利用、农林生态安全与现代林业、环保型肥料、农药创制和生态农业、农业精准作业与信息化、优质高产高效种植技术研究示范及推广应用。集中支持生态农业、循环农业、设施农业、数字农业发展，提高农业水利化、机械化和信息化水平，提高资源利用率、土地产出率和农业劳动生产率。

湖北面对服务经济发展狂飙突进的当代，服务业跟得上步伐是提高追赶地区整体经济发展的后备支持。加快现代服务业共性技术开发，建立现代服务技术支撑体系，以科技创新促进现代物流、旅游、文化等现代服务业，以及现代金融、信息服务、技术服务、商务服务等高成长性服务业的发展。加速电子商务、现代物流、在线金融、在线业务外包、信息系统等服务业的发展。形成具有自主知识产权的系统软件产品与装备，推动数字社区、网络文化、数字旅游、在线学习及娱乐等服务业的发展。

针对湖北产业发展中的关键、共性技术问题，以企业为主体，以产学研用结合为基本方法，突出战略重点，集成科技资源，突破全省现代产业体系发展中的重大技术瓶颈，大幅度提高产业技术水平和核心竞争力，促进产业升级。选择重点领域，集中实施重大科技专项，通过一系列关键技术的突破，带动形成和壮大一批新兴战略支撑产业。近期重点培育有光机电材料、生物及新医药、煤化工、数字化装备、新型功能材料及制品、生物能源、良种繁育、农产品加工、节能环保技术等新兴产业。围绕湖北特色产业，实施企业创新能力培育科技工程，推动企业成为创新主体。以市重点企业和高新技术企业为重点，鼓励和支持企业建设企业研发中心，为企业开展技术创新和产学研用结合提供平台。争取大中型工业企业要建立研发中心，其中高新技术产业和战略支撑产业的骨干企业要全部建立研发中心。同时，鼓励中小型企业与高校、科研机构联合建设研发中心。

综上所述，即立足原始创新、自主创新，优化产业集群及其发展布局，围绕区域经济社会可持续发展和基于自主创新重要带动作用的领域，依托高等院校、科研院所以及研发型产业部门，加快建设升级面向技术进步和创新研发的重点实验室，增强区域科技的自主创新能力，这里要重点支持高等院校、科研机构和企业建设重点实验室联合体；深化科技合作交流，引导技术要素、创新要素的区域集聚，克服创新及科技资源获取与转化不足的难题；重视企业在科技进步与自主创新联合体中主体地位，鼓励企业与高校、科研机构建立各类技术创新合作组织和技研联合体，在应用研究和成果转化方面形成由企业牵头组织、高校和科研机构共同参与的技术转化联合体，同时持续引进重大自主创新和成熟产业成果、产业化项目"落地"区域及产业集群；推动和加强产业组织、科研院所的科学和技术合作交流活动，提高技研合作的层次和水平，鼓励与国内外高校、科研机构及其研究人员进行积极主动的研究互动与互访，甚至建立支撑产业、支持企业发展的应用研究项目或研究联合体，同时政府的公共科技支持资金优先支持产学研用联合体的平台建设、引进消化吸收再创新项目、集成创新项目以及有明确应用前景的原始创新和自主创新项目，积极支持和建立以区域为中心的国家技术创新联盟和产业集群，巩固和扩大产学研用在产业跨越中的科技支撑力度与作用（刘曦，2010）。

第五章

区域跨越发展中科技支撑的
现状及障碍

科技是技术知识经济时代最活跃、最具革命性、最具发展潜力的社会因子，是经济增长、产业跨越、社会进步的决定性要素。实现区域跨越发展，转变经济增长方式，完成产业转型升级，才能有效地获得发展先机与主动权，而这一切中最根本的是依靠科技的力量，而其中的关键是全面提升自主创新能力和技术研发水平。目前，我国科技及创新总体水平尤其是自主创新水平与能力，同世界先进水平相比仍有不小的差距，区域跨越发展依靠科技支撑的紧迫感和危机感十分明显，所以必须把科学技术进步与创新水平提升摆在优先发展的战略地位。本章将以湖北为典型案例，当做"麻雀"解剖，针对科技支撑区域跨越发展的现实与困难进行实证解析，找寻建设区域跨越发展工程的发展核心和成功关键，加快科技支撑跨越步伐，建成面向现代化建设及跨越发展实际的强大科技支撑体系。

第一节 区域跨越发展中科技支撑的差异化现状

一、科技支撑区域跨越发展差异的形成机理

科学知识进步与积累、技术创新与应用已经广泛的活跃于当今社会生活、经济生产领域，其强大的渗透能力、经济增值能力、市场竞争形成力都是知识和技术引领时代与社会经济发展的重要标志。科学技术支撑在国家及地区的工业化、现代化以及经济、社会快速跃升方面显示着无与伦比的推动能力，反之国家和地区增强的经济实力与良好的产业经济发展态势又会为技术进步、知识创新提供更进一步的基础，大量的科技成果的应用和科技人才的聚集，周而复始的形成了一

个基于科学技术支撑的经济、产业和社会发展跃升的良性循环。那么相反，欠发达地区及国家如果忽视了科技以及技术创新的贡献力，将会在资源、资本以及低端劳动力的超额付出之后陷入资源依赖型发展的恶性循环怪圈，所以根本上解决发展问题，并有效快速地缩短与发达国家及地区的差异，必须实现技术支撑和知识创新，那么这其中的途径就是依靠科学技术积累和对技术及科学创新的大规模投入（林本喜，2007）。只有理解了这一点，才能充分认识到科技发展是国家及地区实现跨越式进步的根本基础与动力源泉。因为没有技术积累与知识创新，就无法实现技术高端化和先进成果的转化应用，就无法形成产业升级进步与经济倍数增值的良性循环，这一点在之前反复的确认过，就是国家和地区间经济及产业发展差距的本质是科学知识、信息传递、教育基础以及技术创新与科技管理体制上的差距。因此，只有全面发展科技事业才是后发国家及地区"跨越"的关键一步。

当前经济体制、产业发展背景、市场竞争形势和对外开放环境及全球业态等日新月异，在此大背景下，后发国家及地区不能只是简单的引进技术、从科技基础起步，而是结合本地优势和产业实际，走出基于本地后发优势的原始创新和自主创新之路，经济基础与产业发展水平的落后或是对地区发展的一种限制，或也能够成为发挥潜力结合后发优势，走高起点科技跨越之路的"低地"优势。当前，欠发达地区科技进步对经济发展的促进作用还十分有限但其潜力相当大，因此必须高起点走科技进步与技术创新之路，依靠科技实现跨越发展。区域发展主要的差异在于竞争力以及竞争力伴随的循环发展实力，然而竞争力的比拼在技术知识经济时代就是科技力和科技发展力的比拼，要实现区域发展的跨越，就必须在单个产业部门、产业整体乃至经济体系中形成强大的生产与市场竞争力，而这一切的核心均在于科学进步、技术创新以及工艺提升的综合科技能力与水平的展现，这也是后发或欠发达地区及国家与发达国家及地区在当前条件与状况下缩小差距的唯一途径。那么欠发达地区作为后发追赶地区，实现跨越发展之路虽然科技支撑作为必不可少的发展要件，但还需要因地制宜，根据自身发展情况及相关条件形成切合自己发展实际的主导产业。因为只有在产业和经济发展方向中找出最具有引领作用、最具有竞争增殖能力的产业，才能够很好地与科技支撑形成竞争力培养体，这样才能在经济发展的阶段性过程中，在产业部门、产业结构以及发展布局中形成导向和带动作用，并在最短时间内展示经济增长和产业贡献的实际效果，同时打开广阔的市场，展示清晰的发展前景和加速具备技术进步能力的产业及研发部门的涌现（刘海运，2014）。科技支撑是内在的质变主导，产业应用及结构匹配是外在的量变带动，这一切都会因为创新和技术进步产生跨越的结果，同时能够直接作用于经济增长，这里不难看出，经济、产业及它们的增长体系在很大程度上取决于科技的介入能力和支撑能力，那么如何用好国民经济发展水平中最具有影响和制约的科技支撑导向与引领作用，就是后发地区在发展及产业进步中需要认真思考的问题，道路、路径选择以及发展布局都需要通盘考虑。

另外，从社会发展观角度看，可持续发展观已成为我国的既定发展战略，既要解决发展过程中出现的生态环境恶化等新问题，又要处理好资源、环境等领域长期积累的问题，在经济发展、产业进步的前提下同时解决这些问题，技术投入、资本运作都将是技术知识发展路径的重要考量环节，这也同时意味着，科技创新、技术集成以及科技突破为主导的科技支撑必然要成为可持续发展的强有力支持，更是欠发达地区实现跨越发展的首要之义。

二、发达地区科技支撑经济社会发展的现状——以长三角为例

从国内区域经济的形式与发展看，大陆经济范畴内已经形成长三角、珠三角、京津塘三个区域三足鼎立的竞争态势，区域内经济联动性日益加强。长三角地区是我国经济最具竞争力、最活跃的区域，也是全球制造业基地，生物、医药、电子、信息、材料等高新技术产业独占鳌头，机械、加工等传统重工和家电、纺织、食品等轻工业规模有量，软件、半导体、新能源等新兴产业在国内外均有一席之地。20 世纪 80 年代，长三角地区就有了区域合作和区域发展的理念雏形，从 20 世纪 90 年代的江浙主动融入上海为核心的长三角发展圈，到 21 世纪初长三角两省一市的区域合作实质化，区域合作已经是长三角发展的外部环境动力与支持，而其中最为抢眼的是科技合作。长三角区域合作中创新系统的融通是基础，而科技方面的资源共享、资源整合开发、人才流动与资质互认、重大和突破性科技项目的联合攻关、知识产权合作、跨区域产学研用的合作等作为区域科技支撑体系的建设取得了初步成效，为长三角的区域创新体系建设提供了深厚的基础，对国内其他区域的科技创新发展有着带动和示范作用。

长三角区域跨越发展中科技及其支撑体系在其经济、产业和社会发展的作用与表现如下。

一是综合实力与科技实力相互促进，已然稳定成型，发展后劲有力。改革开放三十多年的发展，长三角地区不但是中国经济最活跃、最具竞争力的区域，最为可喜的是该区域的科技综合实力与区域创新能力依然居于全国前茅。其科技资源雄厚，根基牢固，其中高等学校、研发机构、研发及技术人员、研发经费、专利申请以及产业回报均处于中国区域中的前茅，其通过经济实力维系科技实力，通过科技实力助推经济实力的综合实力循环发展路径依然获得巨大的回报。同时，在面向国家战略发展、长三角经济、产业发展重大需求方面，政府、产业部门和产业集群从科技重大突破及重大专项中找寻发展窗口，从传统和新兴两个产业方向实施科技式突破，在电子信息、生物医药、重大装备、新能源以及石化、钢铁项目上形成科技凝聚和创新聚集，联合和支持中小型科技企业参与创新与技

术转化，所有目标指向都提升了长三角区域的科技自主创新能力。特别在产学研用上，结合地方产业特色和产业经济需求，注重科技成果向现实生产力的转化过程和结果，加大创新要素的整合，着力提升产业部门及产业组织自主创新能力和科技竞争能力。通过区域科技聚集与科技合作，面向经济增长方式的转变而提升自主创新能力，特别是通过2003年签署的《沪苏浙共同推进长三角区域创新体系建设协议书》，完成了科技跨区域合作的支撑体系建设，在科技联合攻关、科技资源共享、跨区域产学研用合作以及人才和知识产权协作上都实现了平台式的发展联合，为其综合竞争力的提升形成了良好的综合发展基础与平台（方劲松，2010）。

二是科技及创新资源形成针对产业和经济的实用性闭合循环。长三角科技支撑在经济、产业和社会资源循环具体走势是：以长三角区域内面向应用研究的具有实力的高等院校、科研院所、各类技术（工程）研发中心与实验室等技术研发和科技创新资源为依托，面向区域内经济、产业及产业集群的需求和特质，展开科技导向性布局和引领式规划，通过科技资源、人力、资本等产业发展要素在以选择的重大产业技术研发与布局上形成突破，并且在前瞻性的共性关键技术上实施投入，实现技术改良、技术进步和技术突破的产业技术的高新化与现代化。同时通过地方政府与科技部共建地方科技支撑经济及产业发展的创新载体，支持地方的企业、高校以及科研院所转型为高新技术研发与产业化实践的创新试点平台，当前已经率先抢占了电子信息、生物医药、纳米技术、新能源、风电装备、纺织机械等领域。针对创新和科技发展的运作机制，积极依靠高新科技园区，通过跨区域发展、并购、参股控股等方式，全面共享科技进步成果、管理经验和先进理念，实现区域内创新资源及市场的整合，推动产业结构优化升级的同时实现创新及科技资源完成对产业及经济应用的闭合循环。

三是产学研用取得可喜成果，科技支撑效果卓然。长三角通过推进区域间技术及研发合作、技术和资本对接等直接要素拼合方式，完成区域内技术、科技发展资本以及人才和管理等要素资源的整合，实现科技成果的经济实际转化。例如，"长三角大型科学仪器设备远程共享与协作平台"已开通，平台整合了区域内超过四百多家科研单位与技术攻关机构的三千六百多套（台）科学仪器设备及设施，利用高速网络实施科研共享服务，一方面提高了科研仪器设备的公共利用率，另一方面则极大减少了重复投资，切实降低了科研成本。同时为推动科技及科研资源在区域范围内完成高效配置和最大程度共享利用，长三角两省一市于2007年签署《长三角科技资源共享服务平台共建协议书》，采用"统一规范、自主建设、资源分区、系统整合"的建设模式，依次推进科学仪器共用、科技文献服务、科学数据共享、实验基础协作、专业技术服务、自然资源保障、计量检测服务系统、技术转移交易系统八个子系统建设，建设长三角科技资源共享服务平台"1+8"的框架体系，即建成八个子系统的基础上，建设一个"资源共享平台门户"，通过统一平台开展公共服务。

四是人才因素才是决定社会经济及产业发展走向的主角。通过联网和数据共享，建设长三角人才公共服务网络信息平台，开发并形成长三角区域内经济和社会需求的标准统一的分类人才信息库，通过定期发布区域人才市场供求信息，并使其制度化，定期对长三角区域内的科技经济社会发展实施分析，人才需求进行对应的分析与预测，实时发布紧缺人才需求目录，促进产业及经济部门的人才落户；开发长三角的区域性国际人才市场，面向国际通行做法，探索实施人才评价方法和职业资格认证体系，创造条件引进、培养和造就长三角区域需求的科技、经济及产业的国际人才；建立长三角区域的科技及技术研发专家库，形成高端高层次人才及智力储备库，通过人才共享机制，邀请域外专家参加重大项目、重大决策等；推行科技干部区域内跨地区挂职锻炼，加大区域内两省一市科技干部的互相委派学习与互相挂职锻炼，形成政府管理人员在科技管理中的相互学习与干部交流的制度。

三、科技支撑典型经济区域的发展现状——以湖北为例

从区域发展跨越需求聚焦湖北来看，在支持经济、产业及社会发展方面，湖北在科技创新和技术进步与国内外发达地区相比还有相当的差距。湖北产业结构和供给结构依旧存在重化、资源投入为主、产品结构与供给结构低端化以及技术和科技比重低的问题。一是产业结构重化情况依旧未有改观，行业以及产业的技术与科技含量依旧在追赶之中。二是要素投入结构在重化与工业领域依旧在拼资源投入，湖北第二产业倚重采掘、原材料加工工业的比重依旧在60%以上，农产品也保持在60%以上，技术性和高新技术产业增加值在2014年才占全省生产总值的四分之一，这正说明了湖北一二产业发展依旧处在"资源陷阱"的低地。三是产品与供给结构呈现低端化，2014年湖北规模以上工业产品更新度，以及规模以上工业新产品产值率刚刚接近全国平均水平，农产品方面虽然有油菜籽产品和淡水产品居全国第一，但加工度较浅，价值链短，附加值成色不足；同时从三次产业内部看也存在层次低、加工不足和附加值低等突出问题，农业依赖传统发展模式，产业化与工业化水平不高，工业现代制造业特别是高新技术发展依旧不足，现代服务业和新兴服务业发展严重滞后。这一方面说明，湖北发展急需科技支撑的支持，另一方面，也说明科技创新和技术进步在湖北发展的转变与跃进中存在极大的结合空间（湖北省统计局，2014）。

（一）科技创新发展能力稍弱，需要结合潜在优势突出发展重点

科技是产业发展的源动力，湖北的科技创新基础是很突出的，属于全国科

技与教育发达地区，湖北科技进步指数排名在全国前列，居中部六省之首。截止到 2014 年，湖北有普通高校 122 所，大专以上在校生数突破 150 万人，其中研究生保持在 10 万人次以上，国家级学科重点学科达 125 个，并且湖北拥有中国科学院（简称中科院）和中国工程院（简称工程院）的两院院士有 63 人，973 首席专家以及千人计划等都位居全国前列，就湖北科教的综合实力而言，仅次于北京、江苏、上海，位居全国第四位，特别是 2010~2015 年湖北获国家科技奖项跃居全国前三。"十一五"以来，湖北一大批科技成果始终保持着国家科技奖励的前列位置，仅列举 2006~2010 年的项目就分别有 15 项、20 项、27 项、37 项和 43 项，稳居全国第三。这些数据表示，作为中部地区的湖北，科教综合实力以及科技创新能力方面具有相当的比较优势，不过与科技创新以及技术进步竞争力较强地区相比还是存在一定差距，与之相对比的则是，湖北科技产出水平一直在全国第八、第九徘徊；科教综合优势未能完全转化为产业及经济发展优势且科技成果转化率不高，这就不能够给湖北在自主创新能力的培养上提供足够的动力和养料。工业持续快速发展的关键在于拥有自己的核心竞争力，而核心竞争力的高低则取决于科技创新能力是否强劲。这很大程度上是由于湖北科研机构和高等院校与我国科技相对发达的地区相比还是有一定的差距。同时还包括企业、科研机构沟通程度不高、政府的宏观调控作用没有充分发挥的状况。因此，提高科技创新能力的同时，重要的是将科技与产业紧密相结合，才能实现产业与经济实际相贴合。

还要注意的另一个问题是，湖北区域内发展地区与发达地区科技创新能力发展存在明显差别。第一，高等院校发展方面。根据《2011 中国城市统计年鉴》数据统计显示，湖北普通高等学校有 115 所，其中武汉市拥有 78 所，占全省约 68%，而其他地级市有 37 所，占全省约 32%，其中鄂州、荆门、随州这三个地区分别只有一所普通高等学校。第二，在高新技术产业发展方面。根据《2011 年湖北统计年鉴》数据统计中湖北省高新技术产业发展情况，湖北在高新技术产业发展总产值为 53 749 492 万元，而武汉市总产值 26 380 353 万元，占全省约 49%；而其他地区总产值共为 27 369 139 万元，占全省约 51%，其中恩施土家族苗族自治州（简称恩施州）总产值为 46 645 万元，占全省 0.087%，咸宁市总产值为 533 238 万元，占全省 0.99%，随州市总产值为 874 051 万元，占全省 1.63%（湖北省统计局，2014）。第三，科研机构发展方面。湖北发达地区武汉市科研机构占全省比重很大，而其他发展中地区科研机构占比重非常少。从上述统计中可以分析出湖北发展中地区和发达地区在高等院校、科研机构和高新技术产业发展存在明显的不平衡。需要既发展武汉为中心城市圈，又要通过推进以调整结构为核心的经济发展转型，通过科技扶贫与攻坚的方式加快贫困地区和民族地区发展，培育发展高新技术产业和战略性新兴产业，加大科技支持上对革命老区、民族地区、贫困地区的扶持力度，从而促进湖北区域协调发展。

（二）科技创新环境不够优化，优化力度还需进一步加大

湖北在科技创新环境发展呈现着不平衡的状态，主要体现在教育资源和财政支出这两个指标上。教育资源指标主要包括高等学校专任教师数、高等学校在校学生数、百人公共图书馆藏书量和医院、卫生院个数，而财政支出主要包括教育支出和科学支出。

从教育资源看，根据 2014 年中国城市统计年鉴数据统计结果显示，湖北高等学校专任教师数为 73 938 人，高等学校在校学生数为 1 314 059 人，公共图书馆藏书量为 24 027 千册，医院、卫生院个数为 1 685 个，而湖北在教育资源指标上发达地区以武汉市为例，武汉市区的高等学校专任教师数为 51 306 人，高等学校在校学生数为 881 433 人，公共图书馆藏书量为 10 367 千册，医院、卫生院个数为 232 个，分别占全省的 69.39%、67.08%、43.15% 和 13.77%，而在发展中地区，高等学校专任教师数发展中地区以随州市为例为 450 人。高等学校在校学生数发展中地区以随州市为例为 8 397 人，公共图书馆藏书量发展中地区以鄂州为例为 368 千册，医院、卫生院个数发展中地区以鄂州为例为 43 个，数据显示湖北武汉市在教育资源中发达地区占有明显的优势，湖北省域内地区发展间确实存有较大差距（湖北省统计局，2014）。

从财政支出指标方面看，主要在教育支出和科学支出两方面进行比较，湖北在教财政支出指标方面上全省教育支出为 2 827 960 万元，全省科学支出为 247 588 万元。发达地区以武汉市为例，武汉市教育支出为 752 936 万元，占全省 26.62%，发展中地区以鄂州市为例，鄂州市教育支出为 65 145 万元，占全省 2.30%，同时武汉市科学支出为 117 036 万元，占全省 47.27%，鄂州市教育支出占财政支出比重为 3 273 万元，占全省 1.32%（湖北省统计局，2014）。从上述分析数据看出在财政支出方面湖北发达地区和发展中地区存在着较大差距，反映了湖北在科技创新环境发展地区间存在非常明显的不平衡状态，因此，在全面协调可持续发展的理念下，湖北要加快政策与法律体系建设和科技创新及创业服务平台建设，缩小发达地区和发展中地区的差距，才能有利于实现区域科技环境优化及其协调发展。

所以，良好的发展环境是工业化进程推进的重要保证，政府应该创造促进科研发展的宏观环境，完善吸引优秀人才创新的机制，并提供充足的科研经费投入和有力的激励措施；培养良好的学术氛围和宽松的研究环境，广泛开展国际合作。为了更好更快地发展湖北科技并形成支持跨越发展的科技支撑，切实落实区域科技方面的法律和政策，湖北要不断根据实际制定或完善贴合实际的科技法规政策。在科技创新及创业服务平台建设方面，湖北科技厅也曾实施"三大工程"助力全省跨越式发展，启动实施转化工程、培育工程、载体工程三大

工程，以科技成果转化、高新技术产业、创新平台建设为依托，推动湖北科学发展与跨越发展。着力点可以选择以下方面：建设省级以上工程技术研究中心、省级以上企业重点实验室和省级以上校企共建研发中心；推进主导行业的产业技术战略联盟建设，加大省级特色产业基地建设力度，组织实施重大科技项目、产业关键技术突破与攻关，推进重点成熟技术（产品）的规模化、市场化应用。这样才能体现出重视科技创新环境及其优化的力度，不断形成科技环境创优工作的良好局面。

（三）科技支撑作用的领域不平衡、不均衡，要着力实施相对平衡的发展战略，防止出现"畸形"优势

"十一五"和"十二五"期间，湖北省级重大科技成果超八千多项，累计申请专利超二十万件，获国家科技奖励也是无数，最为宝贵的是一批优秀的原创性基础理论成果脱颖而出。2015年湖北专利申请量继续前进，获得国家级科技奖励成果居全国第三位。湖北作为科教资源大省，不断实施一系列科教兴鄂和人才强省战略，湖北科技进步指数进入全国十强，较"十五"期间提升了三个位次。虽然湖北科技进步综合竞争力有所提高，但相对我国发达的东部地区还存在一定的差距，根据《2014湖北统计年鉴》可以统计出湖北内各市区呈现出发展不平衡的状态。从专利申请和授予上、科技论文产出和创新型人才资源供给方面这三个指标来看，这三个方面均呈现出发展不平衡的状态。

专利申请和授予方面，从科技支撑体系发展状况来看，近些年湖北无论是发明专利还是实用新型专利都有大幅度增长。根据国家知识产权局发布的统计数据，湖北2014年专利申请比上年同期增长31.67%，专利授权比上年同期的增长8.62%，专利申请中发明专利申请比上年同期增长33.67%，专利授权中发明专利授权比上年同期增长55.12%（湖北省统计局，2014）。纵观数据，可以得出湖北专利申请与授权呈现以下特点：专利申请量持续增长，增速较去年同期提高较大，其中发明专利申请量增幅较大；职务申请所占比重上升，职务发明比例接近八成，企业专利申请量持续增长；专利授权量稳步增长，发明专利授权量同比增长较好。然而转化应用率确实不足全国平均水平，这一点是最大的软肋。

专利发展与产业发展密切相关，因此湖北要推进文化和科技强省建设以文化的力量助推科学发展跨越式发展，要以专利促进全省跨越式发展的发展。但在科技日新月异发展的今天，要想将加快专利产业化速度，促进经济社会又好又快发展，首先需要在专利申请和授权上有所突破，进而形成专利池，这样才能组建真正有市场价值的高新技术发明资源汇聚体。专利突破需要集合众多发明人的智慧，这除了调动企事业单位、科研院所和高等院校等创新主体的研发积极性、提高研发能力，还需要激发全民创业热情，发挥民众的智慧和能力，调动一切发展之热

情，用好一切发展之要素进行创新。根据《2014 湖北统计年鉴》可以看出湖北在专利申请和授予上在发展中地区和发达地区有非常明显的不平衡，申请当年累计省会城市武汉市占全省 49.16%，授权当年累计武汉市占全省 59.51%，申请当年累计和授权当年累计在其他所有地级市区为分别占全省 50.84%和 40.49%，可以分析出，申请当年累计其他所有市县区与武汉市区在申请数量上基本一致，而在授权当年累计上武汉超过了其他所有地级市总和，因此可以分析出湖北在专利申请和授予上发展中地区与发达地区相比还存在很大的差距，其中申请当年累计和授权当年累计上咸宁分别为 498 件和 236 件，随州分别为 343 件和 175 件，恩施州分别为 172 件和 109 件，这三个市区所占比例最低，与其他市区相比还存在很大差距。虽然区域内发展各有侧重，科技发展会呈现出一定的不均衡状况，然而过度不均衡，必然会对域内产业发展形成不利影响（湖北省统计局，2014）。

在科技论文产出方面，由于科技论文产出是衡量科技实力的一个重要指标，实现科技竞争力快速增长，前提是科技要有突破性的进展，同时意味着科技论文产出也是科研支撑能力发展的一个重要指标。在 2013 年中国科技论文统计结果中，在国内国外论文的数量中湖北为 53 832 篇，在全国排序为第六，2012 年国内论文被引用次数最多的地区中湖北在全国排名第六，在科研产出能力的方面，从上述可以看出湖北在中国科技论文产出中占有一定优势，但是根据统计结果国内论文作者的机构分布主要集中在高等院校、医疗机构、研究机构和公司企业，而这四个方面的机构在湖北呈现着不均衡的状态，主要是高等院校主要集中在武汉市区，而武汉市区拥有绝大多数省内综合实力排名前二十的高等院校，医疗机构、研究机构和公司企业也基本上在武汉市区，所以导致了湖北在科技论文产出方面发达地区和发展中地区也呈现着不均衡的状态。

在创新型人才资源供给上，虽然湖北政府工作报告历年明确了推进人才队伍建设，反复提出抓紧启动和实施重大人才政策和人才工程，也能依托国家及省人才培养计划，建立和完善从基础教育到专业培训的梯级创新型人才资源储备。近年来的表现则是，创新型人才资源供给方面湖北科技人才总量虽有显著增长，其中根据 2014 年湖北统计年鉴数据显示从事科技活动的人员达 364 512 人，人才素质也有了较大提高，但仍然存在人才密度低、人才资源层次不高、人才结构不合理、高端人才分布不平衡等问题。武汉市从事科技活动的人员是随州从事科技活动的人员为的 27 倍（湖北省统计局，2014）。高端人才分布不平衡，因为创新型人才资源供给方面不平衡特别是高层次人才和领军人才，并且由于域内很多偏远地区高素质人才紧缺，结构性矛盾突出，直接制约了湖北整体的科技创新能力和科技发展的水平与能力的提高。鼓励知识、技术、管理等要素参与分配，建立工资报酬与贡献挂钩的分配机制迟迟未有效形成。加快培养和聚集高层次科技人才、高水平创新创业团队、高素质管理人才、高技能实用人才依旧规划于纸上文章，实施力度大，效果则不明显，同时还依旧与东南以及国际发达地区面对激烈的人才争夺与拉锯战，形成了一定程度的人才内耗与培育损耗。另外在现实中，着眼于科技发展战略性方向和国家与湖北重大战略需求，充分发挥国家各类基础研究计划、省自然科学基金人才计划培养和稳定高素质人才的作用，在实施湖北科技支撑计划过程中也面临需要较长时间才能建立规模适度、结构与布局合理的高素质基础研究人才队伍的难题。虽然人才供给和资源开放各有侧重，随着科技发展也会呈现出一定的不均衡状况，但反观湖北的不均衡必然也会对整体科技支撑体系的形成与科技实力的发展形成明显的不利影响。

总体而言，虽然湖北现状不容乐观，但是湖北在科技支撑发展中也并非一无是处，湖北产业当前集中布局的五大领域即生物医药、光电子信息、环保、新材料和新能源，同时瞄向十大技术突破即机械工程、冶金、化工、汽车、电力能源、轻工、农业、食品、纺织和建材的技术突破体系，这五大领域与十大技术是结合了湖北区域产业优势和科技特色的，也是湖北当前的主力发展产业。当前湖北着力在技术转化和市场敏感技术上发力，在企业科技创新管理、科技人员招募上下工夫，并且湖北在区域内科技创新能力发展、科技支撑能力发展和科技创新环境发展上正在努力协调与平衡相互间的发展关系，这也都是科技支撑湖北跨越发展的基础与良性条件。

第二节　科技支撑实施区域跨越破局能力的考察

如果要选择科技支撑湖北产业、经济及社会的跨越发展，就要有导向性、选择性和突破性。就湖北区域发展的跨越选择，科技支撑是无二之选，从三次产业出发，应该是三次产业共同发展，依托技术和科技知识的变量，快速实现新型工业化的过程。

科学发展的实践观是引领区域跨越发展的观念基础，能够有效地将相关措施付诸落实。湖北省经过"十一五"的黄金五年，实现了经济、产业以及技术基础条件的准备，全省生产总值年均增长 13.9%，快于全国平均水平 2.7%，快于"十五"时期 3.7%，经济总量超 1.5 万亿元人民币，五年内翻了一番多，社会资本运营规模超万亿元人民币，内需快速扩张使得消费规模初具支撑态势。在发展质量上，工业产业比重值提高 5.8%，结构调整与产业升级更加依赖科技与创新的支撑，市州县经济实力也显著增强，注重区域协调发展，基础要素通过科技渗透显现更大力度的支撑，从科技发展的角度，湖北的区域发展正在逐步改变结构严重不平衡、增长动力严重缺乏的缺陷。近年来"两圈一带"战略的深入实施与稳步推进，湖北区域发展正在科技支撑的渗透下发生格局性和跨越发展的准备性变化。"十一五"和"十二五"时期，武汉、宜昌、襄阳、黄冈、孝感、十堰、荆门、咸宁、鄂州、潜江 10 市地区生产总值实现幅度性增长，其中有 9 个地区经济增长率超全省平均水平，武汉、宜昌、襄阳均是千亿俱乐部成员，县域经济发展速度加快，科技含量逐渐显现，技术经济实力明显增加，民营经济开始通过科技和创新在新兴行业发力，增长量和增长水平均超同期水平。总体而言，湖北区域发展的技术型发展路线，展现出支撑点更多、支撑面广的特点，但是支撑力稍逊、支撑效果不够明显，支撑基础和要素还需聚集，支撑体系建设还在进行（湖北省统计局，2014）。

科技进步与技术创新的实践才是引领区域跨越发展的实践基础与实施条件。为区域跨越发展的实现，就需要找寻最具驱动力、最具爆发力的点进行投入，这一点非科技莫属。科技进步与技术创新在经济及产业增长中最具爆发力、最具含金量、最具赶超现实性这一点在之前已经反复论述，科技进步与技术创新是跨越发展的本质特征和独有品格之一也是发展的应有之义，那么湖北从区域发展来看，最大的优势就在于科教与科技人才资源丰富，这一优势可以迅速转化为后发优势，并能加快燃起科技进步与技术创新引领发展的爆发点。

通过"科教兴鄂""人才强省"战略，湖北在落实促进科教、技术人才优势转化上提出了"十大"政策，同时倾力打造以企业为主体、以市场为导向的产学研用的科学应用与技术创新的科技支撑体系，顺利打开科技及创新资源在经济建设和产业发展的主战场的集聚。那么当前湖北在面向跨越发展的科技支撑准备中的条件与优势、困境与破局条件，这里做了以下梳理。

一、科技人员的储备与队伍建设

科技人员投入现状用科技人员总数、R&D 人员、高等学校 R&D 人员全时当量、科研机构 R&D 人员数、科学情报文献机构科技人员、大中型工业企业科技人员和 R&D 人员比例这几项指标来衡量。它们分别反映了科技人员的投入总量和力度。

总体上看，湖北的科技人才储备基本符合条件，队伍建设趋稳，但跃升能力还需强化。从表 5-1 和表 5-2 可以看出，2013 年湖北科技活动人员为 335 984 人，R&D 人员为 179 616 人，全省中国科学院和中国工程院院士有 63 人，而 2009 年和 2010 年湖北科技活动人员分别为 274 963 人和 284 910 人，2005 年中国科学院和中国工程院院士 43 人，2009~2013 年科技人才队伍实现了稳步发展，虽然在全国科技人才队伍位居全国前列，但缺乏跃升现象。科技人员规模稳步增加，科技人员总数 2009~2013 年人员增加了 61 021 人，同时 R&D 人员比例由 2009 年的 31.9% 到 2013 年 R&D 人员比例 50.2%，科技人员比例结构不断优化。2013 年，湖北科研机构 R&D 人员数、高等学校 R&D 人员全时当量、科学情报文献机构科技人员数、大中型工业企业科技人员数和 R&D 人员比例保持在较高水平，科技人员占全国的比例也呈现增长趋势。不论从绝对数量还是相对数量上来看，湖北的科技人才队伍在面向跨越发展和科技支撑中还是处于始终前进与发展的态势，这是可以转化为后发优势的重要一点和条件。

表 5-1　2009~2013 年湖北科技活动人员投入情况汇总

年份	科技人数	R&D 人员	高等学校 R&D 人员 全时当量	科研机构 R&D 人员数	科学情报文献机构科技人员	大中型工业企业科技人员	R&D 人员 比例/%
2009	274 963	131 680	13 252	62 900	512	67 882	31.9
2010	284 910	142 917	13 983	64 284	489	73 450	34.4
2011	290 911	153 042	14 001	69 960	507	84 035	34.6
2012	307 301	177 902	14 698	57 303	458	120 581	47.9
2013	335 984	179 616	16 285	50 199	457	122 909	50.2

资料米源：湖北省统计局（2014）

表 5-2　2009~2013 年湖北科研人员研究生以上学历基本情况

指标	2009 年	2010 年	2011 年	2012 年	2013 年
高校毕业研究生数	23 094	25 100	23 419	24 963	22 228
高校毕业硕士生数	20 417	22 001	20 386	21 025	18 712
高校毕业博士生数	2 677	3 099	3 033	3 938	3 516
科研单位毕业研究生数	427	609	584	601	604
科研单位毕业硕士生数	277	398	410	430	410
科研单位毕业博士生数	150	211	174	171	194

资料米源：湖北省统计局（2014）

二、科技经费投入及使用情况

科技经费投入现状用 R&D 经费内部支出、科研机构 R&D 内部支出、R&D 项目经费支出、科学情报文献机构经费支出总额和大中型工业企业科技活动研究与发展经费支出五项指标衡量。它们分别反映了科技经费的投入总量、强度以及政府和企业对科技的重视程度和实际支持力度。

科技经费投入强度增大，但仍显不足。由表 5-3 可以看出，2006~2010 年湖北 R&D 经费内部支出从 947 512 万元增加到 2 641 180 万元，R&D 项目经费支出从 1 313 380 万元增加到 2 128 750 万元。而其中科研机构 R&D 内部支出、R&D 项目经费支出、科学情报文献机构经费支出总额和大中型工业企业科技活动研究与发展经费支出投入强度也在增大，科研经费投入绝对数增加。湖北 R&D 经费投入绝对量逐年增长，从 2009 年的 947 512 万元增加到 2013 年的 2 641 180 万元，说明湖北科技经费投入强度在增加中有所保持，在面对科技支撑跨越发展中，这一点需要进一步强化并以效率化实施督促与保障。

表 5-3　2009~2013 年湖北科技经费投入情况　　　单位：万元

指标	2009 年	2010 年	2011 年	2012 年	2013 年
R&D 经费内部支出	947 512	1 124 990	1 490 636	2 134 490	2 641 180
基础研究	51 294	49 617	54 136	89 327	102 496
应用研究	158 098	196 931	204 439	335 189	472 519
实验发展	692 012	813 899	1 141 009	1 709 975	2 066 164
科研机构 R&D 内部支出	880 961	1 139 004	1 316 824	1 002 444	1 235 279
R&D 项目经费支出	1 313 380	1 531 019	2 041 625	2 436 985	2 128 750
科学情报文献机构经费支出总额	6 460	6 599	7 320	8 292	7 955
大中型工业企业科技活动研究与发展经费支出	386 033	525 193	772 287	1 057 682	1 429 050

资料来源：湖北省统计局（2014）

三、教育与科技普及基本情况

通过对湖北基础教育、职业技术教育、高等教育的方面分析，由表 5-4 可以看出，从 2009~2013 年普通高等院校的总体趋势是发展良好的，普通中等院校的总体趋势增减得当，符合当前的经济及城镇化发展规律，普通中学与职业中学下降明显，小学实行联合办校从 2001 年两万多所下降至 2014 年的近八千所，特教与幼教基本面与基数变化不大，技工学校则基本面与基数稳定。从湖北科教实力分析以及存在的潜能，从大科学视野及其综合指标来衡量，湖北在自然科学、工程技术始终具有较强的底蕴与实力，近几年人文社会科学在国内外也异军突起，作为科教大省确实名副其实。湖北科技领域作为我国重要人才培养和培育基地，2014 年在校大学生达 170 多万人，仅武汉市就有教育部直属重点大学七所，其数量已超过中部其他五省的总和，武汉市在校大学生超过 160 万人，每年大学毕业生约 25 万人，位居全国第一，但也是人才输出大省，进入 2012 年以后湖北高学历高素质人才的留存率与流失率落差很大，标志性科技实力和水平较明显，民生与经济性科技实力与应用水平较弱，科教优势在经济增长和产业发展中的优势展现不足，这说明作为科技支撑体系重要组成部分的湖北科教资源，有待通过深度挖掘和进一步整合才能激活其优势活力，才能更加充分地释放。

表 5-4　2009~2013 年湖北各类学校基本情况　　　　　　单位：所

构成	2009 年	2010 年	2011 年	2012 年	2013 年
普通高等院校	86	86	87	120	120
普通中等职业学校	455	478	462	402	413
普通中学	3 198	3 108	3 011	2 897	2 787
小学	11 422	10 210	9 302	8 544	7 749
特殊教育学校	77	76	76	76	76
幼儿园	2 546	2 572	2 880	2 995	4 395
技工学校	208	208	208	—	206
职业中学	117 387	105 459	97 860	93 509	—

资料来源：湖北省统计局（2014）

要实现区域跨越发展，走出具有自身特色的经济振兴、产业崛起道路，充分发挥科技支撑和人才资源优势也是其中最为重要的措施与策略。

科技产出实际表现还有很大的空间，也是后发优势形成的基础。一般意义上，科技创新及发明专利是创造性和创新性思维的现实集中表现。国际通行的参考标准是：专利产出的核心是发明专利申请量、专利授权量占专利申请量之比、发明专利占总专利之比。从某种程度上说，发明专利量集中代表着一个国家和地区的科研活力与科技实力，而专利授权量占专利申请量之比则体现着创新与发明中质与量的差异，以上均直观反映着科学进步与创新研究成果取得知识产权的状况和该地区的科技进步与创新的实力。

湖北无论是发明专利还是实用新型专利增长都有大幅度增长，从表 5-5 和表 5-6 可以分析出，2009~2013 年专利申请受理量的增幅为 115%，专利申请授权量（项数）净增加幅度为 267%，同时专业专利授权量占专利受理量比由 2009 年 32.48% 增加到 2013 年 55.45%，但是如果放之于全国数据，则专利中请受理量占全国比例基本保持在一定比例即 3% 左右，只能说明近几年科技支撑力度增强，但专利发明增长的实际效果还不是很高。

表 5-5　2009~2013 年湖北专利申请受理、授权量统计

年份	专利申请受理量/项	专利中请受理量占全国比例/%	专利申请授权量/项	专利授权量占专利受理量比/%
2009	14 576	3.10	4 734	32.48
2010	17 376	3.00	6 616	38.08
2011	21 147	2.95	8 374	39.60
2012	27 206	3.10	11 357	41.74
2013	31 311	2.82	17 362	55.45

资料来源：湖北省统计局（2014）

表 5-6 2009~2013 年湖北专利申请情况统计 单位：件

年份	专利申请量及构成				申请专利主体结构				
	发明	实用新型	外观设计	合计	个人	大专院校	科研单位	工矿企业	机关团体
2009	771	2 102	613	3 486	2 411	205	128	721	21
2010	2 038	4 835	4 661	11 534	7 400	1 365	182	2 305	283
2011	4 616	8 793	7 738	21 147	9 199	1 968	1 101	8 774	105
2012	6 065	10 579	10 562	27 206	10 013	2 364	1 272	13 999	138
2013	7 410	12 792	11 109	31 311	10 844	3 265	1 112	15 856	234

资料来源：湖北省统计局（2014）

以上数据也能显示湖北科研活力处于活跃状态，但是增强后发优势上明显还需增强。国家知识产权局以及湖北知识产权局统计数据显示，2013 年湖北专利申请比上年同期增长 33.72%，专利授权件数比上年同期增长 10.63%，专利申请中发明专利申请比上年同期增长 33.27%。职务申请中工矿企业比去年同期增长 42.63%，占职务申请的 79.44%；科研单位比去年同期增长 33.19%，占职务申请的 7.13%；大专院校比去年同期增长 23.76%，占职务申请的 12.37%。专利授权中发明专利授权比上年同期增长 52.15%，职务授权中企业比去年同期增长 12.23%，占职务授权的 77.23%；大专院校比去年同期增长 12.54%，占职务授权的 12.77%；科研单位去年同期增长 9.37%，占职务授权的 5.22%（湖北省统计局，2014）。数据显示上一片增长一片欣欣向荣，面对这样的大好趋势，反观全国数据，尚处于中下的增长水平与活力效能表现。

同期比较科技实力一定要考察科技贡献能力的展示，这一点对于科技支撑在区域跨越发展中十分重要也有着现实意义。

首先要考察区域科技的技术市场化能力，一般是技术市场化能力通用科技市场成交额总量、技术市场成交额的全国占比及技术市场成交额的 GDP 占比三项指标来进行衡量，这三大指标分别反映科技成果成熟程度和市场以及产业对科技及其进步和创新的需求状况。

由表 5-7 和表 5-8 看出，科技成果的批量化市场转化还是比较明显的，技术市场实现的转化率表现较好，技术市场化程度明显增加，技术市场成交额连年增长率保持在 17%~20%，尽管市场化能力表现很好，但是实际产出效果并未如市场化能力表现一样。技术市场化水平的增加，也说明市场和产业对科技及技术的需求还是有着很强的需求。科技的市场成交额总量从 2009~2013 年逐年增长，五年间增长翻番，增幅较大。技术市场成交额占 GDP（按支出法计算）比例算，2013年为 0.56%，表现出保持较高的比例。通过数据可以初步看出，湖北区域内的技术市场化能力总体较弱，只有进一步提高才能充分挖掘足够的后发优势与技术市场化潜力。

表 5-7　2009~2013 年湖北按合同类别分技术市场、技术流向领域情况统计

年份及构成		技术开发	技术转让	技术咨询	技术服务	合计
2009	合同数/项	2 273	512	482	2 060	5 327
	合同金额/万元	151 848	19 951	19 357	253 786	444 943
2010	合同数/项	3 317	234	1 305	3 442	8 298
	合同金额/万元	284 859	44 577	37 977	157 803	525 216
2011	合同数/项	3 703	235	1 237	1 972	7 147
	合同金额/万元	379 092	45 101	42 571	162 207	628 971
2012	合同数/项	2 391	216	1 144	1 943	5 694
	合同金额/万元	337 341	239 272	42 747	160 339	779 699
2013	合同数/项	2 390	199	1 321	2 731	6 641
	合同金额/万元	502 290	126 505	71 932	208 439	909 166

资料来源：湖北省统计局（2014）

表 5-8　2009~2013 年湖北技术市场转化情况

年份	技术市场成交额/万元	占全国比重/%	占 GDP（按支出法计算）比重/%
2009	444 427	2.44	0.56
2010	522 146	2.35	0.55
2011	628 971	2.36	0.54
2012	770 329	2.53	0.58
2013	907 218	2.32	0.56

资料来源：2009~2013 年《中国科技统计年鉴》《中国统计年鉴》

其次考察成果转化与科技产业化能力。科技成果的转化能力是科技进步与创新进行生产力转化的具体体现，更是科技进步在经济增长和产业发展中最直接、最有效的途径，一般通常是新产品产值占工业总产值比例和产品销售收入两项指标衡量。该两项指标从不同侧面反映了科技进步与创新在企业竞争力中的促进与支撑作用。

从数据账面反映，湖北在科技成果商品化的步伐明显加快，不过成果转化的能力不强，效果不佳，尽管企业也知道科技进步与创新对于竞争力的增强与促进，尤其在新产品产值占工业总产值增加比值上看出，技术的含金量，同期技术开发人员人均收入和新产品销售收入也出现明显增长，因此，科技在支撑和促进企业发展的带动作用相比之下并不是十分显著。科技成果转化能力不强也为各方公认为当前科技支撑发展的问题之一，这点不利于后发优势的形成，同时造成湖北在全国平均水平比较上存在一定差距，与发达地区相比则存在较大差距。

另外，科技产业化能力也可以通过技术产品进出口进行衡量，这个数据直接反映了技术型产业在经济及产业发展中的相关拉动。直至 2014 年，湖北高新技术产品的总产值与出口交货值相差十倍，说明产业化的外向型水平很弱，也说明了发展潜力可以挖掘，不仅仅是向内，更多的应该是向外，最终占据国际产业链中的重要一环。通过这一环节强化科技产业化的能力，通过产业的科技扩容以及科技转型，形成产业结构性的调整和转变，期间要注意发挥骨干企业的竞争力和支撑作用，通过领军企业和领头羊产业实施拉动，并且结合湖北区域内的发展格局以及产业布局，在主导产业上做文章，实现先进制造业的飞跃式发展。

第三节 区域跨越发展中科技支撑的障碍透析

上述讨论解决了湖北案例在区域发展中的科技支撑破局释疑，但是这并不意味着区域跨越发展在科技支撑下就能顺利进行，只有深入地通过湖北案例中科技支撑面临的障碍进行透视分析，才能有效地把握科技支撑区域跨越发展的路径与选择。

总体而言，湖北在科技储备、高教与职教基础、工业条件等均具有一定的优势，但是要清楚地看到，湖北这些优势中能够支持转化为后发优势的科技优势转化条件与通道尚未打通，也就是说科技支撑的优势未能及时转变为经济优势，显现出科技储备以及转化能力还存在着发展不平衡、创新结构体系单一、技术创新主体及条件培育不足等问题，产业表现上则是高新技术产业的结构较为单一脆弱、聚集度不高，从经济增长和产业发展的助推而言，科技资源在省域内的经济、产业以及区域发展中不够协调和统筹不足，并且科技创新人才与高端管理人才十分匮乏都是当前科技支撑在湖北区域跨越发展中面临的障碍，只有这些问题和现象得到根本性扭转或者彻底解决，科技支撑才能彻底发挥其巨大的引领与推动活力。

一、科技创新与技术进步的人才成色不足

首先，技术研发和科技创新人才培养多，留驻少。湖北作为中西部的科教大省，却不能归为科教强省，高等院校的整体实力依旧属于中流，除去 985 高校华中科技大学和武汉大学外，其他高等院校在国内的实力以及综合排名均不够高，国际排名也十分尴尬，高等学校在科技及创新上的贡献率过于集中于全省排名前十所高校，前十五和后续高等学校之间的创新与科技综合实力级差太大；更为重要的是据国内人才招聘网站的简历显示，2012 年、2013 年、2014 年的湖北就业意愿数据显示超过 65% 的高等学校毕业生优先考虑东南沿海与国内外发达地区，有意愿在湖北的不到三成，而且其中超过八成只愿意留在武汉，人才扎堆与不良

聚集导致区域内人才区域不平衡，形成地域性人才匮乏。另外，在高等学校的优秀毕业生尤其近几年来博士以及归国人员中，职业选择分别是政府和金融企事业，而后是公共事业单位和学校，有意愿进入科研院所或企业进行科研工作的被列为最后选择。一方面是因为科研与创新工作十分艰苦，另一方面待遇的差距与收入的不稳定也是制约人才从事科技研发与技术创新的障碍之一，另外在当前环境下，资本与技术结合的不确定性使得创业与创新中存在极大风险，高端研发人才更倾向于在一个相对稳定和有合理预期的环境进行创新创业，所以东南沿海及国内外发达地区则成为首选，多方因素加剧着创新、创业和科技研发人才的流失与匮乏。

其次，专业人才培育与专项人才培养结合不够紧密，人才培养面向市场与产业的力度和深度依旧不足。科技转化为生产力过程就是专业人才与专项人才的用武之地，而高层次专业人才培育的水平与湖北科教地位有相当的落差，具有专业背景的专业人才培育不足，通用型人才培养模式依旧大行其道，创新型人才培育仍然是试点状态，面向企业培育的专项人才供给还算匹配，但也是仅限于低端专业工人和技术工人的初级培训，高端人才的专项培育几乎没有，企业发展型人才和市场开拓型人才面临断层危险。另外，在面向企业和产业的高端应用型人才的培育与培养方面，领军人物稀缺，引进人才对于湖北产业的特色适应度不足，水土不服的状况比较严重，新兴和先导型行业的高新技术专家与工程技术人员匮乏，造成先导行业的发展无力，只有深度整合湖北科教资源，才能释放科教潜能，才能通过科教潜能激发人才优势的爆发。

最后，还要注意科技人才的激励制度的改革与合理调整。当前湖北人才的激励机制是"指标式"职称晋升制度。该制度的主要内容是每年确定职称晋升指标数、经济待遇与身份或职称挂钩、职称收入与待遇的级别间相差悬殊。虽然上述指标式激励制度的优点是通过控制每年的晋升指标，可以强化科技人才之间的竞争，激发他们的工作积极性。一般是表面上为赢得限额指标，人员间必然会产生竞争和追赶，然而实际情况则是晋级实现以后，则会出现经济、业务待遇主要与其身份或职称挂钩，很少或不再与工作业绩挂钩，这就造成了高级研究人员进入高级序列后，就像进入养老保险箱一样，其科研动力和工作积极性大打折扣，进而形成了一系列的恶性科技人力资源循环，不利于科技人力资源的良性流动。

二、科技创新及技术研发实力水平与跨越发展的需求还有很大差距，还需要实施重点突破

从企业研发与投入看，湖北产业部门的科技创新与技术研发投入较难实现实力与水平的大幅度跃升，更无法支撑区域实现跨越发展。因为当前世界前五

百强企业用于研发投入和创新研发的费用总和占全球研发与创新投入的 65%还要多，其中多数企业的研发与创新投入占其销售收入的比重平均为 10%~20%，前十强企业则高达 30%~35%。美国制药企业在股市发布报告显示，美国居前三的药企每研发一种新药，直至投入市场以前平均需要超过 8 亿美元的投资与投入，制药公司研发与创新投入占其销售收入的平均 17.13%，欧盟每年公布的《产业研发投入报告》显示，雄霸欧洲的三大汽车集团投入创新和研发的费用均超过了其收益的 15%~20%。回到案例湖北，根据《2013 年中国科技统计年鉴》数据显示，湖北研发及创新投入为近两百亿元人民币，在国内 31 个省、市、自治区中排名 11，综合科技进步水平指数为 47.23%，略低于全国平均水平的 51.72%。从湖北统计局获取数据显示，2010~2012 年对湖北域内 64 个市县的科技进步考核结果显示，研发投入占产品销售收入 3%以下的企业依旧为 60.75%，超过 3%的企业占 33.8%，5%以上的为 3.83%，超过 10%的仅为 1.62%，参照以上数据，即使与同期国内发达地区相比较，湖北研发和创新投入的表现为水平和层次都不高。

另外，科技创新的效率也是重要的影响因素之一。通常，科技创新和技术研发的失败率较高，且固定投资成本大是业内共识。一项应用研究在化学、制药、石油和电子产业四大应用产品开发的研发成功率研究显示，最终只有接近 20%的研究项目能够成功实现商业化，只有其中的 8%能获得期望或者预期内的商业价值回报，同时在产品开发以及研发创新的阶段分期研究则显示，尽管超过 60%的项目实现或完成了技术指标，也有 30%进入了商业化或商用应用阶段测试，最终还是只有 6%的项目创造了超过投入和资本成本的利润。Booz Allen&Hamilton 公司发布的咨询报告显示，针对工业及相关产业部门调查发现，在约 13 000 项新消费产品和工业产品中选样后，其中有超三成的产品未能实现企业的财务预期或战略绩效指标；而其另一项研究报告称，投入市场的新产品中近半数未能达到收益预期或利润目标。这一切都预示着科技创新不但投入高而且有着非常高的失败率，进而推高了技术研发和科技创新的固定成本。

还有就是市场规模小、人均收入低以及科技创新应用不足，将形成投入成本沉没，而对科技创新和技术研发形成发展障碍。有效需求规模理论认为只有规模与成本分摊才能实现在科技创新和技术研发投入与成本支持的良性循环，也就是说市场及产业规模大，不但有利于分摊创新风险、创新成本和研发投入，同时推高了研发投入和科技创新在产品和收益的预期盈利水平，还有人均收入的高起点，不但会增加产品的更新换代，更能增加产业部门的创新动力与新产品创造需求。从某种程度上，进出口规模也给一国或地区的新产品新技术的需求提供广阔空间和发展机遇。

从湖北实际分析，湖北的产业部门在科技创新及技术研发上还比较保守，动力和能力均还有很大提升空间。湖北企业一百强中，其中绝大多数是国有企业，其中相当一部分国企依旧是"重设备投资，轻研发投入，重新产品线和新技术引进，轻产品和技术开发自主开发"，这样见效快，风险小，但投入成本巨大，收益很难达到预期成果，尤其在科技水平和自主创新能力提升方面不具有任何优势。这其中的根本原因是国有企业拥有资金优势，长远收益的规划并不是关系的主线，更加上部分国企领导人更关注短期业绩，只为自己的尽快升迁或者短期获利，对于科技的长远投资与投入并不十分在意，其恶果就是企业的自主创新能力将逐步丧失，常继以往的话，在技术和产品竞争力中将会落入价格竞争和低层次重复比拼。反观民营企业，其虽然对科技转化生产力有着渴望，也有很强的创新动力，但资金、投入以及市场抗风险能力均薄弱，难以承受科技创新和技术研发的高投入带来的风险和成本叠加，容易流于模仿。

另外在资本介入方面，信贷重项目贷款、轻科研贷款，税收政策重实物资产、轻研发经费，奖励政策重科研机构、轻企业单位，政府采购重"老字号"名牌产品、轻创新型名牌产品等现象普遍存在。综合结论是：与先进和发达地区相比，湖北存在自主创新成色不足、投入与产出比不合理、结构与企业治理不优的问题，阻碍了科技创新的进步、自主创新的提高以及科技支撑跨越发展的可能。

最后还要特别注意的是，在知识产权的保护上，依旧需要加大扶植和保护力度，"假冒伪劣、商业贿赂、坑蒙拐骗、技术剽窃"行为严重伤害和打击科技创新与技术研发的积极性与活性，因为如果个别企业通过不法与恶意手段不劳而获地获得新技术或者新产品，并赚取超额利润，试问哪家企业与产业组织还有意愿投入科技创新和技术研发？

三、产业的创新结构尚不稳定，科技底气不足导致发展后劲乏力

对比国内发达地区与省份，发展不够是湖北经济、产业中存在的根源性问题——经济规模总量不大，产业优化更新速度较慢，工业现代化程度较低，中心城市辐射度不广。总结三次产业发展则是：第一产业现代化不足，劳动生产率低下、结构不合理、产业化现代化水平不高；第二产业科技含量偏弱，工业的科技水平与规模效应较低、产业链条附加值不足、面对资源约束和环境压力的转型能力有限、自主创新能力和技术研发能力不强；第三产业技术性含量低，服务业规模效应小、现代服务业发展不足、市场化程度不够高等。归根结底还是产业及经济组织中的创新结构不够稳定，不能形成以科技为轴心与基础的后发优势。

（一）产业结构不尽合理影响产业创新结构的稳定性

之前就产业结构有过评述，这里就创新结构的稳定性有必要进行深入的剖

析，从创新及其衍生结构来看，产业结构中的创新结构稳定性是面向经济增长需求和产业变化条件，在一个要实现某种发展目标的经济综合体中产业部门与科技及创新体系形成发展互动比例以及结构的特征。面对科技创新体系的融入和互动，产业结构也在不停地调整与优化，两者之间可并行也可互相影响，但是产业结构还是较为独立的存在，受外界影响也较为明显，在经济发展阶段、水平层次以及优势等重要方面表现出产业结构的合理程度，直接关联着生产力水平、经济增长的水平与质量，然而在科技知识经济时代科技和创新作为发展动力，科技创新结构在产业结构中的变动与互动将在某种程度上决定产业结构的合理性。因为就产业和经济表现互动看，产业结构的变化将引发经济波动，那么科技融合后形成的科技创新内动力结构对于产业结构的影响将是决定性的，那么经济增长和产业变动对于产业结构产生的不同需求，也将传递到创新结构，即不同经济增长速度在产业结构上有不同要求，经济的增长会导致产业结构发生相应变动，而同时产业结构必将影响着创新结构的变化与发展，所以变化是经济增长和产业发展的常态，也将带来经济增长和创新与科技要素及其结构的变化，这也正是现代知识经济体系与发展的过程，实质上就是知识、技术革新以及产业变化在经济增长中的互动与发展的辩证过程。

所以，湖北在产业结构调整与升级中的关键在于技术变革结构和创新结构的建立与充分发挥作用，这里对比 2010 年国家统计局数据关于湖北与发达省份三次产业结构比，2010 年我国三次产业结构为 10.2∶46.8∶43.0，广东省三次产业结构为 5.0∶50.4∶44.6，浙江省三次产业结构为 5.0∶51.9∶43.1，江苏省三次产业结构为 6.2∶53.2∶40.6，湖北三次产业结构为 13.6∶49.1∶37.3。由此不难看出区域跨越发展的关键所在就是产业结构中的发展比率关系，以发达省份和湖北的对比看出，这些依赖资本运作和技术创新的领军者，在产业结构中都具有相似的地方，即能够在产业结构比中读出技术与创新结构的隐含。再以 2000~2010 年十年间湖北三次产业结构波动值比对，2000 年三次产业结构为 15.5∶49.6∶34.9，2005 年为 16.5∶42.8∶40.7，2010 年为 13.6∶49.1∶37.3，十年间的波动规律较为不规则和无规律，这也从一个侧面反映了区域发展中，产业的技术与创新结构不稳固或者并未依赖技术与创新发展的结构架构，那么产业的发展将会是追逐市场利益的短期行为居上（夏颖和范红忠，2010）。

这里引用湖北武汉与广东广州两个省域主干城市发展数据表现来做进一步解释。对比图 5-1 和图 5-2，从 2001~2010 年广州市和武汉市三次产业占 GDP 比重来看，广州市的第三产业占 GDP 比重比武汉市第三产业占 GDP 比重明显要高，武汉市的第一产业、第二产业占 GDP 比重比广州市的第一产业、第二产业占 GDP 比重明显要高。

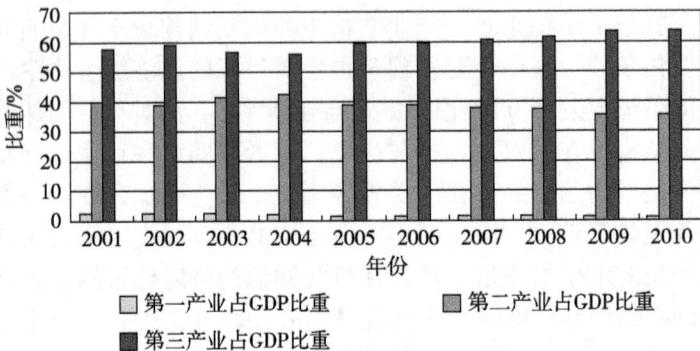

图 5-1　2001~2010 年广州市三大产业占 GDP 比重

资料来源：中国经济与社会发展统计数据库

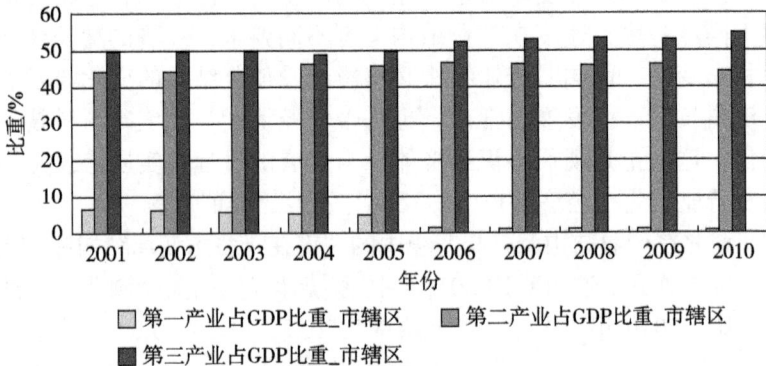

图 5-2　2001~2010 年武汉市三大产业占 GDP 比重

资料来源：中国经济与社会发展统计数据库

　　两地比较看，武汉与广州的主要差距在第三产业表现得尤为明显。广州在2005 年就明确提出构建以服务经济为主体、现代服务业为主导、高新技术产业与先进制造业融合发展为基础的现代产业体系，那么这对于湖北区域发展的领头羊的武汉是同样重要的，然而武汉的实际情况却还有很多地方需要努力，尤其是在现代经济和产业体系建设方面，依赖科技重视创新依旧需要全面投入。

　　（二）科技渗透的结构和布局在湖北并未显现出足够的融合效果，还需要进一步加大力度

　　湖北在 2010~2015 年的五年里，对于科技投入和创新的重视全面强化，然而增长较快和集中点主要在通信、化工、工程制造以及大型机械领域，高新技术在传统产业中的渗透与应用十分不足，传统行业依旧起色不足，再加上区域内科技与高新产品及技术的发展与扩散不平衡，导致域内发展的比例平衡问题比较突出，科技渗透与布局呈现两极化，而除大型和国有大中型企业以外，科技资源的布局

与资本运作在中小企业上的实施效果一般，科技成果的产业化及产业科技规模的扩大都受到了较大限制。

在湖北的支柱产业中科技渗透能力与布局水平也还比较缓慢，科技布局的规模仅限于新技术应用、新产品开发，而在传统生产经营上的根本性改造仍然处于艰难前行状态，从企业实际看，国有大中型企业主体改造的效果一般，多通过与技术和资本成立新的企业联合体的方式进行技术和产品线改造，主体面上依旧难以发挥科技集聚的优势，很难发挥科技在产业中的牵引作用，另外，高新技术产业则以狂飙突进的方式发展，单兵作战比较多，地理位置聚集而产业链与价值链的聚集较少，横向与纵向联合几乎不多，这种单靠自身发展的模式，独闯江湖的方式很难在当前技术经济时代有更大作为，而硅谷就是由龙头企业带来一种中小创新和技术企业发展的聚集技术突破路线，所以既要加快技术革新和科技创新的步伐，更要把高新技术与传统支柱进行真正的产业内外融合，以技术优化传统和其他产业的"存量"。既要全力推动高新技术产业的发展，增加高新技术产业在国民经济中的比重，又要积极推动高新技术在传统产业改造中的渗透，快速平稳地完成规模以上技术改造与产业链升级，最终实现传统产业和支柱产业的高新技术化与创新化发展目标。

（三）科技和创新发展不够，在产业内的聚集度不高

湖北当前的科技与创新发展有不错的表现，但同时要看到高新技术及新兴产业的发展迅速并不意味着科技应用与创新的发展已经成为主流，创新的产业化能力相对不足，新兴产业还并未形成支柱产业，技术与创新在产业内的规模化还相当小，相比较国内发达地区还有很大差距，更不用提进入国际竞争环节，从科技和创新延伸的产业链以及价值链看，湖北在产业与经济实现度方面依旧属于落后地区，高新技术及新兴产业围绕科技和创新的内容聚集度并不高，外在的集成联动与联合效果松散、脆弱，高新技术及新兴产业的规划与发展趋同化现象严重，一窝蜂效应明显，高新技术研发以及新兴产业的投资短期逐利性明显，长期以及突破性投入较不足，产学研用并未有效地将科技创新全面渗入大中小各层面的企业与产业单元中，以企业和研发为主题的技术突破和创新发展体系只是纸面文章。当前要特别注意的问题有三：一是技术产业与金融创新结合要以技术突破和创新循环为目的和长远目标。政府设立的公共高新技术产业投融资平台，面向的是对产业和区域内骨干企业的培育和长期扶植平台，并非简单的产业孵化器和短期利益套现机制。整合现有政府资金为主，鼓励并指导社会资本参与为辅，市场化运作与公共干预指导制双轨并行，设立技术和创新的创业投资基金，提供短期扶植融资服务，但以长期培育投融资为主。二是重视发展专项的特色，扶植政策要分类分特色进行，在鼓励企业和产业进行研发和创新投入上，鼓励集群和集聚方式，

通过成立创新联合体来实现，确保企业成为创新投入的主体、创新成果应用的主体，全面建立以企业为主体、市场为导向、产学研用相结合的创新创业的技术发展产业共赢体系。三是区域科研优势要结合战略发展规划和产业优势，通过科技战略的布局与科技资源的整合，首先要做好科技体制环境建设和创新保障条件的建设。转变政府科技管理职能的同时，加快国有科研所和国营科技型企业的改制改革进程，面向企业和产业集群改造科技政策环境和科技服务环境，规范科技中介服务，建设科技创新的社会化、市场化、产业化的服务体制机制。

综上所述，湖北在科技支撑跨越发展中，必须面对产业、创新实践以及经济增长的内外部环境的深刻变化，从外部机遇与环境上，既要抓住国家区域战略继续推进、产业振兴与转型发展、新型城镇化建设加快、区域竞争愈发激烈的外部大形势，又要面对内部发展上新一轮产业及技术浪潮的压力、资源环境限制增大、发展路径依赖明显、价值及产业链条低端破局等的严峻挑战。如何实现科教优势转化为产业优势与经济优势，如何实现产业振兴与科技创新的融合，如何实现传统优势产业和支柱产业科技化、现代化与科技创新产业化，唯有通过加快科技与创新在湖北区域发展各个方面的渗透与布局，形成支撑湖北区域跨越发展的科技支撑发展体系，才能构筑湖北产业发展、经济增长和技术为主的后发优势，才能顺利实现湖北的区域跨越发展目标。

第六章

区域跨越发展中科技支撑的
产业实证

区域实现社会经济的跨越发展必须是"质"与"量"方面的双重跨越。跨越发展的实现依靠综合竞争力提升，而提升综合竞争力的关键环节在于提升产业竞争力，但产业竞争力提升的核心因素又在于科技综合实力与支撑水平。实践表明，快速提升产业竞争力关键在于依靠科技研发、创新实践与人才等科技支撑因素。当前资源、人力、环境、机制体制调整等多方压力，决定了产业现代化与转型升级是一个复杂艰难的过程，科技支撑则是这一过程的高效加速器。那么区域跨越发展中科技支撑产业提升与产业发展的实证，就是来自科技支撑区域跨越发展的产业情况及实证，本章将以湖北为实例进行相关证实研究。

第一节　区域跨越发展实例的产业调研

改革开放至 2008 年，中国区域局部地区已经显现出后发追赶先发国家及地区的优势与潜力，以湖北为例，自 2008 年以后经济增长和产业发展已经走上快车道，省生产总值至 2010 年已达到 1.5 万亿元人民币，是在 2005 年 6 520 亿元的基础上，实现增长步伐，翻了一番还多，实现了年增长，趋近理论所提出的"人均生产总值超 4 000 美元，从中等收入偏下阶段进入中等收入偏上阶段"。从湖北跨越发展的选择路径和实现条件来看，科技支撑是其经济增长和产业核心竞争力提升双实现的基本条件。作为区域跨越发展实例论证，那么本章就湖北跨越发展中各产业的发展状况以及面临的困难做深入的调研和分析，尤其在实现跨越发展的重点产业展开，全面深入地考察科技支撑在经济增长和产业发展中的作用与影响。

一、产业发展支撑湖北跨越的现状

实现湖北跨越的产业发展现状分析从两个方面来进行，一方面调查了产业空间布局，另一方面分析了产业发展状态。

（一）湖北跨越发展的产业空间布局基础

从湖北实际情况看，第一产业成为实现跨越式发展的重要保障，而实现跨越式发展的产业主要集中在二三产业之中。湖北第一产业主要分布在沿江沿湖等地区。以丹江灌区、汉江流域、四湖地区、鄂北岗地和大别山南麓沿江地区为主要的粮食产地，以鄂东岗地、鄂北岗地和江汉平原为主要的棉花和油料产地，以长江流域、汉江流域和清江流域为主要的养殖产地，以西北地区为重要的林地。

从收集材料整理和数据反馈看，湖北第二产业主要分布在武汉城市圈、鄂西生态文化旅游圈和长江经济带。"1+8"武汉城市圈以武汉为中心，以100千米为半径内的咸宁、仙桃、鄂州、孝感、黄石、黄冈、潜江、天门等中小城市组成的长江中游最大最密集的城市群落，涉及多种产业。鄂西生态文化旅游圈包括位于湖北西部的襄阳、荆州、宜昌、十堰、荆门、随州、恩施、神农架8个市州（林区），其人口总量、版图面积分别约占全省的50%和70%，也是我国乃至中部地区最为重要的生态功能区和最大的水电能源输出基地，同时还是区域内重要的农产品基地与制造业基地。湖北长江经济带自西向东全长1 062千米，涵盖武汉、宜昌、荆州、黄石、黄冈、鄂州、咸宁和恩施8个市州共25个县市，从经济增长的功能区以及产业布局的发展区而言有着十分重要的地位。本书编写组依据湖北地域发展实际情况，制作了实现湖北跨越发展的经济增长能力分布与产业空间布局分布示意表，分别见表6-1和表6-2。

表6-1　实现湖北跨越发展的产业空间布局

产业	分布地区	重要企业
汽车汽配	武汉、襄阳、随州、十堰、荆州	神龙汽车、东风汽车、湖北金环、襄阳轴承、中航精机、铁树集团、普林齿轮、湖北车桥、福耀汽车玻璃
钢铁冶炼	武汉、鄂州、黄石	武钢集团、鄂钢集团、冶钢集团
石油化工	武汉、潜江、宜昌、荆门	武汉石化、江汉油田、湖北宜化、鄂中化工
磷盐化工	武汉、孝感、潜江、黄冈、鄂州、荆门	联合利华、丝宝集团、双环科技、金澳科技、祥云化工、恒拓化工、洋丰中磷
机械制造	武汉、咸宁、天门、荆州、荆门、十堰	武船集团、江钻股份、顺昌粮机、东风华泰铝轮毂、洪城股份、中天集团、华昌达

续表

产业	分布地区	重要企业
光电子	武汉、孝感、咸宁、鄂州	烽火科技、华中光电、能一郎科技、富晶电子
新型建材	武汉、黄石、黄冈、十堰	新中环建材、华新水泥、精诚钢构、同创工贸
生物医药	武汉、黄石、鄂州、天门、随州、宜昌、神龙架、恩施	武汉健民、科益药业、湖北宏昌、盛世医药、华普医药、健民制药、安琪酵母、聚能药业、太极生化
食品加工	武汉、黄石、黄冈、孝感、宜昌、荆门、恩施、神龙架	精武集团、贝因美、联海食品、汇源集团、达利食品、枝江酒业、楚玉食品、长友农业、三友薯业、神龙架绿源天然食品
纺织服装	武汉、黄石、仙桃、潜江、孝感	元田制衣、美尔雅西服、凯王制衣、晶鹏纺织、3509 纺织总厂
电力	武汉、宜昌、鄂州、襄阳、荆门	凯迪电力、葛洲坝、鄂州电厂

资料来源：根据武汉城市圈、鄂西生态文化旅游圈产业结构状况和相关材料整理，2015 年

表 6-2 实现湖北跨越式发展的产业地区分布

地区	产业	重要企业
武汉	汽车汽配、钢铁冶炼、机械制造、光电子、石油化工、食品加工、生物医药、磷盐化工、纺织服装	神龙汽车、东风汽车、武钢集团、武船集团、富士康、东湖高新、烽火科技、武汉石化、精武集团、武汉健民、联合利华、元田制衣
黄石	冶金、建材、机械制造、纺织服装	冶钢集团、华新水泥、东贝电器、劲牌、美尔雅西服
鄂州	钢铁冶炼、电力、电子信息、机械制造、建材、纺织服装	鄂钢集团、鄂州电厂、富晶电子、鄂州球团厂、鄂州多佳
黄冈	磷盐化工、新型建材、食品加工	祥云化工、富驰化工、亚东水泥、精诚钢构、贝因美、汇源集团
孝感	磷盐化工、机械制造、建材、光电子、食品加工、纺织服装	双环科技、黄麦岭磷化工、欧麦迪机械、天星粮机、永和安集团、华中光电、达利食品、3509 纺织总厂
咸宁	机械制造、光电子、纺织服装、食品加工	顺昌粮机、嘉裕管业、能一郎科技、精华纺织、红牛
仙桃	化工、食品加工、机械制造、无纺布生产	通威集团、福建闽中、德丰禽业、华美食品、富迪食品、福建海新、青岛三利
潜江	石油化工、磷盐化工、生物医药、纺织服装	江汉油田、金澳科技、潜江制药、永安药业、远大化工、晶鹏纺织
天门	机械制造、生物医药	东风华泰铝轮毂、干驿木工机械厂、天门泵业、益泰药业、中佳药业
宜昌	石油化工、生物制药、食品加工、电力	湖北宜化、安琪酵母、枝江酒业、葛洲坝
襄阳	汽车汽配、电力、建材	湖北金环、襄阳轴承、中航精机、新华光
荆州	汽车汽配、机械制造、生物制药	湖北车桥、福耀汽车玻璃、洪城股份、天颐科技
十堰	汽车汽配、机械制造、建材	普林齿轮、华昌达、同创工贸
荆门	石油化工、磷盐化工、机械制造、食品加工	鄂中化工、洋丰中磷、中天集团、楚玉食品

续表

地区	产业	重要企业
随州	汽车汽配、生物医药、电子信息、	铁树集团、健民制药、波导公司
恩施	食品加工、生物医药	长友农业、三友薯业、太极生化、扬明药业、
神龙架	食品加工、生物医药	神龙架绿源天然食品、聚能药业

资料来源：根据武汉城市圈、鄂西生态文化旅游圈产业结构状况和相关材料整理，2015 年

从分列表可以看出，湖北工业产业布局按集聚程度主要分为三个层次。集聚程度最高的武汉市为第一层次，集聚程度次之的襄阳、黄石、宜昌、荆州、十堰为第二层次，其他县市为第三层次。数据显示，2010～2014 年武汉市第三产业占GDP 的比重为均处于 54%以上，而其他县市该比重依旧低于 50%。

（二）湖北区域跨越发展的产业发展趋势状况

从区域发展潜力和产业布局状况分析，湖北一直处于产业结构调整中，经济发展方式转变取了一定进展，二三产业比重由 83.4%提高到 86.4%(2013 年数据)，高新技术产业增加值超过 1 700 亿元，区域创新能力跃居全国第八。2011 年全省完成生产总值接近 20 000 亿元人民币，依据可比价格计算，比上年增长 13.8%，也实现了连续 8 年保持两位数增长。其中，第一产业完成增加值 2 569.30 亿元，增长 4.4%；第二产业完成增加值 9 818.76 亿元，增长 17.9%；第三产业完成增加值 7 206.13 亿元，增长 12.0%。三次产业结构由 2010 年的 13.4：48.7：37.9 调整为 2013 年的 13.1：50.1：36.8。在第三产业中交通运输仓储和邮政业、批发和零售业、住宿和餐饮业、金融业、房地产业、营利性服务业及非营利性服务业分别增长 12.5%、10.9%、10.1%、1.3%、4.4%、18.9%和 15.3%。湖北在区域发展中实施了"千亿元产业发展计划"，其中汽车、钢铁、石化、食品、装备制造产业、电子信息、纺织产业均实现同期目标，高新技术产业增加值占全省生产总值的比重提高到 10.8%。2011 年以来的连续经济增长表现也给湖北跨越发展提供了足够的底气与基础。湖北统计局、国家统计局数据显示，2014 年湖北省国内生产总值与比重见表 6-3。

表 6-3 2014 年湖北省国内生产总值与比重

区域	国内生产总值/亿元	国内生产总值增长率/%	第一产业占 GDP 比重/%	第二产业占 GDP 比重/%	第三产业占 GDP 比重/%
武汉市	5 559.111 6	12.70	0.69	44.34	54.97
黄石市	352.52	16.58	0.78	61.62	37.61
十堰市	460.769 1	23.00	0.97	62.83	36.21
宜昌市	783.134 6	15.50	4.42	65.28	30.31

续表

区域	国内生产总值/亿元	国内生产总值增长率/%	第一产业占GDP比重/%	第二产业占GDP比重/%	第三产业占GDP比重/%
襄樊市	—	—	—	—	—
鄂州市	395.29	15.30	13.02	58.53	28.46
荆门市	251.067 6	15.00	8.52	58.11	33.37
孝感市	155.81	12.30	12.50	46.29	41.20
荆州市	297.577 3	14.80	12.13	51.86	36.01
黄冈市	95.999 4	16.70	9.64	53.91	36.46
咸宁市	132.2	16.80	12.18	49.89	37.93
随州市	180.98	15.20	8.42	47.77	43.81
恩施州	—	—	—	—	—

资料来源：湖北省统计局（2004）

根据相关数据，湖北各县市国内生产总值增长率均超过 10%，经济发展势头良好，其中十堰市国内生产总值增长率超过 20%，经济发展迅猛。在全省的经济中，武汉市对国内生产总值的贡献最大，超过 4 000 亿元，而其他县市国内生产总值均不足 1 000 亿元，可见，湖北经济发展中仍旧是武汉独大，其他县市经济发展有待提升。各县市第一产业占 GDP 比重较低，三次产业发展并不均衡。除了武汉市，其他各县市第二产业占 GDP 比重都高于第三产业占 GDP 比重，可见经济贡献主要集中在第二产业，第三产业还需进一步发展。

工业生产保持稳定增长。全省规模以上工业企业数达到万家，比 2013 年净增 2 000 家，增长 19.32%。完成工业增加值 8 565.56 亿元，按可比价格计算，比 2013 年增长 20.5%。轻工业增加值 2 722.03 亿元，增长 25.5%；重工业增加值 5 843.53 亿元，增长 18.3%，主要工业产品产量见表 6-4。

表 6-4 2014 年湖北主要工业产品产量

产品名称	单位	产量	比上年增长比重/%
纱	万吨	207.67	26.1
布	亿米	62.26	51.9
化纤	万吨	14.45	26.8
卷烟	亿支	1 347.54	2.5
家用电冰箱	万台	219.75	63.7
房间空调器	万台	808.51	10.9
原煤	万吨	952.60	26.6
原油	万吨	88.00	1.7

续表

产品名称	单位	产量	比上年增长比重/%
发电量	亿千瓦小时	2 051.60	5.4
水电	亿千瓦小时	1 138.57	−6.3
钢	万吨	2 752.15	8.9
钢材	万吨	3 593.90	24.1
十种有色金属	万吨	94.97	12.3
其中：精炼铜	万吨	35.20	11.0
水泥	万吨	9 342.95	10.3
硫酸	万吨	741.97	13.3
纯碱	万吨	145.24	1.5
烧碱	万吨	85.69	14.2
化肥	万吨	1 018.16	27.7
发电设备	万千瓦	239.42	19.3
汽车	万辆	174.30	1.6
轿车	万辆	67.97	1.1
移动电话机	万台	334.61	−26.3

资料来源：国务院发展研究中心（2015）

二、湖北产业竞争力支持跨越发展的依据及分析

（一）主要工业行业竞争力的变化趋势

基于 2014 年可采信数据显示，本书将通过市场占有率和显示比较优势指数来衡量湖北主要工业行业竞争力的变化情况，见表 6-5 和表 6-6。从表 6-5 中可以看出，湖北产业在全国市场占有率比较高的有黑色金属（C3）、非金属矿（C5）、食品加工（M1）、饮料制造（M3）、烟草制品（M4）、化学原料（M14）、医药制造（M15）、交通运输（M25）、电力热力（Q3）和水生产供应（Q5），他们的市场占有率都在 3% 以上，是优势产业，其中非金属矿（C5）、饮料制造（M3）、烟草制品（M4）、交通运输（M25）和水生产供应（Q5）的市场占有率在 5% 以上，属于非常有竞争力的优势产业。而煤炭开采（C1）、皮革毛皮（M7）、家具制造（M9）、文教体育（M12）、化学纤维（M16）市场占有率则 1% 都不到，市场占有率非常低，属于优势相对较弱的产业。另外，食品制造（M2）、纺织（M5）、服装鞋帽（M6）、印刷传媒（M11）、非金属制品（M19）、黑色金属（M20）、仪器仪表（M28）以及废弃回收（Q2）的市场占有率接近 3%，具有发展潜力。

表6-5 2013年湖北产业的市场占有率 单位：%

行业		市场占有率	行业		市场占有率
采掘业	C1 煤炭开采	0.3	制造业	M15 医药制造	3.6
	C2 石油开采	1.5		M16 化学纤维	0.8
	C3 黑色金属	3.2		M17 橡胶制品	1.0
	C4 有色金属	1.1		M18 塑料制品	1.9
	C5 非金属矿	7.2		M19 非金属制品	2.6
	C6 其他	0.8		M20 黑色金属	2.9
制造业	M1 食品加工	3.1		M21 有色金属	2.1
	M2 食品制造	2.4		M22 金属制品	2.1
	M3 饮料制造	5.0		M23 通用设备	1.9
	M4 烟草制品	5.1		M24 专用设备	1.2
	M5 纺织	2.6		M25 交通运输	6.3
	M6 服装鞋帽	2.4		M26 电气机械	1.5
	M7 皮革毛皮	0.3		M27 通信设备	1.0
	M8 木材加工	1.4		M28 仪器仪表	2.6
	M9 家具制造	0.6	其他行业	Q1 工艺品	1.5
	M10 造纸	1.9		Q2 废弃回收	2.5
	M11 印刷传媒	2.8		Q3 电力热力	3.4
	M12 文教体育	0.5		Q4 燃气供应	1.5
	M13 石油加工	1.9		Q5 水生产供应	9.2
	M14 化学原料	3.0			

注：行业名称采用简写形式，具体表示是 C1 为煤炭采选业，C2 为石油和天然气开采业，C3 为黑色金属矿采选业，C4 为有色金属矿采选业，C5 为非金属矿采选业，C6 为其他采矿业；M1 为农副食品加工业，M2 为食品制造业，M3 为饮料制造业，M4 为烟草制造业，M5 为纺织业，M6 为纺织服装、鞋、帽制品业，M7 为皮革、毛皮、羽毛（绒）及其制品业，M8 为木材加工及竹藤棕草制品业，M9 为家具制造业，M10 为造纸及纸制品业，M11 为印刷业和记录媒介的复制，M12 为文教体育用品制造业，M13 为石油加工、炼焦及核燃料业，M14 为化学原料及化学制品制造业，M15 为医药制造业，M16 为化学纤维制造业，M17 为橡胶制品业，M18 为塑料制品业，M19 为非金属矿物制品业，M20 为黑色金属冶炼及压延加工业，M21 为有色金属冶炼及压延加工业，M22 为金属制品业，M23 为通用设备制造业，M24 为专用设备制造业，M25 为交通运输设备制造业，M26 为电气机械及器材制造业，M27 为通信设备、计算机及其电子设备制造业，M28 为仪器仪表及文化、办公用机械制造业；Q1 为工艺品及其他制造业，Q2 为废弃资源和废旧材料回收加工业，Q3 为电力、热力的生产和供应业，Q4 为燃气生产和供应业，Q5 为水的生产和供应业

资料来源：张其仔（2014）

表 6-6　2013 年湖北产业显示比较优势指数　　　　单位：%

行业		市场占有率	行业		市场占有率
采掘业	C1　煤炭开采	0.105	制造业	M15　医药制造	2.315
	C2　石油开采	0.755		M16　化学纤维	1.015
	C3　黑色金属	4.715		M17　橡胶制品	1.198
	C4　有色金属	2.079		M18　塑料制品	0.988
	C5　非金属矿	—		M19　非金属制品	0.661
	C6　其他	—		M20　黑色金属	0.339
制造业	M1　食品加工	0.684		M21　有色金属	0.514
	M2　食品制造	1.603		M22　金属制品	0.726
	M3　饮料制造	4.088		M23　通用设备	0.408
	M4　烟草制品	5.950		M24　专用设备	0.444
	M5　纺织	0.622		M25　交通运输	0.979
	M6　服装鞋帽	1.384		M26　电气机械	0.264
	M7　皮革毛皮	0.274		M27　通信设备	0.115
	M8　木材加工	1.546		M28　仪器仪表	2.564
	M9　家具制造	1.054	其他行业	Q1　工艺品	1.905
	M10　造纸	1.289		Q2　废弃回收	13.630
	M11　印刷传媒	5.741		Q3　电力热力	0.643
	M12　文教体育	1.119		Q4　燃气供应	5.579
	M13　石油加工	0.431		Q5　水生产供应	54.157
	M14　化学原料	0.452			

注：C5、C6 两行业显示比较优势指数值因数据等原因而导致不准确；行业名称采用简写形式，具体表示同表 6-5

资料来源：张其仔（2014）

　　表 6-6 用比较优势指数进一步说明了湖北各产业的比较优势。相较表 6-5，更加突出了黑色金属（C3）、饮料制造（M3）、烟草制品（M4）、水生产供应（Q5）为湖北具有强力竞争力的优势产业。另外，印刷传媒（M11）、废弃回收（Q2）和燃气供应（Q4）也表现出较强的竞争优势。然而交通运输（M25）却表现出了和表 6-5 截然不同的情况，其比较优势指数仅为 0.979，比较优势并不明显。煤炭开采（C1）、皮革毛皮（M7）仍旧表现出了弱比较优势。

　　（二）实现湖北跨越发展的产业竞争力影响因素分析

　　综合分析实现湖北跨越发展的各产业，得出其产业竞争力的影响因素是多方面综合作用的结果。影响因素主要有以下几个方面。

1. 资源要素

湖北相对丰富的自然资源是工业产业发展的重要基础。湖北磷、盐等矿产储量大，为磷盐化工产业的发展提供了资源保障，湖北磷盐开采量在全国占有重要的地位。湖北江河众多，水电资源丰富，不仅利于电力产业的发展，而且有利于大型石油化工产业的发展。另外，湖北学府众多，为高科技产业的发展提供了强大的智力资源。

2. 产品多样化

湖北产品多样化指数比较高，并且处于上升的趋势。产品的多样化程度越高，越利于其相关配套设施的完善，能起到推动产业创新和扩大市场的作用，湖北2011年和2013年产品多样化指数变动见图6-1。

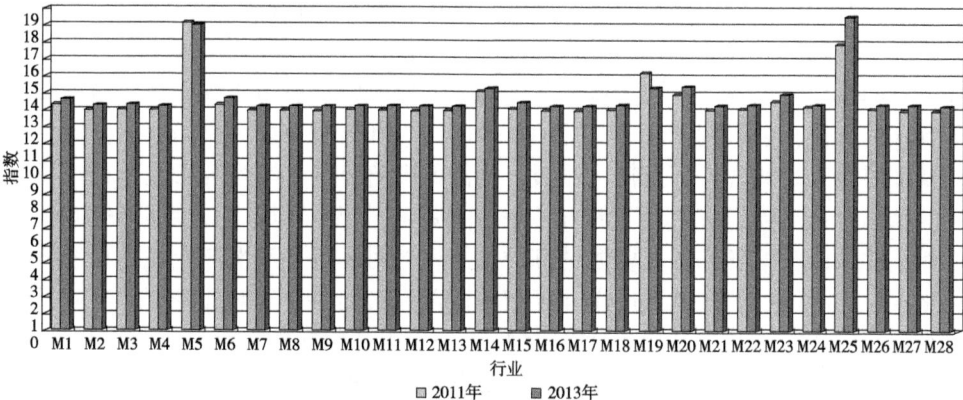

图 6-1 湖北 2011 年、2013 年产品多样化指数变动

资料来源：张其仔（2014）

3. 产业集群程度

产业集群是在区域内形成的面向产业和经济合作组织及相关部门的，有关企业及研发部门间的横向、纵向及联合部门的网状松散的生产、销售、技研和技术共享的产业型联合体。产业集群最大的优势在于能够有效地降低产业内的组织成本，实现产业内生产、技术以及相关资源的共享，并完成风险与危机的分担与分散。产业集群在学习组织、企业创新凝聚、知识汇聚中都有相当强的吸纳能力，因为在集群中个体企业和组织部门拥有的资源、技术研发优势以及科技知识、创新能力能够在正式和非正式渠道同时产生充分反应，产业部门与企业间在技术、科学知识以及创新研发投入方面能够实施快速有效地吸收、传递、转化和再创新。最为重要的一点是能够形成并扩大共享效应，这种集成和聚集的系统化能力是在技术、知识以及相关资源积累基础上，能够迅速地在优

势互补、互相学习、相互渗透中通过科技和知识进步实现传递，同时集群外企业或产业部门较难以获得或形成模仿，从而形成和巩固了产业的市场和技术综合竞争能力及水平。

4. 科技创新受重视程度

科技投入水平用科技经费内部支出占地区 GDP 的比重来表示。2002～2004年，湖北科技投入占地区 GDP 的比重不断下滑。"十一五"重视科技创新，于是在 2004～2005 年比重不断回升，2007～2008 年，比重增长速度加快，2009～2013年则比重增长一直处于快速发展的高位。科技创新受到重视，对于湖北产业竞争力的提高有着十分重要的作用。

5. 政府行为

政府行为的公共干预在经济及产业发展中有着重要且特殊的影响，作为影响因素之一，政府的公共干预一般表现为经济手段、行政手段和法律手段为主，直接或者间接地通过政策干预为产业发展形成内外部的环境与条件支持。这种强力干预式的支持，会影响产业及其部门发展的内外部环境及相关资源获取，给予产业及部门以充足的内外部支持。不过，当前的政府公共干预行为必须尊重市场经济的意愿，在市场经济条件下展开，一般主要是对产业领域的直接间接优惠政策与相关倾斜以及信息和相关资源的高效供给，这对于区域三次产业发展和经济增长来说是必不可少的。就当前湖北区域的内部政策而言，其对提升湖北产业及经济竞争力的作用还是十分明显的。除了借力国家中部崛起政策大趋势和有利条件，湖北区域内的武汉城市圈"两型社会"综合配套改革实验区、鄂西生态文化旅游圈和长江经济带等公共干预政策为湖北产业及经济发展提供了良好的政策支持和公共资源配给。

第二节　科技支撑产业实现跨越发展的解析

一、湖北产业发展中的科技支撑布局及调研实证

从之前湖北区域产业发展状况和支柱产业情况可知，能够有效支撑湖北跨越发展的产业主要分布在光电子信息、生物医药、新能源、装备制造、汽车、石油化工六大产业部门，而这六大部门都是对科技支撑非常依赖的产业部门，因此从科技支撑布局而言，不但科技支撑能够实现产业部门的综合实力提出，更能够实现产业部门的发展迁跃，湖北在科技支撑产业布局方面选点能够比较准确并有一定布局预见性，从产业战略迁跃和后续发展角度看都能够借助并极大发挥后发优势，形成跃升潜质。具体六大支柱部门情况，编写组实地调研列

举如下。

（一）光电子信息产业

电子信息产业已经形成以武汉为中心，以襄阳、宜昌、荆州、荆门、孝感、黄石、鄂州、随州等城市为重点的产业布局。武汉市东湖高新区集中了全省电子信息产业总量的60%，囊括了光通信、移动通信、激光、集成电路、软件与信息服务等产业领域。东湖高新区已经发展成为我国最大的光纤光缆、光电器件生产基地。东湖高新区目前有光通信生产企业80多家，骨干企业有烽火科技、武汉日电、长江通信、精伦电子、华工正源，海创电子、奥普思科技、光谷精工等；移动通信设备、终端和配套企业30多家，骨干企业有普达、武汉普天、凡谷电子、龙安集团等；激光企业80多家，骨干企业有楚天激光、华工激光、光谷激光、众泰激光等；集成电路相关企业10多家，骨干企业有武汉新芯、华瑞高科、大江微电子等。

（二）生物医药产业

湖北在全国范围内属于较早进入生物医药产业布局的区域省份，其生物技术与新医药研究机构有一定的发展基础，研发机构占产业企业的近四成，其中人力资本方面拥有两院院士的高端人才储备，现有药品生产企业中通过 GMP 认证的超过92%，拥有具有综合市场竞争力的龙头骨干企业，如武汉健民、马应龙药业、人福药业等上市企业，并近年来先后开发建设了关南、南湖、葛店、沌口等生物医药产业园、武汉江夏"国家中药现代化产业基地"以及"光谷生物城"。

（三）新能源产业

湖北新能源产业包括太阳能产业、风能产业、核能产业、生物质能产业、氢能产业和先进能源技术开发及装备制造业。东湖高新区依托日新科技、珈伟太阳能、迪源光电、银泰科技等企业，初步构成了相对完整的太阳能产业链，仅2008年，太阳能产业产值达到二十多亿元。其他新能源产业发展迅猛。

（四）装备制造产业

湖北的装备制造业主要是交通运输设备制造业、普通机械制造业和电子及通信设备制造业等所占比重大，从全国范围来看属于优势产业，但是在金属制品业、专用设备制造业和仪器仪表制造业等方面表现相对较弱。其中武汉东湖高新区聚集了一批先进的机械制造企业，主要集中在数控机床、电力装备、船舶制造等领域，产品涉及机械制造、机电一体化、机电基础件、仪表仪器、监控设备及控制系统和医疗器械。

（五）汽车产业

湖北汽车工业规模以上企业主要集中在武汉、十堰、襄阳、随州等城市，这些企业的产品种类、资产、销售收入和利税都超过了全行业总量的90%。武汉汽车产业呈现了强大的发展势头，神龙汽车公司、东风汽车公司总部都设于武汉，武汉成为湖北轿车生产基地。十堰是湖北重型车生产基地，而襄阳则是轻型车生产基地，随州则成为改装车生产基地。孝襄高速公路通车后，武汉、十堰、襄阳、随州汽车生产基地串联起来，成为重要的汽车工业走廊。同时，湖北具有两条汽车零部件生产带，一条从十堰、襄阳到武汉，另一条从宜昌、荆州到黄石。汽车零部件生产带和汽车生产基地很好地结合起来，构成湖北具有优势的汽车产业。

（六）石油化工产业

湖北石油化工产业的分布比较分散，但具有局部集聚的特点。湖北在基础化工、精细化工领域有一定的优势，在生物化工和化工新材料领域有巨大的发展潜力。具体分布为：宜昌、襄阳发展磷肥产业，应城、云梦发展盐化工产业，武汉、潜江、荆门发展石油化工产业，沙市、石首发展农药、染料和精细化工产业，鄂州发展生物化工与制药产业。

以上是实地调研反馈状况，其中产业发展情况由本书编写组组成调研小组对湖北科技支撑产业发展进行了大量的实地走访调查和访谈调查，实际访谈记录92份，根据实地调查访谈及反馈，本书编写组对湖北科技支撑产业科技经费投入、技术投入、高科技人力资本投入的具体企业获得如下分析结果。

1. 科技及科技经费投入还有很大增长空间

高新技术产业对各国经济增长和产业发展的贡献率不断上升是一个不争的事实，发达国家为了不断的国际经济竞争与比拼中占据有利地位和形成优势，始终坚持加大投资和制定并实施产业支持政策，用以鼓励并对本国技术和科技型产业的发展形成扶持。近年来，各产业发展尤其是一二产业的技术进步及科技创新均完全依赖于高新技术成果的转化及应用，对于其影响最为密切的则是产业技术研发投入（R&D经费）、资本的技术与创新投资以及科技活动支出间的比例关系，强化三项资金以及投入的运行可以对高新技术形成直接和强化性推动，同时投入与支出比在成果转化率及应用普及率的比值也从一定程度上决定着科技进步及技术创新在产业发展中的主导型推动作用。从国家及地区发展来看，投入与支出在一国及地区的发展中占的比重对其产业尤其是高新技术的发展有着至关重要的作用，而在工业和新兴产业的比重上升则对产业产出能力、经济增长能力以及技术革新能力有着明显的改观。这里，通过国家统计局数据，展示我国高新技术产业科技投入强度与传统制造业间的比较（表 6-7），从表中数字可见，高技术产业万元增加值的 R&D 经费支出和科技活动支出与制造业的差额呈现越来越大的趋势，而表 6-8 则是我国产业部门单位 R&D 经费支出的产出。

表 6-7　高技术产业与制造业科技投入强度的比较　单位：元/万元增加值

年份	R&D 支出强度的差额	科技活动支出强度的差额
2002	101.16	277.86
2005	138.44	204.04
2007	164.42	234.54
2008	205.64	304.63
2009	188.94	298.86
2010	238.49	348.68
2011	322.49	436.01
2012	296.05	429.05

资料来源：张其仔（2014）

表 6-8　我国单位 R&D 经费支出的产出　单位：元/万元增加值

年份	增加值/R&D	增加值/新产品开发费用	新产品开发费用/R&D 经费
2002	60.57	33.49	1.81
2005	41.09	30.81	1.33
2007	36.65	29.26	1.25
2008	31.62	25.20	1.25
2009	31.19	22.31	1.40
2010	24.85	23.42	1.06
2011	19.71	23.00	0.86
2012	20.16	22.30	0.90

资料来源：国家统计局（2014）

根据实地访谈结果整理，具体企业反馈显示，湖北科技支撑产业中有 46.7% 的产业研发费用均值占 3 年销售额均值比重在 5% 以下，38.2% 的企业产业研发费用均值占 3 年销售额均值比重在 5%~10%，只有不足 15% 的企业产业研发费用均值占 3 年销售额均值比重在 10%~20%。可见，湖北科技支撑产业科技经费投入不够。

2. 人力资本投入

人力资本积累可以提高经济系统的技术效率，在技术进步中有着十分重要的作用。人力资本在产业发展以及经济增长上可分为一般人力资本和技术人力资本。一般人力资本如体力劳动、普通操作劳动等基本劳动力操作，其在传统产业中占据绝大多数。技术人力资本如高层次的科研人员、企业家等，其主要集中在高技术产业之中。高技术产业是一种智力、技术以及创新密集型，依赖技术及创新的产业，其发展与否取决于是否拥有掌握技术资本、创新资源以及开发和管理技术的有创新能力的人才。技术人力资源的投入程度对于高新技术产业的发展形成了直接影响，国外发达国家的工业及高技术产业的技术人力资本的比例很高，约占企业总人数的三成以上。我国随着工业及新兴技术产业的发展，对于技术人员以及科技人员的需求猛增，尤其高级科技人力在科技人员的比重由 1995 的 37.2%升到 2009 年的 66.3%。当前国内高技术产业科研人员的研发活动的投入量与参与量是传统制造业的 2 倍以上，如果将研发活动人员投入与新产品销售收入进行可比计算，可得新产品销售收入与研发活动人员的投入成正比，这也就是说，增加研发与技术创新阶段的人力资本投入，可较大地提高新产品的销售收入，研发活动投入增长较快的产业部门，通常来讲的话新产品销售收入增长一般也较快。除个别数据外，这一关系在每一个重视和依赖技术的产业及其部门均有体现（表 6-9）。

表 6-9　2005~2014 年 R&D 活动投入与新产品销售收入的关系

企业	R&D 活动投入增长/倍	新产品销售收入增长/倍
医药制造业国有企业	0.67	1.16
医药制造业"三资"企业	2.31	3.45
电子及通信设备制造业国有企业	1.02	1.42
电子及通信设备制造业"三资"企业	8.16	16.15
电子计算机及办公设备制造业国有企业	0.79	1.15
电子计算机及办公设备制造业"三资"企业	30.16	37.34
医疗设备及仪器仪表制造业国有企业	1.09	0.92
医疗设备及仪器仪表制造业"三资"企业	14.04	10.03

资料来源：2000—2014 年度中国国家统计数据

二、科技支撑产业实现湖北区域跨越的障碍与瓶颈

（一）科技支撑产业投融资的障碍

根据访谈记录整理，科技支撑产业中只有不足 15%的企业产业研发费用均值占 3 年销售额均值比重在 10%～20%，有将近一半的企业产业研发费用均值占 3 年销售额均值比重在 5%以下，可见科技支撑产业科技经费投入水平相当低下。在"您认为科技企业各发展阶段面临的关键问题有哪些"的问题中，有 83.9%的企业认为首要是"资金问题"。在"贵企业在技术研发与创新过程中面临内部障碍有哪些重要因素"的问题中，有 91%的企业将"研发投入不足"排在第一位。在"贵企业在技术研发与创新过程中面临外部障碍有哪些重要因素"一问中，有

87.4%的企业将"财政及外部资金支持力度不够""科技引进力度不足""政府及科研单位的协同与支持不够"作为前三位的回答。而在"贵企业是否有融资意愿"中 85.4%的企业提出"有"强烈意愿，其中有 95.3%的企业认为"企业融资渠道不畅"、"信用担保体系不完善，可抵押物少，抵押折扣率高"、"风险投资机制不健全"和"民间信贷不规范"。有 95.8%的企业认为"促进科技企业发展需要金融方面应是努力的方向""开发针对科技企业发展特点的金融产品""加快发展科技型企业资本市场""加大政府补贴，利用政策引导金融机构更多地向科技型中小企业贷款"。

从调查访谈整理中可以看出，湖北科技支撑产业的发展的问题归结为面临投融资的障碍。众多企业迫切希望能够通过解决投融资难的问题来改善科技支撑的状况。从某种程度上讲，产业发展确实依赖科学研发与技术创新的支撑，这其中就离不开大量科研经费投入以及投资技术研发、创新的资本投入，其中研究与开发经费投入最为关键。

研究与开发经费投入作为影响意欲快速实现经济增长和产业振兴的国家或地区发展的重要因素之一，除了加大投入，还有就是对投入实施计划性投入，有重点有方向的定性定点投入的效率更为明显。就湖北实例而言，要加快产业发展和经济增长，政府和社会在加大研究和开发经费投入力度的同时，还应该通过引入投资技术及创新的资本运作，针对性地解决产业发展过程中技术资金短缺的矛盾，从而在根本上解决产业部门自主研究开发投入和技术创新资源不足的问题。不过访谈录中只有不到 4%的企业提出在根本上解决科技支撑的体制机制问题，并非考虑从科技创新资本化和科技投入融资化的现代市场化路径，而是希望通过政府和投融资的输血完成技研项目的改造或技术引进，这种外部依赖的单向思维也是之前计划经济时代后遗症的阴影，需要值得注意。

（二）科技支撑产业科技投入的不足

王恬和张娜（2014）提出科技投入是影响技术进步的另一重要因素，李晓宏等（2008）的研究结果则表明科研投入对技术进步推动作用滞后期较大，但持续作用时间较长。但是，根据访谈和结合实地考察显示湖北科技支撑产业科技投入十分不足。在"贵企业自主创新或科技研发的主要形式是"中，有超过七成企业提出是"集成创新"或者"引进消化吸收再创新"，"原始创新"虽有，但针对以后的研发要不是基于自有知识产权的继续加工，或者是回到引进再吸收的路径。在"您认为科技企业各发展阶段面临的关键问题有哪些"中，提出"技术问题""科研攻关难题"的企业多达八成，但问及需要怎么帮助时候多数企业还是认为"需要资金投入"或"单纯引进人才"，很少从自身的技术研发体系寻找问题。不过，在"您认为科技型企业各发展阶段急需何种类型的公共服务"中，多数企业希望政府增加相应的政策、科研机构增强"技术咨询"与"技术转让"的主动性，同时企业有八成以上希望政府出面或者直接通过公共服务的形式给予支持。

（三）科技支撑产业高科技人才依旧缺乏

人力资本不足以及资源配置不合理是当前人力资本运作不到位的主要表现，其中人力资本质量以及总量的不足，尤其是高端人力资本的匮乏，严重制约着科技研发与创新实力的提升，某种程度上可以说也是与产业投入以及人才资本吸纳能力有着直接关系，另外产业部门在技术研发以及创新的内外部环境上的制约也是人力资源配置不足的重要因素之一。从中国经济增长的长期数据显示看，我国产业及经济增长中的科技人员绝对数量的投入量较不稳定，尽管从2006年以来开始有所改善，但是从国家统计局数据显示，其对技术的促进作用还有待进一步发挥，高新技术以及高端管理人才的缺少是一直以来的问题焦点。因为在当前国内产业发展及经济增长的竞争就是科学技术实力以及创新研发能力的竞争，技术性人才和高端创新人才是实力展现的关键点，他们相对于普通技术人员以及普通科技人员较之整个产业的技术发展性贡献更大。湖北作为科教大省，也依旧面临产业中普通科技和技术人才保有量较充裕而高素质高水平创新科技人才不足的现状，特别是高精尖的创新人才极其缺乏，访谈中超过九成企业表示引进高端人才和高素质专业技术人才遇冷是当前困扰企业在研发及创新突破的另一大障碍。

第三节　科技支撑产业实现区域跨越的要点

一、政府支持力度要继续强化

为了给高技术产业发展营造良好的环境，政府在促进科技支撑产业发展中应重点发挥制定产业发展战略和制定产业发展政策环境的作用。针对性进行产业发展战略制定。为了顺应国内外高科技产业发展趋势，国家的发展以及区域跨越需求要把技术尤其是高精尖技术研发的重点放在自主创新上，尤其要面向我国技术产业发展形势和要求的重点领域与重点项目。其中要着重发展信息产业以及工业制造领域，这两个领域不但是科技支撑产业发展的第一重点领域，更是我国实现"以信息化带动工业化、发挥后发优势、实现社会生产力的跨越式发展"的现代化与工业化基础。针对性进行产业发展政策环境治理。政府应努力建立一个公平、公正的法制环境，出台支持高技术产业发展的相关政策。在法律上，要有效保护高技术产业的知识产权，这样才能提高高科技研发人员的积极性，若其个人权益和企业的权益都无法得到充分的保护，则科技支撑产业也就无从发展。在税收上，政府应实施相应的优惠政策，鼓励企业增加研发投入，重点落脚在研究开发活动的具体项目和具体方向上，将优惠从以区域为主转向以产业和经济增长为主，将优惠方式由直接优惠为主改为直接优惠和间接优惠并重。在出口上，虽然我国的科技支撑产业的竞争力不够强，但极具发展潜力，我国应对尖端技术和关键技术进行一定的支持，逐步将科技支撑企业置于较强的竞争环境当中，培养企业的竞争意识。

二、科技投入需要继续加大

科技支撑产业要鼓励产业部门敢于投入研发，一方面唤起研发意识，另一方面鼓励其加大投入，以技术进步带动经济进步。首先，科技支撑面向产业要有以技术发展就是生命线的意识，跳出长期以来受"引进来"发展战略的固有思维，从技术引进再创出技术研发的二次革命，从发挥人力资本与研发投入结合的高度鼓励自主创新，在产业及其部门内部建立以企业为主体的新型技术研发及创新机制；其次，科技支撑在产业中应该更加注重研发效率的提高和核心技术及创新进步的积累，这就需要合理配置资源和经费投入，在技术引进和自主创新的比例上寻求最佳比例，同时结合产业部门和行业发展情况进行合理配置。从跨越发展的长远战略看，科技支撑为目标的投入与资源配置，以及自主技术创新是产业部门获得产业发展、保持持续竞争优势的砝码与法宝。

三、创新人才要培育和引进相结合

众所周知人才是发展产业技术和技术创新的关键，可如何实现人才的培育与合理流动是一个更为紧迫的问题。人才是知识的载体，高技术产业的竞争实质上成为人才的竞争。人才不仅包括基础研究人才、科技开发人才，还包括具有极强风险意识的科技企业家和金融投资家，特别是具有极强风险意识的科技企业家和金融家这类人才在我国十分匮乏。虽然我国人力资源丰富，但是科技支撑产业的人才需要的是质量上的提高而非仅仅是数量上的增加。我国目前正处于国内外人才争夺中心，高素质的技术人才和科技创新人才流失严重，极大地影响着我国尤其是区域科技支撑产业的发展进程。因此，不仅要培养大批高素质的科技人才，而且要吸引和维持住人才。同时，培养高素质科技人才要依靠教育事业的发展，尤其要依靠高校和研究所等高素质高水准人才机构的培养。要培养适应时代发展需求和满足科技支撑产业发展的技术人才就要对现行的教育体制进行改革，创新人才培养模式。对于科技支撑产业所缺乏的高端科技人才，可以通过与高校和科研院所等联合培养的途径进行补充，通过产学研用结合的路子解决技术向生产力转化的难题。同时，产业部门还能通过定向培养、订单培养等新型人才培养方式，通过高校、科研院所等机构培养和提供具有专门针对性的技术性人才，扩充科技人才队伍。当前，影响我国尤其是地区留住大量高素质的创新型人才的束缚和制约还是比较多的。例如，受困经济及外界环境的创业、创新积极性受阻，政府要实施公共干预，创造吸引和留住高端人才的创新创业环境，落实面向技术、知识、管理作为生产要素参与分配的政策措施；产业部门也要打造人才战略核心任务，改革人才吸引和留住的方式方法，如企业家和科技人员提供优厚的待遇和创造良好的研究、开发和创新的条件与环境，并在企业制度和分配机制上加以保证，以吸引并留住国内外各类科技人才，同时建立一套收入、奖金、股票及期权为内容的酬薪制度和收入激励制度，以吸引和留住优秀人才。

四、资本市场发展与投融资渠道畅通至关重要

高新技术及其产业的发展离不开资本运作和外部投融资的支持。技术研发和已有技术的转化若缺乏资金支持，则研发难以为继，这将成为制约技术型产业或者产业技术发展的瓶颈。科技支撑在产业中需要全面拓宽研发资金的来源渠道，多元融资筹资是最佳选择。风险投资作为当前高新技术和技术转化的推进器和催化剂，有效地通过金融管理手段将资本、知识与技术创新进行有机结合，能为产业的技术和创新发展提供巨大的支持和持续不断的资金供应，同时市场化手段的运用也很有帮助，如股票、债券等市场融资方式的介入，还可以通过政府设立公共投资的风险基金，引入民间资本和公共资本合作投资产业技术与研发，政府通过政策和背书鼓励金融机构对拥有较好市场前景和较强技术取向的高新企业给予投资和贷款，形成政府、社会以及外来资本引导的多元风险投资配套体系。政府要积极探索区域投融资体制改革方案，建立符合产业技术及研发规律以及适应市场竞争需要的投融资体制，调整政府公共投资结构比，通过完善相应的决策程序和监督评价机制，在技术研发以及创新的投入与支持中强化投入产出效率比和产出效益监控，充分发挥政府在技术研发中的公共杠杆撬动作用以及引导社会资本及外来资本在我国产业技术及研发投入的合理配置，最终打造良性运转的资本市场和技术研发的投融资渠道。

第七章

区域跨越实现过程中的
科技支撑突破口

21世纪的第一个十年，新科技革命浪潮给国际和国内经济带来深刻且迅速的变化，科技发展大趋势亦呈现明朗走势，创新战略则是关键之钥。区域想要快速实现跨越发展，必须以加快转变经济发展方式的科技支撑为发展支柱，实施坚持产业转型、技术进步的战略，贯彻实施可持续发展的循环经济和技术创新经济发展路线，加强工业、农业、服务业等方面高新技术产业化和技术创新应用化，从实际效果上实现自主创新能力提升、科技成果转化有量、科技创新对经济社会发展有质，确保区域产业发展、经济增长以及社会跃阶的质效双行结果，这样才能体现科技支撑在经济增长和产业及社会发展上的支撑与引领作用。以上的所有节点任务完成与否均可以用一个关键问题概括，即实现跨越发展的科技支撑突破口是否能顺利解决这些攻坚难题。那么，怎么准确把握科技支撑跨越发展的突破口，需要具体分析和研究针对实现区域跨越发展的突破口应用及其发展路线设计讨论开始，这里将继续以湖北为典型区域案例进行实例分析。

第一节　区域实现跨越亟须科技支撑突破口

一、科技创新支撑跨越发展的基础及论证

进入知识经济时代以后，人类社会尤其是经济增长和产业发展的几乎所有重大进步和突破都是由技术或者知识的革命性突破而带来的，科学技术作为当今社会的第一生产力逐渐扮演着人类今后社会文明发展的最活跃以及最有变革性的催化与变革因子。回望人类社会和经济增长的历史进程，人类追求社会经济及发展

阶段的革命性突破与有限的自然资源和技术知识支撑之间产生着不可调和的矛盾，要解决这一矛盾并继续推动人类文明的不断进步，唯有依靠科学进步、知识更替与技术创新。当前，信息技术、知识资源以及科学创新凝聚起来的科学创新的发展观念，形成了可持续发展、循环绿色以及和谐共存的发展主题，这是今后人类社会尤其是发展中国家及地区科学发展的主旨和理念。有人在 21 世纪到来之前就将其称为科学技术主导的世纪，进入 21 世纪，科学知识、技术创新及进步通过在经济增长、社会变革以及文明变迁上深刻地改变着全球人类社会的生产、生活和文明面貌，各国特别是发展中国家在发展方式、技术运用、管理与制度变革上无不受到创新的冲击与渗透，技术进步及科学创新在经济及社会体系变化中所产生的影响，已经使其成为当今人类社会和各国及地区从经济和产业部门到社会和个体的发展动力推手，已经是当今社会进步的主导要素之一，更是影响着产业单元甚至国家和地区间竞争力的决定性因素之一。因为，在现实中，技术创新和科学进步不但带来了全新的经济增长和社会发展方式，更使得产业及经济增长方式发生了根本性变化，从资源能源依赖以及投资投机驱动模式转向技术竞争和科学进步创新驱动模式，因为科学信息、技术知识、产业技术资源为基础和主导的科技产业已经成为了当今社会产业的主导者（秦志敏，2010）。

　　中国大陆范围内众多发展区域正处在快速现代化的进程中，从社会到产业再到个人，追求现代化、智能化生活的强烈意愿与需求十分迫切，然而当前地域有限资源及环境的可承载力已经成为社会、产业以及个人前进意愿上的重大阻碍，而且如果选择以超前消耗自然及相关资源的发展模式来支撑社会及经济的现代化发展，那么这种资源发展之路只能将中国大陆范围内及其区域社会的发展带进发展的死胡同。既要现代化的发展成果与平稳实现，又要解决资源节约、能源清洁、生态绿色、人口健康、民生改善、社会进步等必要需求，唯有选择环境友好、产业社会自然人类和谐共赢的可持续发展道路，那么这只有依赖科学进步和技术创新以及其所推动的科学生产方式与社会发展方式。在这其中，科学知识积累、科学技术改良、高新技术创新等成为引领资源调配、产业和经济发展的导向型动力因子，因为只有创新和科学技术作为社会及经济发展的核心元素，经济增长方式、产业可持续发展能力、社会进步水平以及人类全面发展的主要方式才能获得脱胎换骨式的变化，跳出依赖传统物质资源发展的不可持续发展怪圈。与传统物质资源相比，知识与科学技术在创新上凝聚出各种新的发展和增长资源，具备普惠、普适、可共享、无限增值、循环实现等本质特征，摆脱了传统物质资源本身所固有的他异性、排他性、消耗性、不可再生等致命缺陷，同时能够在有限的物质资源基础上实现节能、增值、环境友好、可循环可持续等特性。

　　作为生产力关键核心要素的知识、技术、人才，在推动经济增长、社会发展、生产方式转变、产业进步上有着根本性的变革力量，这些不仅仅是推动科学技术进步、技术创新及突破和产业革命的出现，更重要的是能够实现人类社会发展所追求的和谐共赢发展目标。科学知识、技术及创新作为一种可持续的发展资源，通过合作共赢、有价分享、无限循环和无限增值的特点为人类后工业时代的发展提供了一个绿色生态可循环发展的未来，中国社会只有这样努力，才能实现"民主法治、公平正义、诚信合作、充满活力、文明健康、安定有序、人与自然和谐相处"的理想社会目标。从现实和实际情况看，中国大陆范围内的发展中区域或地方已经具备抓住这种历史时机实现后发赶超和跨越发展的基础和条件，目前中国从经济增长、产业发展、科技进步都从"大"向"强"进行着历史性的转变和跨越。就中国当前的经济和社会发展数据而言，经济增长已经持续了30多年的高速率，2010年的国家GDP则首次超过日本，实现外汇储备世界第一，而在今后发展中占据重要主导的科技资源方面，科技进步及技术研发对于经济增长和产业发展的贡献率接近40%，并且实现面向科技领域的人力资源总量和研发人员数量均实现突破，科技进步及科技研发在产业中的应用率和比值已经接近中等发达国家，在部分研究领域的科学知识积累储备、技术研发能力、工程技术水平已经进入国际先进行列，在特定产业和行业领域已经初步具备跃阶发展的条件与能力。

然而发展也是需要条件的，中国当前正处在经济和社会发展的重要转型期，经济增长、产业发展以及社会跨越需要面对诸多重大挑战。当前中国在工业化、信息化以及城镇化的现代化发展上出现了并行齐进但问题交错的情况，民生发展、基础设施以及相关社会软件建设的层次与需求多样化，为中国尤其是基层地区在经济增长、社会进步、区域（城乡）共荣、产业平衡等方面都提出来协调、可持续发展的限制。具体方面则有产业领域及其相关部门在产业技术、工程水平以及科技知识积累的关键核心上，自主较少，创新较弱，技术和知识对外依存度还是比较高，产业链还是处于全球产业链的中低端环节，对资源和环境依赖较为严重；经济增长和存款储蓄水平的增长对政府规模化投入和外部规模资本拉动的依赖依旧明显；工业和社会的能源对外依存度较高，最为严峻的发展形势是中国当前的产业资源及能源供给的对外依赖程度已经成为制约和严重影响国家发展战略、产业安全和能源布局的最大瓶颈之一，突出表现为中国产业及经济增长的万元GDP能耗率是欧盟、美国、日本等发达国家四倍以上，高于世界产业发展的安全水平，到2020年中国发展冲击中等发达国家基准线的时候，大宗战略性能源和矿产资源的外在依存度或将突破55%，矿产品进出口逆差已经严重影响进口资金的合理配置；生态环境凸显危机，水资源以及可耕种土地资源已经捉襟见肘，空气、饮用水以及耕种土壤的污染问题已经成为社会公共问题的核心议题，近年来城市的空气污染已成常态化，生活垃圾及工业废弃物的处理开始成为城市化发展的一个重要阻碍和羁绊；人口增长不可逆趋势与快速城镇化形成了一对矛盾，对国家粮食安全、基础设施建设、资源能源以及环境供给能力形成较大压力，社会科学院（简

称社科院）的预测表明，随着城镇化比率的逐年提升，人口结构失衡交织老龄化
问题将成为城镇化发展的潜在危机，并且中国内部区域间的发展极差以及城乡间
极差不但会长期存在而且会有进一步扩大的可能性（石国亮和刘晶，2011）。

那么，要实现经济增长和跨越发展，就必须先解决这些存在于经济、产业
以及社会部门中的发展矛盾和结构性问题，才能顺利推进国家级产业的现代化。
这也就是说，要大力坚持科学发展观及其实践，坚持产业科技、经济部门布局
结构调整、产业及经济发展方式转变为主题，切入点和重点就从科技发展和科
技创新突破，抓好影响我国现代化进程的重大科学问题、关键核心技术问题的
解决，打通技术和科技经济的自主创新路径，以提升自主创新水平和技术创新
能力为目标，抓住建设创新型国家的时机，从科技支撑建设及其体系运转为切
入，全面实现创新驱动、循环增长、资源节约、环境友好、协调可持续的科学
发展道路。

作为前期国内在科技对经济增长和产业发展比较有代表性和典型性的量化分
析研究，江蕾等（2007）曾对中国科技投入对经济增长贡献率进行了实际测度分
析研究，该研究具体采用 EViews（计量经济学软件包）的格兰杰因果关系检验法
和回归分析法，对中国科技投入对经济增长贡献率的实际测度进行分析研究，从
科技投入的小切口探究中国科技创新和社会中长期发展的关联实证，科学地论证
了科技对于经济增长的有效支撑力。以国家统计局（1953~2005 年）五十年内的
统计数据为基准数据，力求实证分析科技投入在中国经济增长中产生的联系与影
响。该研究运用广义差分回归模型，得出相关结论：①科技投入与中国经济增长
之间的因果关系十分明显，科技与科技投入引发经济增长的重要因素；②根据国
家统计局 1953~2005 年数据，计算得出科技投入对我国经济增长贡献率约为 17.5%，
直观地说明科技投入促进着经济增长，但其促进作用仍不是十分明显。

虽然该研究仅从科技投入开展实证分析，通过长期数据也足以据此推知：科
技增加其在经济增长中支撑与促进的强化能力，不单单需从科技投入总量上增
加，还需重视科技与科技投入的优化、调整科技发展的结构和提高科技资源使用
效率等问题，这才是全面解决科技支撑社会经济发展的有效组合策略。同时为了
进一步对本书研究在科技支撑社会经济发展方面提供量化佐证，编写组将通过数
据延伸分析，对已有研究做后续实证的同时，也为本书研究提出的科技支撑社会
经济发展提供进一步有力的实证量化分析结果和证明基石。

对已有研究的可行性分析看，已有研究具有参照价值，并且可以根据最新
2006~2014 年国家统计局数据，再考察中国科技投入对经济增长贡献率的实际测
度，用以奠定本书研究中科技支撑社会经济发展的基础实证分析环节，如表 7-1
所示。

表 7-1 2006~2014 年中国 GDP 总量与科技投入 单位：亿元

年份	GDP	科技投入
2006	217 657	3 003.1
2007	268 019	3 710.2
2008	316 752	4 616.0
2009	345 629	5 802.1
2010	408 903	7 062.6
2011	484 124	8 687.0
2012	534 123	10 298.4
2013	588 019	11 846.6
2014	636 139	13 015.6

资料来源：2006—2014 年国家统计年鉴

参照已有研究，本书研究建构科技投入增长率广义差分回归模型为

$$\Delta \log (GDP)（2006—2014）=0.097\,702+0.199\,024 \times \Delta \log (SCI)$$
$$+[AR（1）=0.700\,658]$$

依据国家统计局相关数据显示，2012 年我国科技进步在 GDP 中贡献率超过 40%，编写组带入最新的发展数据并调整广义差分回归模型，结果见表 7-2，可得结论为：①科技投入与中国经济增长之间的因果关系十分紧密，科技与科技投入是引发当前中国经济增长的重要因素；②根据国家统计局 2006~2014 年统计数据，计算得出科技投入对我国经济增长贡献率约为 29.724%，佐证了之前研究中科技对于经济增长贡献会保持持续上升趋势的论断，也直观地说明了科技投入是促进经济增长产生的主导要素之一，其促进作用逐渐向主导过渡。

表 7-2 中国 2006~2014 年 GDP 增长率对科技投入增长率的广义差分回归分析

解释变量	回归系数	标准误	T 统计值	显著性水平
C	0.097 702	0.031 301	4.230 151	0.001 0
$\Delta \log (SCI)$	0.199 024	0.037 782	6.003 090	0.000 1
AR（1）	0.700 658	0.098 062	7.999 036	0.000 0
评价指标	数值	评价指标	数值	
复相关系数	0.618 372	被解释变量均值	0.150 631	
修正复相关系数	0.603 326	被解释变量标准差	0.096 961	
回归标准	0.052 031	赤池统计值	-3.095 420	
残差平方和	0.120 781	许瓦兹统计值	-3.030 210	
对数似然估计值	83.889 780	F 统计值	43.327 620	
DW 统计值	1.992 301	显著性水平	0.000 091	

这里需要说明的是，以上回归分析过程及结果只是就前人研究进行后续年份

数据的追加实证，其中并未考虑国内科技发展阶段说带来的科技助力经济的不同表现，也并未考虑前期研究和后续实证在政策延续性以及政策促进作用的区分，这对于该回归分析是一个最大且影响最为直接的不确定性因子，不过就结果看，所得结果应该是小于实际贡献率，也就是说，从综合考虑的情况下，中国的科技及其支撑能力已经对于中国社会的发展起着某种程度的决定性作用和主导作用。

二、科技支撑突破口对区域实现跨越发展的关键作用

基于对科技投入在我国经济增长以及产业发展的量化分析及结果讨论，研究结论与当前社会发展尤其是区域发展方向十分契合，且从实证角度可以说明，发挥科技支撑引领作用，引导产业结构调整和发展方式转变，就是当前跨越式发展优先实现的重点突破口。

以湖北为典型案例考量，这里可以探查一下科技支撑到底在区域跨越发展中能够扮演的实际作用与切入口。就当前湖北情况看，区域经济及产业发展以及步入高速发展时期，以科技优势、重工基础以及国家和政府政策的倾斜所集合成的外部支持，对于整个区域的发展都有着积极的促进与推动作用。不过在发展中遇到的问题恰恰就是科技支撑能够实现突破的突破口。经济及产业的综合实力比较而言，湖北的区域经济总量还有增长潜力，市场主体以及竞争能力还需要扩张，市场运作以及外部公共干预支持的协调能力还要提升，外在发展环境方面面临前所未有的内外部经济增长竞争压力。经济发展结构及产业布局方面，湖北区域发展依旧突出表现为平衡度差、协调能力不足、不可持续性明显的老问题，经济增长和产业发展愈发受到资源、能源以及环境等外部要素的制约，农业基础不错但是工业化集约程度快速提升是当务之急，工业优势一直面临挑战和下滑，轻工业的短平快难以实现，重工业体制机制滞后性又明显，科技支撑难以形成介入优势，服务业的产业化现代化依旧在追赶国内第一梯队过程中。体制机制转变的困扰使得科技与经济紧密结合的效果不佳，不能在消除制约区域经济增长和社会发展的深层次矛盾上形成突破式效果，科技支撑的作用不能很好地显现。面对社会发展和民主问题，就业、社保、分配以及教育卫生环境等公共服务均处于压力环境下，也为跨越发展的大环境增加了相当大的发展前行难度（孙菊生等，2001）。

从以上综合面分析确实面临问题，这也正是科技支撑在细分环境下有所作为的地方，科技支撑跨越式发展实现面临以下现实迫切需求。

第一，完成总经济量级与区域发展内涵及发展前景的匹配。发展不足以及不均衡是湖北实现跨越式发展的最大障碍，发展不足及不均衡的具体体现就是经济总量与省域内涵与发展前景无法契合。跨越式发展首先是总量的倍增式扩张，而且推进经济总量的倍增式扩张与实现跨越式发展必须在科学发展的轨道上进行，

那么当前只有科技支撑是唯一有力的内在动力支持。湖北"十一五"期间实现了 GDP 突破万亿关口，实现了 2005~2010 年的翻一番。"十三五"期间实现跨越式发展，经济总量上实现再翻一番是基础和条件，经济量级的跨越是根本和目标所在，这才能实现经济总量排名从中部前列实现到全国前列的跨越。

第二，打通工业化由重化制造型向高新技术型、创新型立体转换的关键节点。当前湖北实现经济社会跨越式发展的优势基础之一是工业。湖北 2012 年人均 GDP 为 34 132 元人民币，约合 5 000 美元，在全国排名 13 位。湖北工业类型主要呈现"重化""内需""制造"等特点，轻重工业比大约为 1∶2，短期内实现结构调整难度较大。从资料供给量方面，湖北具有较为丰富的矿产资源，但一直以来湖北矿产自给工业比率始终不高，湖北采掘工业产值只有全部工业总值的 1%~2%，这就意味着工业发展均需从省外调入大量工业初级原材料，因此造成能源和初级原材料等生产要素供应问题频现，工业企业与加工业生产经营处于资金周转周期长、融资难度大、成本提高的多重压力。想快速摆脱这些制约因素，在工业转型中实现跨越，湖北工业实现创新制造型全面转换是关键。

第三，完成农业产业化的发展总量级和科技量级双重飞跃。"十一五"实现农业产业化初见成果，2011 年农林牧渔业增长率保持在全国平均水平，各产业的产业增加值均有提升，对全省规模而言农业生产与发展的总量级提升模效比与增长比均不高，产业化发展还处于初级阶段，涉农产业的市场规模、实力以及竞争力均不强，效益亟待提升，最为关键的是科技支撑在产业化和农民增收上的提振效果不够明显，农产业的加工行业不能有效引入并发挥科技支撑的优势，这就很难实现由农业大省向农业强省的跨越。

第四，完成服务业加速全面现代化的任务。服务业的水平与发展情况是一个区域或国家整体经济水平是否进入较高发展层次的重要标识。面对加快经济结构转型和转变经济发展方式的机遇和政策支持，湖北的区域服务业有了快速发展势头，自 2006 年服务业增加值保持年均增速 13.5%左右，始终保持高于 GDP 年均增长率。物流、旅游、金融、文化、信息、中介六大产业的现代化，在科技支撑的支持下将会成为湖北现代服务业发展的突破口和新亮点，其中金融、信息、旅游是湖北应当重点着力部门，因为着力加速实现区域服务业的现代化及产业化，一方面能增加各产业间的聚集和融合，实现三次产业间的融合式共促发展，另一方面也将全方位形成推进经济总量和经济增长的产业联动提升力。

第五，城市化与城镇一体化发展目标设定是域内共荣。湖北全面展开"两圈一带"战略后，"一主两副"的区域经济发展格局及规模效应初现，带动区域协调发展、经济增长和产业共荣上开始取得效果。同时，城镇快速发展新形势喜人，通过结构优化逐渐实现布局合理化，带动产业集聚、人口集聚能力不断提高，在城乡规划建设管理水平提升、人居环境改善、城市基础设施及相关配套公共服务设施完善方面有着进步，最为重要的是要全面提升综合承载能力和竞争力。

但目前湖北的城镇化水平远滞后于工业化进程，城镇化水平低于全国平均水平，缩小发展差距的势头有所减缓，更滞后于经济社会发展的迫切需要，实现城镇化水平的跨越式发展迫在眉睫。但由于武汉自身优势形成的强势地位，加之湖北城市发展和武汉周边城镇都与武汉存在较大级差，区域发展不平衡依旧存在。实现区域协调发展的关键是形成省、市、县、乡四级联动的共荣协调发展局面。实现省域内区域结构的跨越式发展的主要障碍还是武汉在地理区位、资源拥有量、智力及财物汇聚、管理水平等诸多方面都远优于湖北域内其他地区。还有就是，武汉设定了打造国家级中心城市的目标，完成并在区域内实现结构跨越发展，才能使武汉与湖北域内其他城市的发展级差不会进一步拉大（石正方，2002）。

第六，科技积累及进步要实现科研大省到科技大省的转变。湖北自新中国成立起一直是科教大省、人才输出大省，湖北在人才培育和输出规模、科研储备和科研实力均居中部第一，也处于全国前列的位置。但由于湖北的重工传统，科技创新的产业化相对较慢，能力相对一般，技术的产业化相对迟缓，对于社会经济的拉动能力也比较有限。反观当前国内外实现跨越发展或处于发展前列的地区，无一不是拥有竞争优势突出的技术密集型产业或技术产业群，实现经济的飞跃都需要技术产业化和科技综合实力作为发展的基础内涵。充分调动和利用现有科研资源，实现科技由研发优势向产业实力和科技综合优势的转变，才能充分发挥湖北在科技研发方面的比较优势，才能将丰硕的科研成果实施就地转化，才是形成科研产业链的产业基础。若不能加快科研产业化，那将依旧停留在科研在我而成果外流更无产业化的尴尬境地，而利用科研成果形成实施对产业、对经济增长、对社会发展的推动更是奢谈。

综上可知，湖北作为区域跨越发展的典型，要走的是一条提升整体竞争力的跨越式发展路线，通过产业上彻底摆脱国内外代工生产与初级加工基地的现状跃上产业链高阶，经济增长在三次产业全面开花，那么就需要从科学技术积累和技术进步入手，培育和留住产业技术人才、支持并培育一批战略新兴产业和创新型企业，这才能实现湖北在自主创新的路上越走越好。当前首先要破解湖北整体竞争力迈进国内领先水平的难题与关口，科技支撑将提供一条便捷的高速路，为湖北竞争力快速提升提供坚实的基础。

基于以上"十二五"期间社会经济发展目标与面临障碍及困难的分析，湖北依靠现有的总体科学技术水平在超越国内发达地区与工业化强省上还存在较大的差距。当今社会，科技创新能力和自主创新水平已成为关系未来发展的决定性力量，科技在经济社会发展的支撑与引领、作用与能力将是一个国家、地区发展的基本内涵，尤其在国家跨越发展大形势与中部强势崛起的关键时刻，湖北要实现跨越发展急需进一步强化创新和创造。这里针对湖北跨越发展，引用湖北省委书记李鸿忠（2012）同志的一段话来进一步说明，他说："产业是核心，是财富之源，没有产业支撑，经济社会发展就没有基础和依托"，"自然资源是社会生产过程中不可缺少的物质要素，是人类生存的自然基础。随着人口增多，人类经济活动强度越来越大，可资利用的自然资源日趋匮乏。中国是自然资源匮乏的国家，湖北人均自然资源占有量也很少。严峻的形势迫使我们必须按照科学发展的要求，重新审视资源理念，更新资源观。在经济发展过程中，经济增长赖以维系的资源投入是多方面的。除劳动力、资本、土地等硬资源外，凡有利于增长和发展的、具有价值和使用价值的都要视为资源。例如，制度、投资环境、改革创新、区位优势、人力资源、管理、文化等都是更重要的软资源。硬资源是有形的，是受时空限制、有限供给的，是紧约束的，而软资源可以说是无限的，完全取决人的努力创造和科学开发利用，是更宝贵的资源。实践证明，发展水平越高，对硬资源的依赖程度越小，对软资源的利用水平越高。例如，一车皮钢铁抵不上一小包芯片的价值，因为芯片是智力产品，高度凝聚了人类智慧。在目前宏观经济环境趋紧、物质要素投入受限的情况下，充分挖掘软资源、开发软资源就更具现实意义。湖北是一个硬资源相对贫乏的省份，要实现跨越式发展，必须加快转变经济发展方式，从过去主要依靠要素和资源的投入转向更多地依靠体制创新、科技创新、管理创新的'创新驱动'轨道上来。这就要……树立新的'发展资源观'，'以天下之至柔，驰骋天下之至坚'，最大限度地挖掘软资源、开发软资源、利用软资源，以提高资源转化和生产要素配置的效益，增加湖北经济社会协调发展和可持续发展的能力，在不断创新与超越中迈向现代化的更高阶段"。说到这里，归根结底，"开发软资源，提升软实力"是科技支撑在湖北跨越式发展中参与驱动发展和产生发展共性的最佳结合点。

第二节　科技支撑突破口选择的典型实证及检验

科技创新在前瞻性、进步性、可持续性方面可以成为社会经济跨越式发展的第一动力引擎，能为湖北加快实现跨越发展找到发展的突破口，在科技支撑上面找到合适的突破口，才有可能通过科技进步和创新驱动强力支撑湖北实现跨越式发展。面对当前湖北总体的经济增长尚无法完全摆脱传统经济增长方式，依旧困顿于"投入大、能耗高、污染重和技术落后、效益一般、发展层次较低、发展水平不高"的发展模式与经济特征，并且这种增长方式所带来的资源非良性循环以及环境问题，不但成为严重制约湖北经济与社会中长期发展的障碍，更成为湖北跨越式发展的最大障碍。

通过参照世界经济合作与发展组织（Organization for Economic Co-operation and Development，OECD）的产业分类划分和比对湖北产业发展现状，可以有针对性地制定科技支撑突破口优先实现湖北产业和经济跨越发展的导向与规划，如表 7-3 所示。

表 7-3　OECD 产业分类

技术类型	产业
高技术	航空航天，电子计算机、办公设备，电子、通信，制药
中高技术	科学仪器设备，电子机械，汽车，化学工业，非电机设备
中低技术	船舶制造，橡胶、塑料，运输设备，石、土和玻璃制品，有色金属，金属制造，其他制造业
低技术	炼油，黑色金属，造纸、印刷，纺织、服装，木材、家具

资料来源：世界经济合作与发展组织（1997）

知识经济驱动产业发展实际和湖北产业发展情况与实际安排，技术密集型产业和劳动密集型产业突破的设计与导向要分类对待，体现三个特点，即有侧重、有针对、两者间要产生有效的互联互融效应。

目前，湖北产业及经济增长的八大主力支柱分别是：汽车、钢铁、石化、食品、电子信息、纺织、装备制造和建材。而汽车、钢铁、石化、食品主营业务更是支柱产业中的中坚力量，其中现代农业、工业、高新技术产业、投资能成为湖北跨越发展中的排头兵。现代农业是社会发展安全和社会发展结构战略性布局的方向舵，投资则是集聚发展、跨越发展动力的助燃剂与润滑油，工业则是跨越发展的支柱与基础，高新技术产业是构建战略支点、推动跨越式发展的制高点，国家级重点开发区的东湖国家自主创新示范区是推动高新技术产业突破性发展，展示平台建设和体制创新的龙头。在这中间，科技支撑及其体系能够直接体现了科技作为经济社会的强劲内在驱动引擎作用，与湖北支柱产业实现跨越与深发展在发展内涵上有着天然的共性与良好的对接。根据湖北需求与支柱产业发展现状，实现湖北跨越式发展的科技支撑突破口就是基于创新的制造，即湖北加工制造、代工制造向创新制造的全方位转变。

当前经济与社会的发展要体现竞争优势，就必然要选择科技与技术经济发展路线。这种选择的必然性在于，技术能力范围、技术应用范围以及技术辐射范围均可以用发展模式示意图的矩阵关系（图 7-1）所解释。这种优势主要体现在通过创新和技术进步创造全新的产业机会，进而改变现有竞争领域的竞争格局与规划，在支持现有产业发展下迅速加大技术和经济的级差。这是渐进型技术经济发展诉求和结构创新以及变革式技术的最佳结合点。

微小变化	渐进型	结构型
全新变化	模块型	变革型
	当前发展模式	创新发展模式

图 7-1 社会经济发展模式示意图

由图 7-1 可知，基于创新和技术进步的经济发展能够利用技术进步与创新打开发展机会窗口，并且这种驱动模式合并产业或支柱经济的需求，通过从技术和创新获得可行性技术和创新解决方案与方法，进而全面提高产出与完善生产过程。这种动态的耦合变化需要动态的支撑模式来运行，只有依靠基于创新的制造，才能真正地体现科技支撑产业实现高层次、高质量的快速动态发展。基于创新的制造作为科技支撑突破口的选择，有效地解决了产业竞争性发展、经济跨越式进步以及技术与创新革命性特性等方面在复杂动态发展上的矛盾。

湖北跨越式发展科技支撑突破口是基于创新的制造的依据是，湖北的跨越式发展是处于经济和社会转型时期产业和生产组织创新、科技进步和技术应用扩散产生耦合反应的复杂过程。社会主要生产组织和产业部门结合社会发展需求以及发展要素聚集情况，通过快速的技术创新演变以及短期内缩短技术级差，真正地实现短期内科技支撑经济倍增目标与社会发展的根本性跃升。这种跨越实现的根本关键在于科技进步与技术选择，那么针对跨越式发展科技支撑突破口选择的可行性实证分析，只有从科技创新、技术进步与扩散在促进区域生产率增长方面的影响着手。

一、实证模型选择

Fagerberg 模型是针对"技术差距理论"的典型应用。通过已有研究和研究反馈表明，该模型经常作为有效的拟合模型来表述技术扩散、技术知识增长、技术创新与经济增长的关系，佐证技术差距对经济增长有着决定性影响，也能从侧面直接证实技术级差的缩减即技术进步与创新对经济增长的显著促进作用。这也就符合针对技术落后地区通过技术进步和创新实现跨越发展并产生经济跃升的实证分析需要。从当前收集数据与研究报告显示，该模型在新兴工业化国家以及半工业化国家和地区实践与实证检验证实，技术扩散对于经济增长的贡献比技术创新要大，但是由于技术参与产业和经济发展，技术创新将成为经济与产业发展的主导。因此，本书研究在实证分析阶段，拟采用其作为量化分析工具。

二、基于区域的实证检验

考虑到国内的数据标准、省份计算及比率计算标准等因素，本书研究所采用的 Fagerberg 模型中相关参变量以及变量间的关系需进行重新调整。另外，基于跨越式发展在短期内缩短技术级差的考虑，技术"扩溢"在地区转化率、技术差距、技术扩溢速率设定也必须纳入其中。相关具体变量调整如下。

（1）劳动生产率。本书研究也是采取国内以往研究常用的方法，具体计算采用国内生产总值除以年度就业人数得到，这种计算方法也可以有效规避经济增长率和经济发展水平相关性比较所产生的影响。

（2）区域技术转化指标。一般意义的区域技术转化活动测量指标主要包括 R&D 和专利总量。前者主要为技术投入，而后者则表现为技术产出指标，本书研究将这两种指标的和值作为区域技术转化的基本变量。

（3）技术"扩溢"指标。功能扩溢理论认为，技术"扩溢"均会引起区域劳动生存率的提升，这一点在大量实证分析已得到证实。本书研究在考虑区域技术"扩溢"指标时，在衡量指标选取上重点考察技术的级差效应，这可以直接地反映技术扩散和扩溢的实际情况。另外，由于技术级差和技术"扩溢"并非是简单递增关系，而且这种基于递增关系的衡量指标由于技术的真实应用与辐射，会产生相应不同的变化。因此本书研究也选取一个 GAP 变量及其平方值，用来消除其间的非线性变化，这也就是说技术水平越高的地区，其技术扩散潜力越大，对于经济的影响作用也就随着增强。

（4）区域技术转化实际生产能力指标。区域的技术转化为实际生产能力增长，主要在于区域科技转化现实生产力和技术储备实现经济效益。这直接反映着技术和科技创新在经济发展中的应用能力，选择科技进步贡献率为指标变量。我国测算科技进步贡献率的方法是国际上比较通用的增长速度方程法。计算公式为

$$EA = Y - \alpha K - \beta LY \times 100\% \qquad (7\text{-}1)$$

Fagerberg 模型针对 GDP 增长率贡献，一般意义上的计算技术差距公式为

$$q = \alpha \mu (1 - Y/T_f) + \beta n + \gamma c \qquad (7\text{-}2)$$

依据变量调整和指标值设定，区域跨越的科技贡献计量模型为

$$P = \beta_0 + \beta_1 \ln P_{-1} + \beta_2 \ln N + \beta_3 \ln EA + \beta_4 \ln FDI + \beta_5 GAP + \beta_6 GAP^2 + \beta_7 \ln d + \mu$$
$$(7\text{-}3)$$

其中，P 是劳动生产率增长率；β 为上一年度劳动生产率；N 为区域科技成果量；EA 为地区科技进步贡献率；FDI 是国外直接投资；GAP 代表测算地区与先进地区或对比地区的技术差距。因为 2008 年和 2009 年在中国经济的阶段性特征及产业技术发展上有着比较明显的节点表现，那么本书研究取值样本采集自 2008~2009 年国家统计年鉴以及湖北年度统计数据，以科技活动带来的生产率增长为节点，以技术极差为网络联系，采用 EViews 6.0 软件做 OLS 回归分析：

$$P = 50.776\,42 - 8.123\,31\ln P_{-1} + 0.912\,2\ln N + 3.101\,2\ln EA + 0.306\ln FDI \quad (7\text{-}4)$$
$$+ 0.065\,2GAP - 0.001\,1GAP^2 - 1.896\,2\ln d$$

$$R^2 = 0.113 \qquad\qquad (7-5)$$

调整后的可决系数 $R^2 = 0.163$

F 统计量的双尾或单尾概率值 $= 0.000\ 0$

$n = 299$

计算所得数据反映拟合度良好，显著水平明显。算式中 d 代表位差，排名第一为 0。选取上海、北京、天津比较，北京为 0.000 9，上海为 0.001 3，天津为 0.005。根据科技部 2008 年创业投资统计和 2008~2009 年技术进步统计监测（图 7-2、图 7-3），计算数据同报告显示的指数变动基本吻合，检验结果显示科技活动带来的生产率增长差异影响是存在且明显，基本能对应技术级差与经济增长的联系强度。

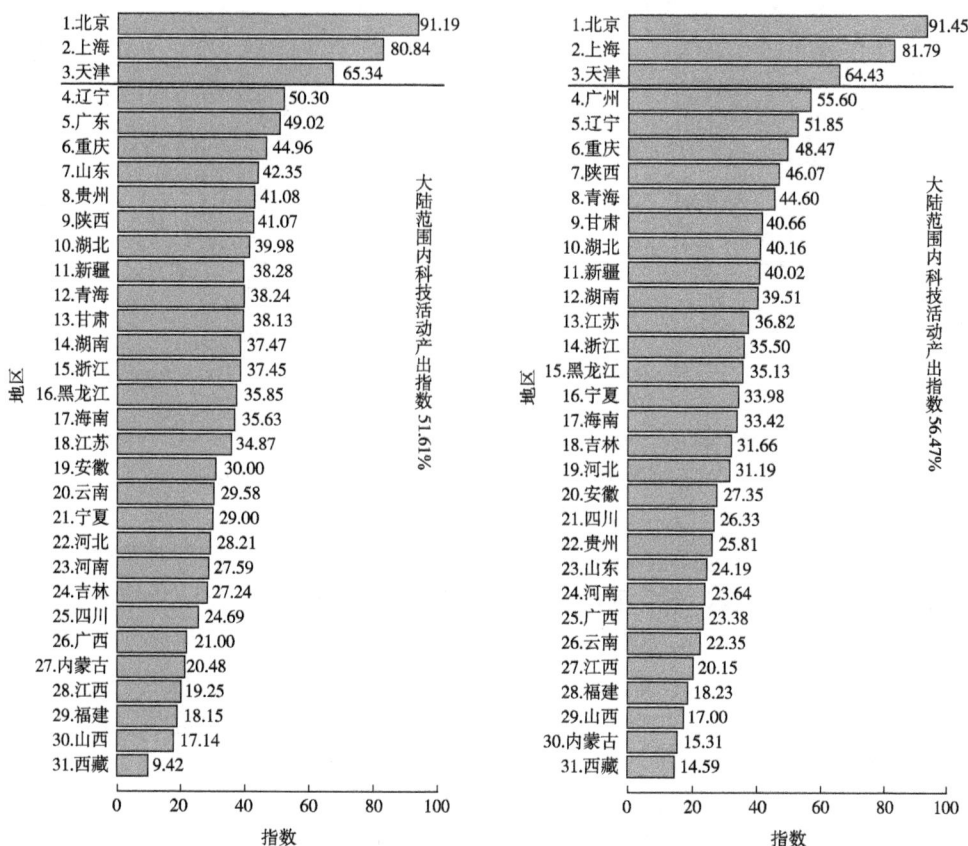

（a）2008年科技活动产出指数   （b）2009年科技活动产出指数

图 7-2 科技部 2008~2009 年科技活动和社会产出的监控报告

图中数据不包括港、澳、台数据

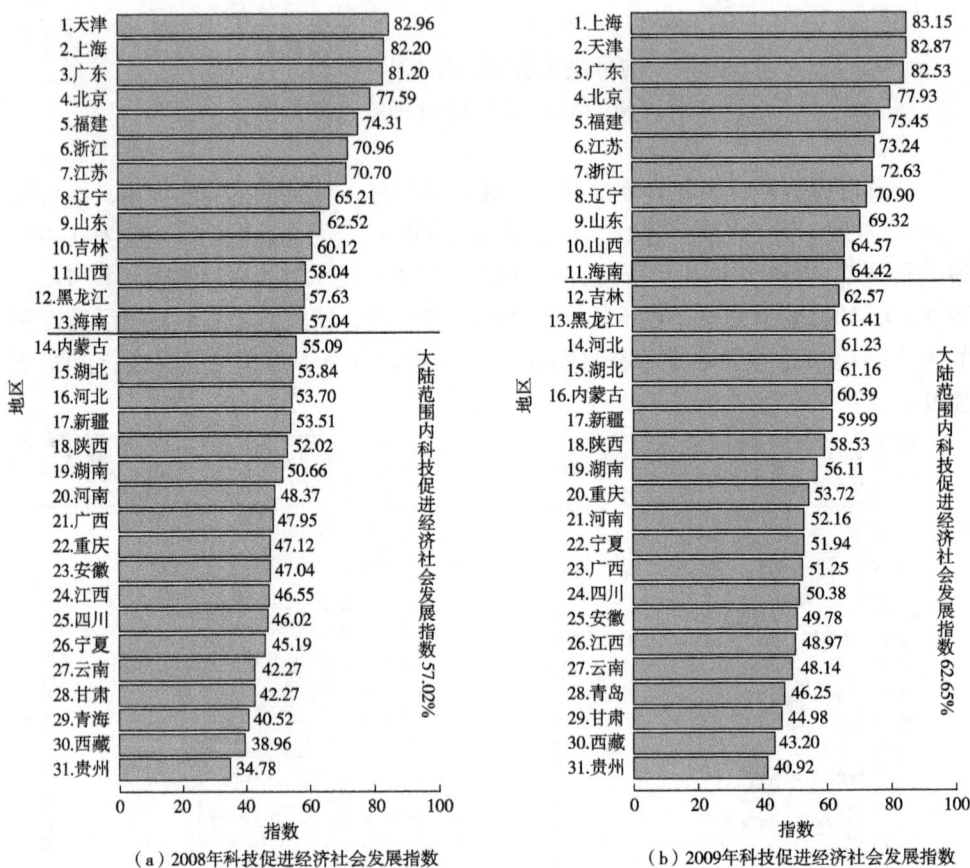

（a）2008年科技促进经济社会发展指数

（b）2009年科技促进经济社会发展指数

图7-3 科技部2008~2009年科技活动和社会产出的监控报告

图中数据不包括港、澳、台数据

计算结果也能通过技术级差间距描述匹配互相证实。从中国经济阶段性特征及产业技术发展角度选取2008年和2009年为典型年份进行带入计算，根据国家统计局2008~2009年统计年鉴数据计算各省平均劳动生产率，若将劳动生产率平均值的间差设定为技术级差间距，那么这样汇总数据分类可以分为高技术地区、中技术地区和低技术地区如表7-4。表7-4中增长速率统计也表明，高技术地区的平均生产率增速最快，中等紧随其后，而低技术地区的生产率反馈则相对一般。

表7-4 技术级差区域间的增长率统计表 单位：%

区域	生产率增长率	科技投资增长率	GDP平均FDI增长率	平均FDI增长率	专利平均增长率
高技术区	13.2	30.2	23.2	45.1	23.2
中技术区	11.1	28.1	20.2	89.6	17.7
低技术区	8.9	29.9	20.1	121.3	15.1

资料来源：《中国统计年鉴（2008—2009）》

　　国内学者赵志坚（2008）也有相关实证研究，分析我国科技投入对 GDP 拉动效应，力图直接解释科技对经济强力支撑作用。该研究通过建构计量经济学模型，测算科技投入对经济增长的拉动，观察和分析 1993~2004 年我国科技投入与经济增长之间的依存关系，探究两者间的循环因果关系。该研究计量模型通过协整检验后得出结论为：2005 年以前我国科技投入与 GDP 以及工业之间存在长期稳定的比例关系，但科技投入与农业以及服务业之间比例关系既不长期也不稳定。在格兰杰因果关系检验结果中，科技投入与经济增长之间存在着显著的单向因果关系，科技投入的增加或减少必然引起 GDP 或工业增加值的增加或减少，而 GDP 或工业增加值的增减却并不一定能引起科技投入的增减。

　　回到本书研究分析模型的构建，基于已有研究的基础和分析，本书研究沿用其有效模型建构基础回归分析式，可列计算式为 $h = (1 - \mathrm{DW} / 2)\sqrt{n / 1 - n \times \mathrm{Var}(\beta_1)}$，该模型的构建基础在于其中反映出的回归分析系数的经济学含义，即考察科技投入每增加 1% 可带动 GDP 的增长率。由于数据获得问题，选取 1996~2005 年数据样本进行回归分析，建模并得出计算结果如下：

$$\lg dp_t = 1.454\,2 + 0.091\,7\,\mathrm{lrad}_t + 0.826\,1\,\lg dp_{t-1} + \mu_t \tag{7-6}$$
$$(0.538\,3)\,(0.034\,53)\,(0.022\,7)$$
$$t = (2.107\,6)\,(2.549\,17)\,(10.919\,6)$$

$$R^2 = 0.97，\ R_2 = 0.98，\ F = 4\,090.82，\ \mathrm{DW} = 1.17，\ \mathrm{df} = 7。$$

　　结果通过所有检验，依据之前回归分析的结论 2006~2014 年我国科技投入对经济增长平均的贡献率约为 21.93%。研究结论为：①科技投入与 GDP 产出总量成正比。对照计算结果，2006~2014 年我国科技投入与 GDP 之间存在长期、稳定的比例关系，从理论意义上可以推知科技知识增长和科技投入等是推动经济增长的重要主导要素之一，不过从获得的国家统计局和相关统计数据表明，我国 R&D 占 GDP 的比重大约徘徊于 1%，这一实际所反映问题是科技总量依旧偏低，投入急需增加，从国际情况看，不但低于发达国家的 2%~3% 均值，与新兴工业化国家韩国和新加坡 1.5%~2% 相比也略显不足，难以在短期形成跨越发展和突然爆发跃阶的可能。②科技投入的结构性不协调，造成产业与科技发展比例关系失衡。通过查阅国家统计局和产业统计数据，我国的科技投入在三次产业中产生的影响有根本性不同。因为从回归分析结合国家统计数据看，科技投入与工业间确实存在长期稳定的比例关系，可以作为一种直接证据来表明我国第二产业能够飞速发展与长期稳定的科技投入密切相关，然而统计数据中第一产业、第三产业与科技投入之间的长期稳定比例关系基本不明显，或从侧面反映科技投入在一三产业中的稳定度与支持度很难形成紧密联系，或说明缺乏科技支撑的产业发展速度会相对较慢。③科技投入对经济增长的拉动效应相对较弱。根据计算结果，从 2000~2014

年我国科技投入对经济增长的年均贡献率约 19.632%；而进入 21 世纪发达国家及地区如美国、日本、欧盟等均把科技和技术创新为国家主导战略，大幅增加科技投入，其 R&D 经费投入占 GDP 比重很高，从世界经济组织报告显示其科技投入和科技进步对国家经济增长的贡献率都高达 70%左右，这其中也反映出我国科技投入经费的使用效率相对偏低。

综合以上研究和统计计算结果，实质是我国在经济增长和产业发展上对科技支撑只是存在片面式的认知，不能从经济增长和产业部门的整体科技系统式支撑及其体系建设有着深刻认识，甚至在定位科技进步以及创新上只是紧盯当前经济产出的部分，或者片面追求高、新、奇、快的目标设定科技支撑与技术创新目标，不能有效地结合自身后发优势，不能在国际成熟产业链和经济发展圈内制定跳级式定位战略，这也就是说现在的科技支撑虽然已经在投入和技术研发及应用方面取得了相应的成果，但是在经济增长和产业发展的跃阶方面依旧做得不够，其中不乏我国经济增长主要非依靠科技要素投入，而是以资本和劳动力要素投入为主导的经济增长路径，这也是科技投入对经济增长贡献率有限的重要因素之一，所以只有在产业链定位、后发优势结合以及跨越要素这三个主要方面形成聚合效应，才能实现科技投入和技术进步在科技支撑助力经济增长与产业跃阶中有所爆发。

三、结论及相关解析

综合以上研究和测算统计结果，科技支撑区域跨越式发展的可行性准确无疑，因为技术进步及科技创新和社会的效率化对接就是最佳选择。通过技术撬动、需求拉动、政府推动、产业的创新偏好形成链式闭合循环，并产生巨大而实质的社会物质推动力，进而实现经济和社会的跨越式发展。这就是说，技术进步撬动和奠定了创新产业化的可能性，市场需求的拉动提供创新商业化机遇与条件，政府推动更是为科技创新营造一个适宜的政策与外部大环境，产业创新的偏好更是创新循环和技术进步的基础，给创新潜力有发挥之地。那么基于湖北产业实际，而推导出：优先实现湖北跨越式发展的科技支撑突破口首选是基于创新的制造。

基于科技创新和制造整合的动力要素，将加速科技进步、创新生产与应用倍增，并且能有效地形成发展要素间的闭合循环，促进创新集群的发展与出现，并且依靠政府促进科技创新的政策建立，完善科技创新促进产业制造发展的多要素整合，形成多向互动的动力机制，更能最大限度地减少或消除技术进步和科技创新中诸多不确定因素，与经济和社会产业发展全面形成长期稳定的互动关系。

第三节 科技支撑突破口实现典型区域跨越的路线图

实现社会经济发展的快速追赶甚至跨越，是当前所有后进地区求发展的首要目标。从技术角度的可能性结合实证分析，实现这一目标是有科学依据的。基于最近 20 年科技水平的迅猛发展，尤其是新信息技术革命浪潮推动下，技术创新、科技发展变革席卷了世界主要发展中地区，加之经济全球化日益加快，发展中地区先进技术获得极大方便，引发了社会经济发展范式的根本性转变，为跨越式发展提供了绝好的样本。在科技支撑跨越式发展实证分析结论可行的基础上，本书研究认为发展中地区实现跨越发展在路径设计上只有技术创新和技术跨越，如图7-4 所示。

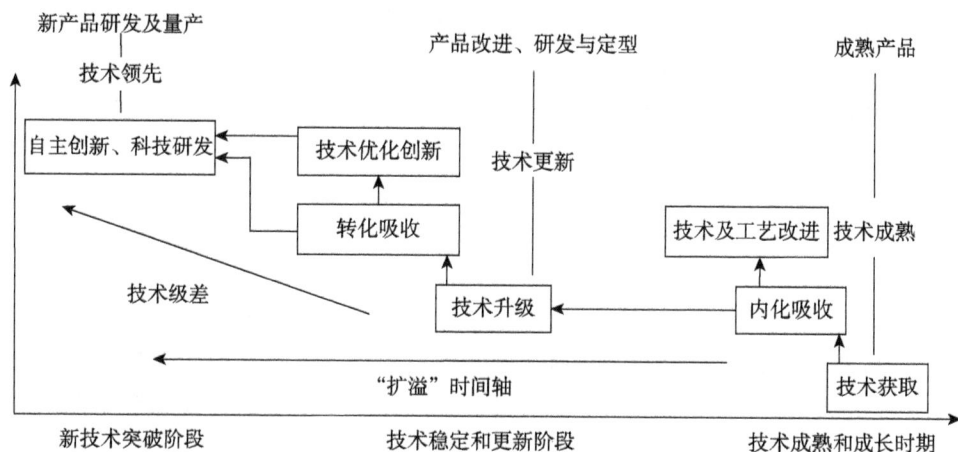

图 7-4 发达地区和后进地区的产品生命周期与技术"扩溢"路线图

资料来源：Haas（1958）

社会的经济发展过程中，当前先进地区的经济增长来自于资本积累和技术进步、科技创新。那么落后地区与先进地区原有的技术级差依旧存在，生产水平和生存率之间的距差也将较长期维持。从产业发展、产品生命周期和技术"扩溢"角度考察，虽然落后地区可以通过技术引进、投资合作或贸易等方式，获取技术和科技知识用于提高生产率和经济效益，但由于技术内生性和技术知识整合特性等不确定因素，该发展模式存在不可持续发展的不确定性因素。还由于按照这种模式，发展中地区延循发达地区所创造的技术路线与方向实施赶超，决定其赶超速度的就是技术级差比和发展中地区技术提升能力水平及其发展层次。综述以上分析，发展中地区的要素聚集、部门间配合以及技术连续性积累的影响等因素都是发展能力的限制因素，而且这还只是发展的内在基础之一，随着技术的不断扩散和熟练掌握，产业形成了相当的生产能力，掌握了技术协调市场的方法，科技知识和技术能力这才真正的成为发展中地区的动力源泉和相对优势来源，然而这时如果不加快技术内化、基于模仿的创新或真正的创新形成新的生产能力，那么又将会落入技术学习与引进的下一个循环。这也就是说，基于引进和模仿的创新与技术进步，发展过程中的不确定因素较多，意味着从简单学习模仿到自主创新进步的速度一定要赶上或超越先进地区技术进步和创新的速度，才能摆脱技术无法"上台阶"的良性循环。实质上，这就是在技术获得与科技知识和技术能力积累阶段影响发展中地区最为关键的阶段，也是发展中地区是否能快速形成比较优势并将其转化的关键。那么通过发达地区和后进地区产品生命周期与技术"扩溢"路径图演示，可以很清晰地看到后进地区要实现跨越式发展，至少在技术方面和产品、产业发展层次很难在基础和环境都相对匮乏的情况下，实现产业发展、产品生命周期转换以及承接技术转移与"扩溢"。

从可以检索到的中外文实证分析和研究资料表明，技术创新能跳跃技术发达地区到发展中地区的技术"扩溢"和转移的阶段，从而避开了技术鸿沟，降低了技术支撑经济社会跨越发展的难度，这对于发展中地区实现技术跨越是很好的机会窗口。因为在技术创新和技术应用阶段，发展中地区和发达地区差不多几乎同时处于起步阶段，发达地区是研发优势，而发展中地区是转移承接优势，其间的鸿沟与级差就体现在技术与科技。但如果通过技术创新实施对接桥架，那么技术平台的共享可能性与衔接率较高。重要的是发展中地区要素成本很低，虽然要素聚集优势不如发达地区，但由于创新平台建设的同步性几乎一致，并能在建设技术转移承接平台同时，使其拥有同平台研发和创新能力，在发展设立目标范围内实现技术水平跃升至高端或者直接实现技术跨越。这就是意味着，通过资本积累、要素聚集，把握好技术窗口机遇期，实现技术跨越和创新创造推动社会经济跃升是可能的。

发展中地区跳过发达地区规划的技术发展路线图，是利用革命性技术为经济社会发展范式的转换产生决定性作用的前提。这就是从创新的角度实现技术跨越，并由技术跨越带动社会经济跨越的路径选择。以韩国为例，韩国就是多个领域受益于技术"扩溢"，且以技术"扩溢"为基础走跳跃式创新路径，从技术扩散、技术能力跨越、产业能力积累、产业路径设定等方面跳过或绕过发达地区技术发展循环与障碍，或与其平行发展，最终实现了技术跨越带动经济社会跨越发展。

如果以湖北实证和现况看，湖北发展现实形势分析显示，湖北依靠技术跨越推动社会经济跨越式发展实现的有效路线图如图7-5所示，完善已有制造基础，跳跃了技术成熟阶段，通过借助技术贸易的技术扩散和不断的自主创新、新技术研发，缩短技术稳定阶段，抢占技术跨越和研发突破的阶段优势，将高端技术研发与技术产业化做大做强，保持基础制造的规模与市场控制力，实现创造与制造的同步一致。实质上是针对市场需求导向的市场诱发型技术革新，基于技术进步和科技创新的路径开辟一条湖北制造的跃进式路径，在实现科技跨越的同时，实现社会经济跨越式发展。

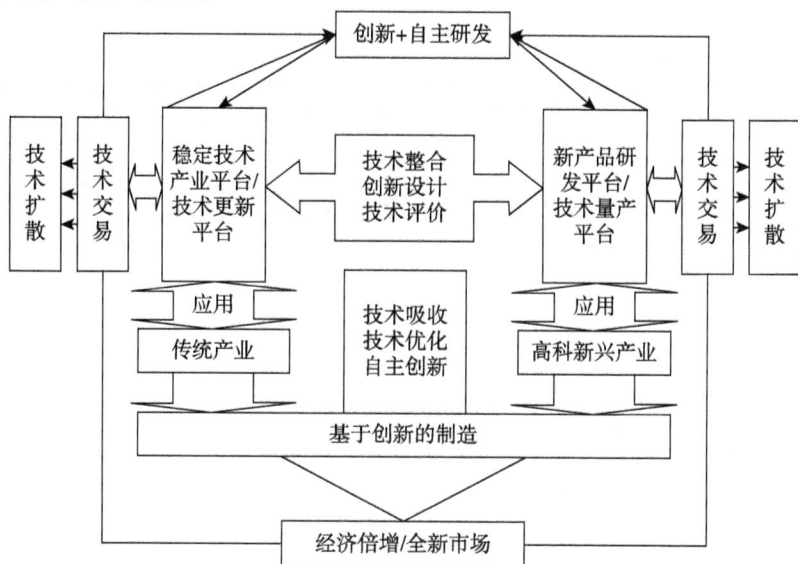

图 7-5　基于创新的制造对接经济与产业发展路线图

第八章

区域跨越发展中科技支撑突破口的选择策略

　　本书以湖北为案例，以湖北的经济情况、发展历史以及产业基础实际，通过科技支撑的切入，谋求跨越发展实现"量突出科技提速，质展现科技优化"的技术支撑发展路径，着力证明科技支撑在后发地区尤其是追赶型发展的典型区域实现跨越发展的有效路径选择和可靠实现手段。从理论梳理来看，跨越发展是通过调谐技术与经济互动发展的复杂社会经济发展过程，其中涉及多重因素。区域、产业发展水平、经济能力、技术和创新水平等方面都将因为多因素叠加，在技术和经济互动下产生不同的发展效果，更出现不同的发展路径。不过，这里要注意到的是，跨越式发展本身特性即跨越发展与社会发展是共荣共生的生态互动共同体，科技进步与创新将会对经济和社会发展起到强力推动作用，但社会和组织建设又是科技进步与创新的物质基础。从某种意义上说，科技进步与创新的规模与速度与该国或地区的社会发展水平成正比关系。具体来讲就是，经济和社会生产的发展对科技进步与创新有直接诉求，这也是科技进步与创新的直接动力来源之一。但科技支撑的跨越不可能是局限于某处突破，需要相关产业基础支持、相应的技术水平基础支持与呼应，这就需要政府的强势介入。社会经济发展阶段的不同对科技进步尤其是技术水平的诉求也不同，因为不同的社会发展阶段对于科技进步与研发创新的本质诉求和有效供给水平、能力均有所不同。以本书选取的典型后发追赶地区的湖北发展而言，其落实跨越发展的科技支撑突破口在具体实践上就是"政府搭台子，科技唱主角，产业保跨越"。

第一节　支持跨越发展科技支撑突破口的原则与策略

从跨越发展和科技支撑突破口互相作用的交集讨论实际与实践情况，这就有必要选取现实案例实施展开和代入式研讨，这里本书引入湖北为跨越发展的案例，从湖北发展情况、历史经验以及产业与经济准备思考和提出支持跨越发展的科技支撑突破口的原则和策略，为后续的具体科技支撑突破口的实际运用提供一个总体思路和后续实证研讨的开端。

优先实现跨越式发展的科技支撑突破口的指导总原则，是发展战略上有总有分、具体实施上优化协同、产业选择上顾全局有特点、技术支撑上有调控有市场。发展战略上有总有分就是要充分考虑到科技支撑地区跨越是一个相互联系、相互作用的多重要素集合运转的发展过程，创新的属性变化、功能发挥、运行规律、实践原则、转化条件等都是相对于整个发展过程相对独立而又密不可分的。具体实施上优化协同就是科技支撑社会跨越式发展是大规模规划、组织、协调的复杂系统工程，要保持系统的整体性和系统功能运转良好，系统内部的协调与优化是关键，因此要素间的关系协调、子系统间的协同、要素与系统的优化配置等都是实现创新体系、服务于跨越发展大系统需求的。产业选择上顾全局有特点是务必在整体和全局层面考虑和满足创新发展、科技支撑实现跨越发展的总体需要，在大环境下促成最佳的动态关联和有效匹配，而在经济、体制、政策、文化和硬件方面配套以及创新工程支撑子系统建设的过程中要充分发挥自有优势，针对自身特点和实际，打造重点工程与突破项目。技术支撑上有调控有市场是政府要强化宏观调控导向的力度，从法律、制度方面推动要素融通的发展机制和综合环境，同时要充分运用市场机制，发挥市场运作的调节能力，增进科技创新动力及其环境的健康有序发展。

优先实现跨越式发展的科技支撑突破口的对策思想，即借助外部加快构建促进中部地区崛起的重要战略支点的良好大环境与任务要求的开发背景，基于以科技发展和创新进步为主题，以技术研发创新和技术突破为主线，依靠新型工业化、新型城镇化和农业现代化为科学积累和技术创新形成突破口，以创新文化、创新环境、创新发展条件为激发动力条件，在实现跨越发展为阶段性目标同时，实现经济增长、产业发展和社会进步的三优发展着力点，最终在湖北区域实行跨越发展的同时实现全面建成小康社会的目标。

第二节　区域跨越发展科技支撑突破口的靶向目标

从实际情况看，湖北在跨越发展方面也进行了公共性准备和行政支持。例如，湖北省委、省政府在"十二五"期间关于推进经济社会发展有七项原则：坚持推动产业结构优化升级、坚持增强自主创新能力、坚持统筹城乡区域协调发展、坚持把解决"三农"问题作为全部工作的重中之重、坚持大力保障和改善民生、坚持加强生态文明建设、坚持深化改革扩大开放（王军民，2007）。从另一个侧面也说明，湖北地方政府提出的"七个坚持"是政府公共干预区域跨越发展的基本诉求和条件准备。对于湖北案例的考量，本书就区域跨越发展科技支撑突破口进行靶向目标设定的话，湖北区域跨越发展的实现可以体现在六大主要目标上，即经济增长速度超常规、经济结构非对称、城乡居民收入增加率超过当期国民收入增长率、社会建设现代化初级阶段完成、区域的发展资源水平达到资源准备水平、取得构建促进中部地区崛起重要战略支点阶段性成果。具体数据指标可设定为：产业结构持续优化、质效双行的低能耗可持续发展模式下，经济增长速度实现持续保持，区域经济增速水平保持年均8%以上。另外，这一设定也是符合湖北实现跨越式发展的战略设定的区域政府高层的"十二五"乃至"十三五"规划的核心内涵，即经济与社会双上新台阶、省域综合竞争力通过经济及产业体现、湖北区域在国内排位的显著提升等。

回归主题，科技支撑突破口在区域跨越发展的运行，具体在湖北的策略设定就是，实现经济增长方式和经济发展的根本性转变，实现产业和经济发展的协调可持续，实现社会和科技发展的创新性提升。具体为：一切均围绕加快实现湖北跨越发展这一总目标和大前提，通过建立强化创新能力为核心的科技跨越政策保障体系，优化配合科技实现跨越实践需求为动力的制度保障系统，营造以繁荣科技跨越为目的的社会综合环境，维护基于科技实现跨越全面展开为前提的经济法制环境。

由此，就具体案例推演可得，湖北区域科技支撑突破口的具体战略路线图则初步划定为"两阶段、多目标"同步推进的设计。第一阶段为"十二五"前期，理顺科技创新和产业、政策运行机制间的关系，改革体制、机制，基于现有产业和社会经济平台夯实技术经济发展的基础，加快创新网络和科技经济平台建设、科技创新基地建设、技术经济应用跨越平台建设，改善科技经济发展的政治文化综合环境，形成以湖北为中心的中部科技经济发展与交换平台，作为连通东西部经济、科技和创新交流的区域性中心。第二阶段为"十二五"中后期，是全力冲刺实现跨越发展时期，是依靠科技支撑突破口实现重点开花的时期。创新与科技能力大幅提升和取得经济阶段性增长成果的同时，进一步加大科技和创新的扶植和投入力度，强化政府宏观调控干预科技创新助推经济加速实现倍增，持续加强创新、科技在经济发展方面政治文化综合环境的改善，强化区域内公众层面创新意识与科技素养，加速科技经济组织的标准化、产业化、规模化。

第三节　区域跨越发展科技支撑突破口的具体对策

从具体的省情、发展阶段、体制、机制和制度文化等方面的现实比对与区域差别分析，湖北区域实现跨越发展方面可以按需借鉴其他区域在科技支撑社会经济发展的经验、体制与模式，但绝对不能简单地照搬照抄。本书编写组选取湖北作为典型案例，从湖北实际和跨越发展实际需求出发进行详尽的分析，其科技支撑突破口是基于创新的制造。于此，本书在具体对策方面划分为宏观对策构想、微观对策设计两个层面进行操作式解读，推演科技支撑区域跨越发展中如何在"符合发展规律、符合区域省情、切合实际情况"的自主创新道路上实现跨越发展。

一、宏观对策构想

宏观对策主要依据湖北省高层和政府的发展战略意图，提出通过政府的强力干预结合科技支撑介入的设计理念，展开政策规划与推演，要点可以分为以下步骤。

（一）构建宏观的科技介入政策体系，促进总经济量级与省域内涵及发展前景有效对接

经济总量级实现跨越的关键在于实现工业跨越和产业的全面现代化。工业农业的全面现代化、产业化转型升级依靠科技支撑和科技政策的扶植，因此完善的科技介入政策体系是经济总量实现跨越的有力支撑。完善的科技介入政策体系建设关键在于政策结构及其体系的区域完整性和控制力。没有全面协调区域的政策结构和体系，就无法成功搭建实现全面辐射的技术"扩溢"创新发展平台，实现经济总量突破也就无从谈起。宏观的介入型政策体系主要作用在于提升自主创新能力和水平，提高区域竞争力，从"加工厂"模式转变为基于研发、创新的自主经营模式；全力推动特色和优势产业的战略转型升级，实现短期内区域循环经济提升，消减湖北内区域发展的结构级差，实现经济总量增长和经济结构调整的双优。宏观科技介入政策体系包括政治、经济、文化、法律等方面介入性政策组合。

（二）建立科技支撑产业政策体系，实现湖北在产业上的创新制造

建立科技支撑产业政策体系，就是要湖北在产业上实现发展总量级和科技量级的双重突破。科技支撑跨越发展是一项针对社会经济发展的复杂系统工程。快速实现有效的社会经济跨越式发展，关键在于产业发展的能力与水平、产业的现代化进程、产业的自我创新与科技含金量水平。科技支撑产业政策体系组包括三次产业现代化、产业创新能力与科技水平量化评估、产业技术能力转化与推广评

估、产业科技发展鼓励和奖励体系等方面。政策体系着重于增强科技竞争能力、加大科技投入、保护自主知识产权、加大科技引进和科技投资、提升引进科技转化效率、积极承接科技研发和科技产业转移项目、强化湖北支柱产业的科技规模和科技含量、在重点产业优先推动创新制造的发展等方面。利用好武汉东湖高新技术开发区为代表的国家级和重点省级开发区，并整理针对性相关政策，继续对政策实施研究，加大政策扶植力度，促进发挥科技优势的产业集群生长，依靠自主创新、创新驱动加快基于创新的制造实现产业跨越的进程。

（三）建立科技支撑社会经济发展的环境建设政策体系，推动省域均衡发展

要实现省域跨越式发展，建立科技支撑社会经济发展的环境建设政策体系是重要保障。推动省域内科技支撑与创新环境建设，实现省域内科技支撑环境的优化整合，调整湖北域内发展层次与结构，统筹科技支撑系统间的协同发展，发挥科技圈与科技平台的同步及互动效应，发挥省域内科技中心的带动与辐射作用，推进"光谷""农谷"等科技集群的发展。构建长江中下游科技带的政策规划，加大省域内中心城市或县域中心城市的科技环境营造的力度，整合沿长江科技基础设施体系、现代科技产业组织。实现科技支撑社会发展的综合环境管理一体化能力的协调，通过城乡科技发展规划政策体系、科技服务产业发展政策体系、科技公共服务水平政策体系的建设给予支撑。

（四）建立科技创新支撑跨越政策体系，强化科技创新能力和水平

围绕科技强省战略制定科技立省政策体系，建立科技创新支撑跨越政策体系，强化科教与研发优势是形成产业优势，实现重点跨越的基础。建立基于高新技术企业为主体的技术创新跨越体系，分工协作的产业链和高新技术产业聚集群衍生的体制机制。转化区域科研优势的梯度发展政策体系，优化科技体制、机制、环境创新政策体系实现科技与创新由"研发优势"向"产业优势"跨越。加快出台科技创新体制机制改革政策，规范政府科技管理职能的政策体系，发展科技中介组织与服务的政策体系；建立创新成果应用奖励政策体系鼓励企业成为研发和创新投入主体；完善技术创新扶植政策体系，促进企业为主体、市场为导向、产学研用相结合的；试点创新转化与应用的融资政策，尝试高新技术产业与金融协作共荣，建设省级和市级政府与金融业投建的高新技术产业投融资平台；试点社会资本投入和市场化运作政策体系，增强科技创新应用的融资能力，加大对高新技术产业化的直接投资力度，整合社会资本，鼓励市场化运作方式。

二、微观对策设计

微观对策则体现科技支撑突破口优先实现湖北跨越发展的具体要点。针对基

于创新的制造，政府介入式支持在政策设计、法律辅助、资金支持以及环境优化等方面有效、深入地开展工作的具体方案与对策，具体如下。

（一）夯实科技研发及创新支撑的平台建设，充分发挥支撑辐射效应

（1）科技投入条件要满足科技支撑跨越的发展总需求，在增量与强度方面适当向高新技术产业、战略新兴产业倾斜10%左右。创新与研发环节，以政府投入与优惠免息贷款项目为契机，撬动资本市场，调动市场积极性，鼓励市场化运作模式。在创新制造环节以企业和产业投入为主体，上市融资与风险投资为辅助，利用外资为补充，形成风险分散且投融资多元的科技投入支持平台，在重点产业和支柱产业方面，针对创新制造项目的贷款项目可以采取政府低息或无息担保，强化与保证科技投入，尤其在创新制造项目上的稳定性与持续性。

（2）加快科技发展条件资源配置的优化，结合市场运行机制，进一步强化适应科技发展规律的科技经济体系建设。加快建设重点高等院校和重点科研院所为主体的知识、技术创新支撑平台，全力推进以支柱产业和高新技术产业为主体的技术进步与创新体系，以科技创新服务机构、咨询机构、创新与科技中介机构、创新与科技评估机构等为主体，形成综合的科技进步与创新服务条件。

（3）针对跨越发展布局，合理统筹和规划研发与创新基础设施，适应和满足科技经济发展需求。进一步加强重点实验室和创新支撑设施的系统化建设，进一步完善适用于创新与技术进步的实验保障平台，构建针对创新制造的科技研发支撑与保障体系。

（4）在技术标准条件和准备上与国际接轨，为本地技术标准国际化创造条件。指定科技部门及时跟踪国际最新科技情报和国际标准，确保与国际技术和标准的更新同步；参照国际标准，制定有本地特色和实际的产业技术标准，并给予专项的辅助和支持；建立技术标准和技术资源数据库，为产业和企业发展提供技术标准信息服务；鼓励产业和企业积极参与和承担行业技术标准的制定，推动本地技术标准的国际化。

（5）利用公共采购政策优势，针对性扶植新生科技创新企业，促进自主知识产权的创新与研发。实施政府采购在充分尊重政府采购法规及政策同时，针对本地技术经济条件制定相应的保护性和扶植性条款。例如，规定在均等条件下，优先购买本省产品或与本省企业合作，甚至在一定的价差范围内也规定优先采用湖北制造；根据本地质量和技术相关标准的制定，为本地采购的招投标提供原则性扶持；等等。

（二）建立针对基于创新制造的激励体制机制

这一点则主要在权益激励机制、人才政策体系、税费优惠政策体系方面重点

展开，旨在提升科技进步与研发参与机构的创新能力和科技服务水平。

1. 权益激励主要有权益收益激励机制和体制机制改革

第一，调整和制定权益收益激励政策。加快研究技术革新和创新的成果如何参与分配，并制定相关政策。借助企业改革和科研机构改制带来的有利机会，建立科技权益激励机制和制度，为创新和技术改进者的权益收益保障和参与分配提供有形保障。第二，加快产权结构的明晰与完善。针对科研机构改革和产业中相关产权问题，及时准确地给予明晰或解决。针对改制和转制科研机构，按照市场经济规律和原则依法实施调整。对于一般性或非重点和非涉及产业安全、国家安全的业务性科技机构，允许社会资本参与或依法转让产权。第三，规范产权激励与约束机制，全面优化科研机构的科技力量布局，合理调整与规划科技资源配置。针对具有面向市场能力、主研项目和服务有市场需求且可转化为市场化收益的科研机构，给予其合理的发展空间，但在国有资产处置和收益运营方面要加强依法依规约束。对于提供社会普通公益服务的科技机构，且运营必须依靠政府支持的科技机构，在通过科学评估后，明确分类并优化结构和人员配置，根据专业或学科归口和学科分类，尤其是从事基础研究类别的，鼓励其与高等院校合并或划归高等院校，其他将统一划归科技经济支撑平台运营。第四，尽快建立国有企业中科技贡献激励机制，确保支柱产业战略性转型与调整的顺利进行。因为湖北当前经济贡献支柱的产业龙头大多为国有企业，因此完善现代企业制度和现代公司法人制度尤为重要。在国有企业内明晰科技贡献激励与科技贡献收益，将极大促进国企技术改革深化和支柱产业的专业化技术化转型，从而实现大型国有支柱企业在技术优势和科技竞争力的强化与储备。

2. 人才政策要战略和战术相结合，体现短期与长期的合理布局

第一，制定针对"科技强省"和实现跨越发展的人才发展战略，对科技人才实施结构和计划的调整，在引智计划中实施特事特办，加大引进特殊人才和高端人才力度，借脑强省。实施自己培养为主、引进为辅的组合策略，本省人才实施梯队化建设与规划，在本地科研院所尤其是高等院校青年科技人才中选拔一批人才作为培养对象，拨付专门经费支持。第二，优化人才发展与培养环境。强化尊重知识、尊重人才的社会评价，试行高学历人才最低收入保障，允许科研人员和创新者以知识产权入股参与合理分配。当前的另一要务就是要支持致力于扎根本省发展且具有创新知识和能力、懂技术、会管理、善经营的企业家。

3. 针对创新与科技支撑的优惠转移的税费优惠政策

在符合国家产业政策要求和规定前提下，只要符合创新制造条件的企业、项目或研发创新活动，调整出口补贴和进口替代补贴。在企业研发和科技支出方面，有针对性的调节税收抵扣标准。对科技含量高、产业关联度大的技术出口或创新技术国际贸易，可按照相应比例实现出口退税率的浮动。凡涉及技术和研发计入成本、技术和研发投入、技术和创新知识转让的，按照其行业分类和利润贡献率，在财政和税收方面给予补贴形式的激励。对于实现科技创新重大成果突破或实现革命性创新技术突破的科技股权、产权交易和转让等方面给予相应的税收和征费优惠政策。对科技人员和创新者的知识产权入股分配部分实施优惠的征税措施，如第一年免税第二年减半征收等。

（三）完善科技法制建设，提供有效的制度化保障

这点上则突出完善科技法制，将充分保障科技人力、物力、财力的合理分配、流动和管理等方面的内容。

1. 依法办事，强化法律手段介入和管理科技创新活动与科技支撑平台建设

依照法律法规，规范创新与科技成果的鉴定、报送、交流和推广制度，严格技术合同与技术市场的管理制度。根据社会主义市场经济，遵照反垄断法，维护市场公平和技术市场的公平交易；遵照专利法保障科技创新和创新主体的成果权益；利用法律产生的政策财政与政策金融，支持和激励产业与企业科技创新动力及积极性。

2. 强化针对科技创新的法律法规研究

推动高新技术开发区管理办法的立法研究，科技创新投资的法律监管研究，政府资助科技创新活动的法律调控研究，科技体制改革及其保障的立法研究，科技创新的发展政策研究，科技创新与创新发展的政策及其政策配套与协调的研究等。

3. 知识产业的法制建设与保护制度建设是重点环节

利用好专利法和知识产权保护制度，促进本省的原创专利增长与知识产权保护工作；根据知识产权的法律法规，出台强化专利管理和创新保护手段的措施，制定适用于本地当前技术和自主创新情况的专利和知识产权保护规定；基于当前的法律条件和知识产权保护条例，出台和形成有利于自主知识产权的激励机制和相关立法；强化科技经济实现跨越的知识产权激励措施落实工作；鼓励和支持本地科技创新企业参与国际专利的申请，为拥有自主知识产权的创新制造企业在研发、成果产业化、出口方面给予重点支持，并为其提供申报国际专利的一系列公共服务；在自主知识产权的创新制造企业方面给予重点法律和法规的保护，尤其是中小型科技创新企业，面对相关侵权纠纷和违法追究情况的，政府应予以全力支持；推动科技支撑创新制造的自主知识产权联盟，在参与科技创新制造的拥有自主知识产权企业和产业中形成技术联盟，促进长期创新发展储备和技术源的发

展,同时鼓励和支持本地拥有自主知识产权的企业形成专利和技术知识产权联盟。

（四）促进投融资环境建设，营造良好的技术经济氛围

1. 规范和完善风险投资机制体制

调整金融政策，完善风险投资机制，创造良好的风险投资环境，鼓励多主体不同成分的投资参与创新制造活动，扩大风险投资的资金来源范围，充分发挥市场调节作用，建立"理性投入、风险共担、利益共享"的良性风险投资运作机制。

2. 建立政府担保的信贷支持政策体系

政府财政部门牵头，与国有银行和商业银行联手，构建贷款担保协议网络；建立政府成立的担保资金信息数据库；鼓励专业担保机构联手社会资本，建立贷款担保需求的信息网络与发布系统；针对信贷担保，制定省级统一标准和政策，重点对创新制造和重点创新突破项目实施创新担保计划，做到特事特办。

3. 促进资本市场繁荣

规范和促进期股市场参与创新制造产业与企业的投入；规范和理顺民间参与创新与技术发展的投融资渠道；制定民营资本、高新技术中小企业融资、民营科技创新企业融资等方面的针对性政策；激活资本市场的同时，促进多元化科技投融资体系建设。

（五）建立促进创新制造出口和支柱产业国际化战略的科技支撑体系

加大对创新制造产业和企业国际经贸的政策支持。例如，充分利用外贸发展基金，支持创新制造企业和高新技术企业的出口、国际市场的开拓、参与国际标准认证以及出口退税等；制定针对创新制造产品的通关政策，加快出口流转；针对创新制造产品的出口补贴制定对应的政策，鼓励创新制造产业和企业扩大及保持国际市场占有率。

（六）重视创新型科技中小型企业发展及其研究

（1）科技创新型中小企业是技术创新产业和企业集团的优良后备军与资源蓄水池，规模化是量变的资本，具备实现质变的实力。在扶植科技创新型中小企业自主创新创业方面给予政策、财力以及环境的支持，利用财税杠杆鼓励和推动中小高新技术企业的发展。搞活中小国有高新技术企业体制与机制，积极引导其转轨，适应市场的需求。

（2）规范立法与政策，支持和保护中小型企业的发展。吸取科技创新方面的发达国家经验，利用法律法规来保障和明确中小企业的地位，为企业竞争和产业

发展创造一个良好的公平竞争环境。充分发挥《中华人民共和国中小企业促进法》的效用，出台相应促进科技创新型中小企业政策，成立科技创新型中小企业发展基金和风险投资基金、建立科技创新型中小企业信用担保制度等。

（七）协调综合环境建设，各主要经济和产业部门协同运转

（1）强化综合环境建设，为科技创新活动提供良好的发展空间与外部条件。重视文化环境建设，提高社会公众的科技文化素养和科技创新意识，为科技创新形成浓厚文化和人文氛围，强化产业和企业创新文化环境建设，发挥产业和企业创新文化的内在革新因素与社会责任意识，通过创新文化与科技创新的良性互动，全面提升创新的环境影响力。

（2）政府调控要区域（省内）系统化，要有"省内一盘棋"的总体思想和具体操作设计，因为具体操作由省市各主要经济及产业部门实施具体政策调控，省市各主要部门的政策与工作务必协同一致，做好财税、科技创新支撑、人事以及环境建设统筹的工作。

（八）设定"科技立省"远景战略目标与规划，实现基于创新制造的可持续发展

短期内科技支撑跨越发展实现，仅是通过科技支撑突破口的创新制造是不够的。要实现全面可持续的跨越发展，并且保持跨越发展后续有力，必须在设定跨越发展初期目标与"科技强省"的基础上，桥接"科技立省"的长期可持续发展目标。

1. 提高产业竞争力，突破和掌握产业的关键核心技术是创新制造之魂

湖北在产业竞争力倍增，除继续实施重点支柱产业扶植与调整规划外，要提出中长期科学和技术发展规划，配合产业结构和技术创新实施进一步调整和优化；明确战略新兴产业发展的重点行业和追赶领域，制定瞄向经济增长的战略新兴产业发展计划，政府出面组织或牵头产学研用组织，以"自主创新、基础与应用研发双增长"为主题，一方面做好关键核心科技产业和技术攻关项目的前瞻部署，另一方面加快战略新兴产业成为先导支柱产业的建设进程。

2. 面向可持续发展，构建基于创新制造的布局重点战略项目

进入技术经济时代以后，产业发展格局以及创新形势出现国内外同步程度高的趋势，一方面是如何应对技术和知识革命所产生的挑战，另一方面是迅速打破制约区域发展的技术和知识经济的发展瓶颈障碍，这时候就需要找寻技术和科技知识的创新着眼点，基于"创新制造"的科技支撑突破口设计，在实现可持续发

展的需求下，布局重点战略产业和技术突破项目。

信息产业打头阵，继续坚持物联网技术研发与技术高地抢占部署。重点布局基于大数据的信息传递、处理、存储以及网络计算等技术尖端领域，加大在相关基础设施建设中新技术的应用与推广力度，在国内外信息资源行业以及网络信息技术领域实现自主创新和创新领先。加快构建普惠、可靠、低成本的信息网络系统和运营体系，推动智能中国、智慧湖北的建设深度和建设水平，从智能宽带无线网络、网络云计算和大数据、智能传感、智能显示及人工智能技术的战略布局。

材料产业成支柱，倾力打造未来经济主力中制造业和工业产业的技术根基。基于"创新制造"的思路改造湖北传统材料制造业，以环境友好、可再生循环、制备使役全过程实现节能减排等环保特性为基本标准，面向工业领域主推先进材料制造和绿色智能制造平台及系统。通过严格和提高产品技术标准，实现并完成钢铁、有色金属、水泥、玻璃、高分子等材料产业的转型升级和结构调整，全面实现节能降耗减排环保的基本要求。从湖北资源储备特点与可持续发展需求着眼，优先实现先进轻型工程结构材料、工程复合型材料和工业功能型材料等工业材料的发展，加大加快在电子材料、信息材料及其相关制造设备与技术系统的研发力度。

能源产业为支持，全面实现节能减排、环境友好、循环发展的未来经济增长设定。根据湖北资源现况、实际储量与资源利用配置情况，产业技术水平以及资源未来可持续的高地为目标，结合产业和社会经济需求，重点针对煤清洁高值综合利用、煤化技术和煤制产品的高技术清洁产品等的技术和产品的研发。从技术和知识创新层面抢占可再生能源、先进安全核能等清洁能源产业领域的技术高地，加快覆盖城乡的智能、高效、可靠的电力能源应用专项技术研究和系统集成，提高能源利用效率，扩大技术和产业在节能建筑、轨道交通和电动交通技术等的市场占有率。

生物产业为增长点。从国内外技术及产业发展形势而言，技术经济时代的生物技术及产业是绿色循环经济的主要内容和主导产业。我国的生物资源丰富，同时拥有广阔市场，从产业和经济获利来看，产业的发展空间与经济前景都较乐观。根据湖北产业发展与创新制造的实际，当前的重点攻关突破是育种技术、农产品以及加工制品的质量、产量，生物相关制品的科技创新，在农业产业上全力推动土地资源的节能种植、低面源污染的生物抑制剂、农业及相关生物废弃物的可循环或再生利用等技术和产品应用。强化工业和医药生物技术的研发，通过整合当前工业和医药制造部门，形成以工业生物技术、药物创新研发以及综合保健产品等新兴生物制造创新工业集群的产生，为工业和医药生物产业的发展提供技术发展和创新进步的支撑平台。

安全产业为前瞻部署。全面参与国家及社会的公共安全技术及系统的建设，从技术和知识创新领域加大研发安全防范技术，首先实现在预警、监测、应急等应对传统和非传统安全领域内技术研发和产品创新的突破。

3. 人才培养的未来化，培养影响未来发展的科技人才

强化发展靠人才的技术发展战略，制订"中长期人才培育和教育计划"，面向产业部门培养、造就人才，针对经济需求和社会急需突出培养规模和培养质量，同时保证基础型和后备型人才的培养工作。在人才储备和培养工作进行的同时，完善人才引智计划及政策，面向创新实践和区域影响增加方面打造具有全球竞争力的创新人才、团队和梯队，重点实施人才本地化战略。重视教育尤其是高等教育行业对人才的培养，为后备本土力量的产生和形成奠定基础，同时是对湖北教育资源良性、可持续发展的发掘。

参 考 文 献

安虎森. 1997. 增长极理论评述. 南开经济研究,（1）: 31-37.

奥斯特罗姆 E. 2003. 社会资本: 流行的狂热抑或基本的概念. 龙虎译. 经济社会体制比较,（2）: 26-34.

保育钧. 2011-05-30. 民营企业亟须五大创新. 人民日报.

波特 M. 2002. 国家竞争优势. 中文版. 李明轩, 邱如美译. 北京: 华夏出版社.

蔡昉, 王德文, 曲玥. 2009. 中国产业升级的大国雁阵模型分析. 经济研究,（9）: 4-14.

蔡昉, 王德文, 王美艳. 2003. 工业竞争力与比较优势——WTO 框架下提高我国工业竞争力的方向. 管理世界,（2）: 58-63, 70.

蔡金续. 2000. 我国地区工业生产率的测定与比较分析. 数量经济技术经济研究,（11）: 23-27.

蔡莉. 2010. 我国三大经济带高技术产业竞争力分解. 科技进步与对策,（8）: 67-70.

蔡宁, 杨闩柱. 2003. 论企业集群竞争优势基础的转变. 浙江大学学报,（6）: 42-48.

蔡跃洲, 郭梅军. 2009. 我国上市商业银行全要素生产率的实证分析. 经济研究,（9）: 52-65.

曹庭珠. 2009. 促进中部崛起的绿色战略. 当代经济,（13）: 108-109.

曹裕江. 2004. 准确把握 "中部崛起" 的内涵. 学习与实践,（6）: 19-23.

曹泽, 李东. 2010. R&D 投入对全要素生产率的溢出效应. 科研管理,（2）: 18-25.

茶洪旺. 2008. 区域经济发展的第三种理论: 非均衡协调发展. 学术月刊,（10）: 71-77.

柴志贤, 黄祖辉. 2008. 集聚经济与中国工业生产率的增长——基于 DEA 的实证分析. 数量经济技术经济研究,（11）: 3-15.

车维汉, 杨荣. 2010. 技术效率、技术进步与中国农业全要素生产率的提高——基于国际比较的实证分析. 财经研究,（3）: 113-123.

陈春, 阎红娟. 2009. 中部崛起的区域创新战略与政策建议. 商业时代,（7）: 8-12.

陈德智, 王浣尘, 肖宁川. 2002. 技术跨越模式研究. 中国管理科学,（10）: 484-487.

陈红川. 2008. 高新技术产业国际竞争力评价体系研究. 软科学,（8）: 114-117.

陈红川. 2010a. 高新技术产业创新能力评价实证研究. 科技管理研究,（16）: 20-22.

陈红川. 2010b. 高新技术产业竞争力评价实证研究. 软科学,（8）: 21-23.

陈宏伟, 李桂芹, 陈红. 2010. 中国三次产业全要素生产率测算及比较分析. 财经问题研究,（2）: 28-31.

陈洪转, 羊震. 2011. 我国高技术产业科技活动的激励控制动态综合评价. 产业经济研究,（4）: 89-94.

陈华, 尹苑生. 2006. 区域经济增长理论与经济非均衡发展. 中外企业家,（3）: 90-95.

陈佳贵, 张金昌. 2002. 实现利润优势——中美具有国际竞争力产业的比较. 国际贸易,（5）: 21-24.

陈建军, 胡晨光. 2008. 产业集聚的集聚效应——以长江三角洲次区域为例的理论和实证分析. 管理世界,（6）: 68-83.

陈建军, 黄洁, 陈国亮. 2009. 产业集聚间分工和地区竞争优势——来自长三角微观数据的实证.

中国工业经济,（3）：130-139.

陈立辉. 2002. 科技支撑体系及其作用与功能. 改革与战略,（1）：20-26.

陈立敏,谭力文. 2004. 评价中国制造业国际竞争力的实证研究方法——兼与波特指标及产业分类法比较. 中国工业经济,（5）：30-37.

陈柳钦. 2005. 产业集群与产业竞争力. 中国海洋大学学报：社会科学版,（2）：15-23.

陈伟,刘井建. 2008. 基于 DEA-Malmquist 指数的企业创新效率变动研究——对我国电子行业的 15 家上市企业的实证分析. 科技进步与对策,（8）：139-142.

陈秀山,张可云. 2005. 区域经济理论. 北京：商务印书馆.

程艳, 2013. 长江经济带物流产业联动发展研究. 华东师范大学博士学位论文.

储节旺,周绍森. 2005. 中部地区经济崛起研究现状综析. 江淮论坛,（3）：25-29.

狄昂照,吴明录,韩松. 1992. 国际竞争力. 北京：改革出版社.

狄志军. 2007. 论城市化与工业化. 河南商业高等专科学校学报,（1）：17-20.

刁丽琳,朱桂龙,许治. 2011. 国外产学研合作研究述评、展望与启示. 外国经济与管理,（2）：48-57.

丁焕峰. 2005. 区域发展理论回顾. 生产力研究,（1）：226-228.

丁娟. 2004. 技术跨越：基于技术进步与制度变迁的分析. 复旦大学博士学位论文.

丁力. 2004. 农业产业化新论. 北京：中国农业出版社.

丁任重,孙根紧. 2011. 新时期我国民营经济的转型与发展. 经济理论与经济管理,（12）：93-100.

段玉强. 2005. 中部崛起及其产业发展的基本思路. 中国科技信息,（15）：38.

多马 E D. 1983. 经济增长理论. 郭家麟译. 北京：商务印书馆.

樊纲,王小鲁. 2004. 中国市场化指数——各地区市场化相对进程报告（2004）. 北京：经济科学出版社.

樊纲,王小鲁,张立文,等. 2003. 中国地区市场化相对进程报告. 经济研究,（3）：9-18.

范恒山,赵凌云. 2010. 促进中部地区崛起重大战略问题研究. 北京：中国财政经济出版社.

方春英. 2011. 湖北省产业结构调整对策研究. 江苏科技信息,（2）：8-10.

方劲松. 2010. 跨越式发展视角下的安徽承接长三角产业转移研究. 安徽大学博士学位论文.

房宁. 2008. 草根经济与民主政治. 北京：社会科学文献出版社.

冯子标. 2002. 论产业选择及其实现途径. 经济学动态,（8）：38-41.

冯子标. 2005. 中部塌陷原因及崛起途径探析. 管理世界,（12）：150-151.

盖国凤. 2003. 论技术创新效率. 吉林财税,（4）：25-26.

高萍. 2006. 技术进步对中部六省经济增长影响的实证分析. 当代财经,（2）：91-94.

高萍. 2007. 中部地区崛起战略依托、发展模式与政策原则. 江汉论坛,（11）：38-41.

高萍. 2008-07-15. 简论中部地区发展模式. 光明日报.

葛文杰. 2009. 用科技支撑跨越发展. 农业经济管理,（4）：35-37.

顾华详. 2011. 论新疆跨越式发展的难点与对策. 新疆师范大学学报（哲学社会科学版）,（2）：13-23.

郭瑞平,曾旗,张乾林,等. 2004. 小企业集群专业化分工的比较优势分析. 郑州航空工业管理学院学报,（4）：40-42.

郭文轩,周雄飞,云传宏,等. 2003. 积极财政政策执行效果及隐忧问题研究. 经济研究,（4）：13-21.

郭燕青. 1999. 日本经济发展的科技实力. 世界经济,（3）：49-52.

国家统计局. 2008-10-21. 国家统计局产业公报数据汇总. http：//www.stats.gov.cn/tjsj/.

国家统计局. 2014. 中国统计年鉴. 北京：中国统计出版社.

国务院发展研究中心. 2015. 2014 年湖北国民经济和社会发展统计公报. 国务院发展研究中心信息网.

国务院发展研究中心发展战略与区域经济研究部，中部六省政府发展研究中心联合课题组. 2006. 中部崛起战略与对策. 北京：经济科学出版社.

韩春蕾. 2008. 建设创新型山东科技支撑体系及技术对策研究. 山东工商学院学报，（3）：28-34.

何春杰. 2003. 制度因素对区域经济增长影响的实证分析. 生产力研究，（4）：127-128.

何丽君，华文彬. 2011. 坚持创新驱动推进高新区跨越式发展——关于湖北高新区发展情况的调研与政策建议. 中国高新区，（5）：104-108.

河北省科技支撑能力研究课题组，许文建，刘明. 2006. 提高河北省科技支撑能力的若干对策. 经济论坛，（24）：39-40.

贺涛. 2010. 对科技支撑中小企业发展的思考. 石河子科技，（10）：33-34.

贺小刚，李新春，方海鹰. 2006. 动态能力的测量与功效：基于中国经验的实证研究. 管理世界，（3）：94-103.

赫希曼 A O. 1991. 经济发展战略. 曹征海，潘照东译. 北京：经济科学出版社.

洪世勤. 2007. 高技术产业技术溢出效应分析与传统产业的对策. 中国科技论坛，（10）：46-50.

侯景新. 1999. 落后地区开发论. 北京：中国轻工业出版社.

胡灿伟. 2011. "中部崛起"背景下湖北省县域经济组团发展研究. 华中农业大学博士学位论文.

胡长生. 2009. 中部崛起的江西科技支撑战略. 中国科技论坛，（1）：54-58.

胡静. 2010. 湖北西部地区区域发展战略与路径研究. 华中农业大学博士学位论文.

胡乃武，金磅. 1990. 国外经济增长理论比较研究. 北京：中国人民大学出版社.

胡树华. 2005. 中部崛起的战略与对策研究. 中国软科学，（5）：101-105.

湖北省科技厅. 2010. 湖北省科技厅关于支持湖北省创新型企业建设试点的若干意见.

湖北省统计局. 2007. 八次党代会以来"科教兴鄂"结硕果，高新产业上台阶. 湖北省八次党代会以来经济社会发展系列报告.

湖北省统计局. 2011. 湘鄂两省经济发展的比较分析. 湖北省统计局统计分析报告系列.

湖北省统计局. 2014. 2014 年湖北统计年鉴. 北京：中国统计出版社.

湖北省统计局，国家统计局湖北调查总队. 2014. 2013 年湖北省国民经济和社会发展统计公报.

黄宏纯. 2013. 应急管理科技支撑体系研究. 武汉理工大学博士学位论文.

黄建中. 2008. 中部崛起的可持续发展动力. 北京：对外经济贸易大学出版社.

黄伟，韩雪. 2007. 用新型工业化理念推进中部崛起. 河南商业高等专科学校学报，（1）：21-24.

黄晓娟，李国杰，王燕，等. 2011. 发达国家农村社会发展科技支撑的典型经验与启示. 湖北农业科学，（10）：2146-2148.

黄幸婷，杨煜. 2010. 后危机时代战略性新兴产业发展研究——基于核心技术联盟知识创造过程的视角. 中国科技论坛，（8）：36-40.

贾岷江. 2011. 论我国科技支撑城乡统筹发展服务体系的建设. 科技管理研究，（6）：27-30.

江蕾，安慧霞，朱华. 2007. 中国科技投入对经济增长贡献率的实际测度：1953—2005. 自然辩证法通讯，29（5）：50-56.

姜安印. 2007. 主体功能区：区域发展理论新境界和实践新格局. 开发研究，（2）：14-17.

姜安印. 2012. 区域发展能力理论———个初步分析框架. 兰州大学学报（社会科学版），（6）：128-134.

姜大明. 2011. 科技支撑发展创新引领未来. 中国科技奖励, (4): 18-19.

姜霞. 2013. 湖北省承接产业转移的路径选择与政策取向研究. 武汉大学博士学位论文.

蒋国政, 唐造时, 张毅. 2006. 中部崛起战略的金融约束问题探讨. 宏观经济管理, (6): 24-27.

蒋泰维. 2012. 更加突出产业化导向充分发挥科技支撑经济转型升级作用. 政策瞭望, (1): 28-30.

金暗. 1997. 中国工业国际竞争力——理论、方法与实证研究. 北京: 经济管理出版社.

金高峰. 2011. 中部崛起的江西科技支撑战略. 科技管理研究, (3): 37-39.

金占明, 杨鑫. 2008. 改革开放三十年: 中国战略管理的理论与实践之路. 清华大学学报 (哲学社会科学版), (S2): 32-37.

科技部, 财政部. 2011. 国家科技支撑计划管理办法. 安庆科技, (4): 26-30.

孔德宏. 2003. 中国现代化赶超战略研究. 中共中央党校博士学位论文.

李本和. 2009. 促进中部崛起与区域经济协调发展. 北京: 人民出版社.

李春明. 2011. 论推进湖北跨越式发展. 政策, (3): 10-20.

李答民. 2008. 区域经济发展评价指标体系与评价方法. 西安财经学院学报, (21): 28-32.

李光, 乔亚兰. 2011. 高技术服务业: 湖北跨越式发展的战略支撑. 科技进步与对策, (8): 22-25.

李国平, 许扬. 2002. 梯度理论的发展及其意义. 经济学家, 4: 69-75.

李国平, 赵永超. 2008. 梯度理论综述. 人文地理, 1: 61-64.

李海楠. 2010-09-08. 发展、资源和环境构建中部崛起 "新三角". 中国经济时报.

李鸿忠. 2012-03-09. 把跨越式发展写在湖北 "十五" 发展旗帜上. 湖北省人民政府网站.

李凯, 李世杰. 2004. 装备制造业集群网络结构研究与实证. 管理世界, (12): 68-76.

李秋勇. 2003. 技术创新与中小企业发展. 重庆建筑大学学报, (8): 104-107.

李仁贵. 1988. 区域经济发展中的增长极理论与政策研究. 经济研究, (9): 63-70.

李仁贵. 2005. 西方区域发展理论的主要流派及其演进. 经济评论, (6): 57-62.

李双胜. 2007. 农业产业化是中部崛起的突破口. 经济与社会发展, (3): 54-57.

李响, 严广乐, 蔡靖婧. 2013. 多层次治理框架下的区域科技创新系统治理——理论、实践比较及对中国的启示. 研究与发展管理, (1): 104-114.

李晓非, 韦静. 2008. 吉林省高技术产业素质评价的实证研究. 科技进步与对策, (12): 183-186.

李晓宏, 孙林岩, 何哲. 2008. 中国技术进步影响因素研究 (1981—2006 年) ——基于向量自回归模型实证分析. 软科学, 22 (7): 24-29.

李新安. 2005. 中部崛起的实现基础与路径选择. 开发研究, (3): 53-56.

李新安. 2007. 空间二元市场结构约束下的中部崛起障碍及突破. 当代财经, (5): 72-77.

李雪松. 2011. 推进自主创新实现湖北跨越式发展. 学习月刊, (5): 8-9.

李彦亮. 2006. 竞争优势、比较优势与中部崛起. 经济学动态, (6): 60-63.

李迎君. 2011. 科技进步与现代服务业发展. 江苏商论, (9): 109-111.

李植槐, 李灯强, 顾艳. 2011. 实现湖北跨越发展的增长极培育研究. 当代经济, (13): 76-78.

厉以宁. 2000. 区域发展新思路——中国社会发展不平衡对现代进程的影响与对策. 北京: 经济日报出版社.

梁吉义. 2009. 区域经济通论. 北京: 科学出版社.

林本喜. 2007. 科技支撑能力研究文献综述. 科技情报开发与经济, (16): 179-180.

林海. 2004. 西部经济 "跨越式" 发展的模式及其选择. 浙江社会科学, (4): 124-127.

林毅夫. 2004. 发展战略与经济发展. 北京: 北京大学出版社.

林毅夫.2012. 新结构经济学：反思经济发展与政策的理论框架. 北京：北京大学出版社.

林毅夫，陈斌开.2009. 重工业优先发展战略与城乡消费不平等——来自中国的证据. 浙江社会
　　科学，（4）：10-16.

林毅夫，李志赟.2004. 政策性负担、道德风险与预算软约束. 经济研究，（2）：17-27.

林元旦.2004. 区域经济非均衡发展理论及创新. 中国行政管理，（6）：35-38.

刘保才.2001. 加快推进信息化建设步伐促进湖北跨越式发展. 政策，（12）：16-17.

刘锋.2010-10-25. 以跨越而包容的发展来实现中部健康崛起. 湖北日报.

刘光辉.2003. 关于区域竞争环境的探讨. 湖北财税，（6）：8-11.

刘海运.2014. 知识资本对企业突破性创新能力的影响研究. 中南大学博士学位论文.

刘军，李三虎.2010. 科技治理：社会正义与公众参与. 学术研究，（6）：21-26.

刘少波，姜洪智.2009. 科技支撑安徽能源产业发展的现状与对策. 安徽科技，（5）：4-6.

刘希宋，曹霞.2005. 新型工业化与科技支持能力互动研究. 科学管理研究，（4）：37-40.

刘曦.2010. 以科技力量为支撑推动欠发达地区跨越式协调发展. 中国经贸导刊，（10）：88.

刘永庆.2010. 中部崛起过程中政策矛盾分析与对策研究. 安徽大学硕士学位论文.

刘勇.2004. "中部崛起"的主要任务与对策研究. 中州学刊，（3）：8-10.

刘云中，何建武.2011.地区经济增长格局的变动与区域差距的缩小：短期波动抑或长期趋势. 发
　　展研究，（12）：7-12.

刘再兴. 1996. 区域经济理论与方法. 北京：中国物价出版社.

刘钟其.2003. 加强科技创新推动经济发展，为提升区域核心竞争力打造科技支撑. 苏南科技开
　　发，（4）：6-7.

龙炳煌.2011. 打造千亿设计产业促进湖北跨越式发展. 中国发展，（8）：88-89.

卢良恕.2007. 建设现代农业推进农业科技创新与体制改革. 中国农业科技导报，（3）：1-3.

卢云伍，李平，刘小龙，等.2008. 云南全面建设小康社会科技支撑的现状、问题与对策. 中共
　　云南省委党校学报，（2）：9-13.

陆大道，吴杰，刘毅，等.2003. 中国区域发展报告——战略性结构调整与区域发展新格局. 北
　　京：商务印书馆.

陆铭，任声策，尤建新.2010. 基于公共治理的科技创新管理：一个整合框架. 科学学与科学技
　　术管理，（6）：72-79.

路甬祥. 2011. 发挥科技支撑引领作用加快产业结构调整和发展方式转变. 国家行政学院学报，
　　（3）：4-9.

吕东升，张世华，张忠诚，等.2012. 推进科学发展跨越式发展的战略抉择——关于建设创新湖
　　北若干重大问题的调研报告. 政策，（5）：16-28.

马庆国.2002. 中国管理科学研究面临的几个关键问题. 管理世界，（8）：105-115.

梅晓文.2006. 中部崛起的战略产业选择. 南昌大学硕士学位论文.

孟歌，王永群.2007-05-22. 中部崛起应发展创新型产业集群. 中国经济时报.

米娟.2009. 中国区域经济增长差异性与要素集聚. 北京：中国统计出版社.

苗长虹.1999. 区域发展理论：回顾与展望. 地理科学进展，（4）：296-305.

苗润生.2006. 中国地区综合经济实力评价方法研究. 北京：中国人民大学出版社.

缪尔达尔 K G. 1991. 世界贫困的挑战. 顾朝阳译. 北京：北京经济学院出版社.

缪尔达尔 K G. 2015. 亚洲的戏剧：南亚国家贫困问题研究. 方福前译. 北京：商务印书馆.

南昌大学中国中部经济发展研究中心. 2006. 中国中部经济发展报告（2006）. 北京：经济科学出版社.

南昌大学中国中部经济发展研究中心. 2010. 中国中部经济发展研究（2009）. 北京：经济科学出版社.

尼茨坎普 P. 2001. 区域和城市经济学手册：第一卷 区域经济学. 安虎森，刘海军，程同顺，等译. 北京：经济科学出版社.

聂华林，王水莲. 2009. 区域系统分析. 北京：中国社会科学出版社.

彭玮，邹进泰. 2011. 湖北省跨越式发展的解析与思考. 湖北社会科学，（5）：63-66.

漆文萍. 2005. 农业总产值指数影响因素的模型分析. 南昌大学学报（人文社会科学版），（4）：67-72.

谯薇. 2012. 建立农业科技支撑体系的内涵、理论基础及对策建议. 农村经济，（12）：4-7.

秦海. 2002. 制度的历史分析//吴敬琏. 比较. 北京：中信出版社.

秦健. 2011. 河南加快经济发展方式转变的科技支撑研究. 郑州航空工业管理学院学报，（5）：18-22.

秦志敏. 2010. 论现代生产力发展中的科技支撑问题. 山西高等学校社会科学学报，（5）：25-27.

邱成利. 2002. 产业集聚与小城市发展战略研究. 大连理工大学博士学位论文.

茹华所. 2006. 区域性农业科技支撑体系建设思路与框架. 科学学研究，24（Z1）：148-152.

上官飞，舒长江. 2011. 中部省份区域竞争力的因子分析与评价. 统计与决策，（9）：71-73.

石国亮，刘晶. 2011. 宏观管理、战略管理与顶层设计的辩证分析——兼论顶层设计的改革意蕴. 学术研究，（10）：41-46.

石正方. 2002. 城市功能转型的结构优化分析. 南开大学博士学位论文.

史晋川，孙宽平. 2003. 构建西部开发中的东西部经济互动区. 经济社会体制比较，（1）：100-107.

史晋川，汪炜，钱滔. 2003. 民营经济研究与制度创新. 杭州：浙江大学出版社.

世界经济合作与发展组织. 1997. 以知识为基础的经济. 北京：机械工业出版社.

宋锡坤. 2011. 提升自主创新能力，推动产学研合作，为加快沈阳创新型城市建设提供科技支撑. 科技成果纵横，（2）：28-30.

孙海鸣，刘乃全. 2000. 区域经济理论的历史回顾及其在 20 世纪中叶的发展，（8）：2-6.

孙海鸣，赵晓雷. 2003. 中国区域经济发展报告——国内及国际区域合作. 上海：上海财经大学出版社.

孙久文，叶裕民. 2010. 区域经济学教程. 北京：中国人民大学出版社.

孙菊生，曾纪发，张启良. 2001. 新世纪中部崛起战略定位思考. 江西财经大学学报，（6）：28-31.

孙能利. 2012a. 省域农业竞争力比较研究. 华中农业大学博士学位论文.

孙能利. 2012b. 提升区域农业竞争力的途径：比较优势向竞争优势转化. 安徽农业科学，（5）：3138-3139.

孙早. 2000. 制度重于投入：对西部开发的再认识. 经济学家，（3）：31-36.

万钢. 2010. 提升科技战略研究水平发挥战略研究的决策支撑作用. 科学咨询：决策管理，（4）：3-8.

万钢. 2012. 强化种业科技创新，支撑现代农业发展——在第二届中国博鳌农业科技论坛上的讲话. 中国软科学，（2）：1-4.

万书侠. 2010. 金融支持中部崛起策略的探讨. 金融经济，（8）：45-47.

汪永太. 2010. 现代服务业兴起与中部地区发展研究. 江西财经大学学报，（2）：10-15.

汪玉奇. 2010. 中国中部地区发展报告（2011）："十二五"中部发展思路与对策. 北京：社会科

学文献出版社.

王必达. 2004. 后发优势与区域发展. 上海：复旦大学出版社.

王奋宇, 卢阳旭, 何光喜. 2015. 对我国科技公共治理问题的若干思考. 中国软科学, （1）: 1-13.

王凤山, 戴国华, 冀春贤. 2006. 发展市域经济, 推进农村建设. 中国农村经济, （2）: 69-75.

王国峰. 2005. 我国高技术产业发展现状、问题及其发展思路. 中国科技论坛, （5）: 8-11, 113.

王红国, 姚华松, 李娟文. 2007. 论"中部崛起"的七大关系. 郑州航空工业管理学院学报, （1）:
　　63-66.

王宏起, 王珊珊. 2009. 高新技术企业集群综合和优势发展路径与演化规律研究. 科学学研究,
　　（7）: 999-1004.

王缉慈. 2001. 创新的空间——企业集群与区域发展. 北京: 北京大学出版社.

王继岗. 2014. 关于新常态下区域经济转型跨越的思考. 当代社科视野, （11）: 11-13.

王军民. 2007. 县域经济发展与中部地区崛起. 武汉大学学报, （4）: 487-491.

王茂林. 2006. 关于加速中部地区崛起的战略思考. 北京: 中国发展出版社.

王明明, 魏婷. 2009. 国家科技支撑计划项目后评价研究. 科技进步与对策, （18）: 97-100.

王鹏翔. 2011. 基于"两型社会"构建的武汉城市圈产业选择研究. 武汉理工大学博士学位论文.

王恬, 张娜. 2014. 济南市工业行业科技投入产出 DEA 效率分析. 山东财经大学学报, （5）: 65-72.

王绍芳. 2011. 新农村建设的科技支撑路径与对策研究. 科技管理研究, （9）: 51-53.

王维国. 2000. 协调发展的理论与方法研究. 北京: 中国财政经济出版社.

王晓鸿. 2012. 区域智力资本对区域经济发展的影响研究. 兰州大学博士学位论文.

王再文. 2006. 比较优势、制度变迁与中部崛起. 西北大学博士学位论文.

魏后凯. 2006. 促进中部崛起的科学基础与国家援助政策. 经济经纬, （1）: 89-93.

魏后凯. 2008. 改革开放 30 年中国区域经济的变迁. 经济学动态, （5）: 9-16.

魏江. 2003. 小企业集群创新网络的知识溢出效应分析. 科研管理, （4）: 54-60.

吴金希, 孙蕊, 马蕾. 2015. 科技治理体系现代化：概念、特征与挑战. 科学学与科学技术管理,
　　（8）: 3-9.

吴群. 2004. 新时期农业产业化路径选择. 北京: 中国农业出版社.

吴永保, 周阳, 夏琳娜. 2007. 做强中心城市促进中部崛起. 青岛科技大学学报（社会科学版）,
　　（4）: 1-7.

伍新木. 2005. 关于中部崛起的经济学思考. 企业经济, （9）: 5-7.

夏蕾, 马友华. 2010. 论我国农业循环经济发展的科技支撑体系. 安徽农业大学学报, （1）: 14-17.

夏颖, 范红忠. 2010. 科技支撑湖北经济"弯道超越"：现实困难和政策建议. 学习与实践, （8）: 42-46.

夏振坤. 2008-09-19. 中部崛起需要探索"中部模式". 湖北日报.

肖江浩. 2007. 公平理念下的中部崛起税收优惠政策研究. 中南大学硕士学位论文.

肖金成, 宋立. 2005. "中部崛起"战略中的发展模式选择. 经济与管理研究, （15）: 32-35.

肖巍. 2007. 城市化与中部崛起. 湖北经济学院学报（人文社会科学版）, （1）: 24-25.

谢爱莲. 2007. 中部地区崛起中人才资源开发战略研究. 南京航空航天大学硕士学位论文.

谢颖. 2006. 面向中部崛起的湖北高新技术产业发展战略研究. 武汉理工大学硕士学位论文.

邢怀滨, 苏竣. 2006. 全球科技治理的权力结构、困境及政策含义. 科学学研究, （3）: 368-373.

熊曦. 2013. 区域产业品牌形成机理及其培育策略研究. 中南大学博士学位论文.

熊勇清, 李世才. 2010. 战略性新兴产业与传统产业耦合发展的过程及作用机制探讨. 科学学与
　　科学技术管理, （11）: 84-87.

熊勇清, 曾丹. 2011. 区域传统产业转型的决策方法探讨. 统计与决策, (17): 42-45.

徐宏, 李明. 2005. 试论区域竞争力评价指标体系的构建. 特区经济, (5): 322-323.

徐司雨. 2011. 中国区域经济发展水平评价体系的构建与应用. 经济研究导刊, (28): 150-152.

徐翔, 聂鸣. 2005. 我国科技创新政策研究综述. 科技进步与对策, (11): 178-180.

徐瑛, 陈秀山. 2009. 区域经济质量评价: 理论与方法. 北京: 中国人民大学出版社.

徐永升. 2011. "跨越式发展" 下湖北投融资平台发展研究. 当代经济, (15): 95-99.

许庆瑞, 毛凯军. 2003. 论企业集群中的龙头企业网络和创新. 科研管理, (4): 53-58.

许玉峰. 2007. 促进中部崛起战略研究. 西南大学硕士学位论文.

严冀, 陆铭. 2003. 分权与区域经济发展: 面向一个最优分权程度的理论. 世界经济文汇, (3): 55-66.

严炜. 2014. 湖北省磷矿资源产业发展战略研究. 中国地质大学博士学位论文.

颜鹏飞, 黄树人. 2002. 经济增长极和湖北经济跨越式发展. 武汉大学学报 (社会科学版), (2): 168-175.

晏涛. 2012. 促进中部崛起研究. 中国社会科学院研究生院博士学位论文.

阳小华. 2007. 论中部崛起战略的理论基础. 江汉论坛, (11): 34-37.

阳小华, 李莹. 2011. 中部地区现代服务业现状分析及发展重点选择. 科技创新与生产力, (11): 35-40.

阳小华, 李莹. 2012. 湖北特色经济与跨越发展研究. 理论月刊, (2): 124-127.

杨建涛. 2007. 从区域政策看中部崛起的现实路径. 河南科技大学学报 (社科版), (2): 75-77.

杨美英. 2006. 促进中部崛起的财政制度创新研究. 湖南大学硕士学位论文.

杨明杏. 2012. 实行创新驱动建设创新湖北——浅议湖北科学发展跨越发展的根本动力. 政策, (8): 32-35.

杨颖. 2005. 中部崛起的区域金融政策支持研究. 郑州大学硕士学位论文.

杨云彦. 2010. 中部崛起的理论与政策思考. 西部论坛, (1): 36-40.

叶威. 2009. 我国高新技术产业相关概念的界定和比较. 中国高新技术企业, (11): 3-4.

殷瑞锋. 2006. 促进中部崛起的财政转移支付政策研究. 山西财经大学硕士学位论文.

尹继东, 李益梅, 郭海红, 等. 2006. 中部地区工业化的潜力与重点. 经济研究参考, (3): 8-29.

尹继东, 李益梅, 郭海红, 等. 2009. 中部地区区域经济协调发展. 北京: 科学出版社.

游丽. 2006. "中部崛起" 战略对湖北民营经济发展作用研究. 武汉科技大学硕士学位论文.

于洪飞. 2011. 论新农村建设中农业科技支撑力模式. 高等农业教育, (2): 88-91.

于奎. 2006. 民营经济: 中部崛起内生增长机制的引擎. 郑州大学学报 (哲学社会科学版), (2): 77-79.

于莲. 2014. 新型城镇化科技支撑体系研究. 科技进步与对策, (12): 46-50.

俞正声. 2006-04-14. 发展县域经济, 促进中部崛起. 人民日报. 第二版.

禹晋卿. 2008. 科技支撑县域经济发展研究——以河南省为例. 郑州航空工业管理学院学报, (8): 96-99.

原永胜. 2004. 后发优势与跨越式发展. 华中科技大学博士学位论文.

袁小平, 胡长生. 2008. 论江西中部崛起的科技支撑. 江西行政学院学报, (4): 78-81.

袁玉鸣. 2010. 论农业产业化的科技支撑. 高科技与产业化, (9): 24.

岳文海. 2005-06-24. 中部崛起的基本思路和政策选择困. 中国经济时报.

云伟宏. 2004. 转轨时期我国地区差异扩大的原因分析——以浙江与河南为例. 中州学刊, (3): 38-41.

曾国平, 陈朋真, 李燕青. 2009. 我国第三产业发展中的科技进步贡献率研究. 商场现代化,

（27）：60-61.

曾婧婧，钟书华. 2009. 省部科技合作：从国家科技管理迈向"国家—区域"科技治理. 科学学研究，（7）：1020-1026.

曾婧婧，钟书华. 2011a. 国内府际科技治理研究综述. 科技管理研究.（16）：182-185.

曾婧婧，钟书华. 2011b. 科技治理的模式：一种国际及国内视角. 科学管理研究，（1）：37-41.

曾婧婧，钟书华. 2011c. 论科技治理. 科学经济社会，（1）：113-118.

曾晓华. 2010. 科技支撑体系下的资金支持研究. 区域金融研究，（5）：20-24.

张炳申，马建会. 2003. 珠三角中小企业集群化成长的问题及对策. 统计与预测，（10）：4-7.

张出兰. 2010. 基于技术演化的引进式技术跨越研究. 天津大学博士学位论文.

张合林. 2010. 促进中部崛起战略的理论基础及其政策完善. 郑州大学学报（哲学社会科学版），（1）：68-71.

张宏洲. 2010. 区域经济竞争力评价指标体系及其方法. 上海应用技术学院院报（自然科学版），（10）：55-59.

张俊飚，李平，李波. 2012. 对湖北农业科技优势转化与农业发展问题的思考. 理论月刊，（1）：127-130.

张镧. 2014. 湖北省高新技术产业政策研究（1978—2012）：政策文本分析视角. 华中科技大学博士学位论文.

张敏. 1998. 韩国科技发展及其对我国的启示. 唐都学刊，（3）：28-31.

张培刚. 2005. "牛肚子"理论. 决策，（1）：4-7.

张其仔. 2014. 中国产业竞争力报告（2014）. 北京：社会科学文献出版社.

张锐，林宪斋. 2010. 中国中部地区发展报告（2010）. 北京：社会科学文献出版社.

张赛飞. 2010. 区域经济综合评价实证研究. 北京：中央编译出版社.

张思奇. 2003. 中国行政区域经济发展与政府作用研究. 中国社会科学院研究生院博士学位论文.

张欣艳. 2007. 基于经济增长理论的中部崛起动因研究. 西南交通大学博士学位论文.

张仲芳. 2009. 中部各省经济崛起的动态测度与崛起指数. 科技进步与对策，（1）：46-48.

章海鸥，王涵林. 2002. 论中部崛起战略的意义及其理论创新. 江汉论坛，（5）：44-47.

赵保佑. 2005. 促进中部崛起高层论坛综述. 经济学动态，（6）：112-115.

赵刚. 2005. 选择科技突破口的由来. 瞭望，（50）：21-22.

赵红，杨震宁. 2013. "跨越式发展"的学术论争及其路径找寻. 改革，（1）：117-124.

赵晋华. 2006. 中部崛起中的国有经济研究. 山西财经大学硕士学位论文.

赵凌云. 2007. 中国中部地区发展报告（2006）. 北京：社会科学文献出版社.

赵凌云，刘玉堂，阳小华. 2008. 中国中部地区发展报告（2007）. 北京：社会科学文献出版社.

赵玉林，张倩男. 2007. 主导性高技术产业领域的评价与筛选. 科学学研究，（3）：435-442.

赵志坚. 2008. 我国科技投入对GDP拉动效应的实证分析. 经济数学，（1）：58-63.

郑会军. 2010. 湖北省农业区域竞争力研究. 华中农业大学博士学位论文.

郑杰，李荣光. 2011. 科技支撑现代农业发展面临的困境与出路. 青岛行政学院学报，（4）：92-96.

郑志若. 2010. 中部六省动态发展能力研究. 河南大学硕士学位论文.

郑州市人民政府. 2009. 关于发挥科技支撑作用促进主导产业发展的意见. 郑州市人民政府公报.

中共中央文献研究室. 2009. 毛泽东文集. 第六卷. 北京：人民出版社.

周飞. 2014. 湖北长江经济带小城市发展研究. 华中师范大学博士学位论文.

周宏亮. 2012. 基于发展绩效的中部崛起战略重构研究. 武汉理工大学博士学位论文.

周霖. 2009. 民营经济内生发展模式研究. 杭州：浙江大学出版社.

周绍森，陈栋生. 2006. 中部崛起论. 北京：经济科学出版社.

周文斌. 2005. 中部人对"中部崛起"尚存的认识误区及其超越. 经济管理，（15）：14-17.

周志田. 2005. 中国可持续发展科技支撑体系建设的战略构想. 科学学研究，（B12）：78-80.

朱崇开，杨书卷. 2010. 国家科技支撑计划. 科技导报，（14）：127.

Alam A. 1995. The new trade theory and its relevance to the trade polices of developing countries. The World Economy，18（3）：367-385.

Barro R J, Sala-i-Martin X. 1997. Technological diffusion convergence and growth. Journal of Economic Growth，2（1）：1-26.

Bathelt H, malmberg A, maskell P. 2004. Clusters and knowledge：local buzz，global pipe lines and the process of knowledge creation. Progress in Human Geography，28（1）：31-56.

Channon D F. 1999. The Blackwell Encyclopedic Dictionary of Strategic Management. Oxford：Blackwell Publishers Ltd.

Chen A，Chen R. 2007. Design patent map：an innovative measure for corporative design strategies. Engineering Management Journal，19（3）：14-29.

Das D K. 1998. Changing comparative advantage and the changing composition of asian exports. The World Economy，21：121-140.

Dong-Sung C. 2001. From Adam Smith to Michael Porter. World Scientific，19（1）：244.

Friedmann J. 2008. The spatial organization of power in the development of urban system. Development and Change，（4）：12-50.

Hankansson H. 1987. Industrial technological development：a network approach. Social Problems，（35）：234.

Hass E B. 1958. The Uniting of Europe. Stanford：Stanford Univ.Press.

Hendry C，Brown J. 2006. Organizational networking in UK biotechnology clusters. British Journal of Management，17（1）：55-73.

Kaplinsky R. 2004. Spreading the gains from globalization：what can be learned from value chain analysis. Journal of Development Studies，（2）：74-115.

Kaplinsky R. Morris M. 2002. A Handbook for Value Chain Research. Paper for IDRC.

Krugman P. 1994. The myth of asia's miracle. Foreign Affairs，73（6）：62-68.

Krugman P. 1997. Rethinking International Trade. Cambridge：MIT Press.

Lee J. 1999. East Asian NIEs'model of development：miracle crisis，and beyond. The Pacific Review，12（2）：141-162.

Linder S B. 1961. An Essay on Trade and Transformation. New York：J. Wiley.

Liu S J，Shyu J. 1997. Strangic planning for technology development with patent analysis. International Journal of Technology Management，13（5/6）：661-680.

Lucas R. 1988. On the mechanics of economic development. Journal of Monetary Economics，（22）：3-42.

Messner D，Meyer-Stamer J. 2000. The impact of global and local governance on industrial upgrading// Hood N，Young S. Tools to Study the Dynamics of Clusters and Global Value Chains. Duisburg：Elsevier Inc.

Nolan P D，Lenski G. 1985. Technoeconomic Heritage，Patterns of Development and The Advantage of Backwardness. Chapel Hill：the University of North Carolina Press.

Porter M E. 1990. The Competitive Advantage of Nations. New York：Free Press.

Porter M E. 1998. Clusters and the new economics of competition. Harvard Business Review，76（6）：77-90.

Redding S. 1999. Dynamic comparative advantage and the welfare effects of trade. Oxford: Economic Papers, 51 (1): 15-39.

Rice J J. 2001. Colleboration and Competition in Emerging Standards: After Assessment of the Implications for Knowledge Management. Standardizarion and Innovation in Information Technology. 2012nd IEEE Conference.

Schmitz H, Knorringa P. 1999. Learning from global buyers. Journal of Development Studies, 37 (2): 177-205.

后　记

　　从人类社会发展和经济运行规律来看，社会及产业发展的空间扩散是很不均衡的，这种常规现象已经成为一种人类社会反对"距离专制"的"斗争史"。技术、产品以及人口的流动总是涉及区域以及空间范围的转移，因此我们在研究社会经济发展问题的时候，也必须首先要确定所要参照的空间距离单位或者距离单位标准下的区域。促使某一空间范围内要素转移的因素不一定能够成为促使另一种空间范围内要素转移的因素，但是当今很多管理学者和经济学者还不能充分地理解个中区别与难以察觉的差异。例如，在某一空间和范围内，某种阐述和看法或是应用与该范围内的空间变化有关，而与另一种范围内的空间变化无关。而这对每个层次的空间及其变化而言，某些特定的基本要素和原理决定着各自经济活动的空间结构与变化类型，不过也不意味着对所有范围与空间及其变化均成立。因为工业化更多的是区域现象而非国家现象，一国内部的经济和社会发展也一定存在着不平衡，尽管外部影响和全球化是国家经济发展的过程与重要外部推手，但对国家内部不同地区的经济与产业发展也有着同等的因素影响力。就我国而言，国家内部的经济活动聚集高的也只是集中在几个超级城市群间，这些城市群也还依旧处于城市化、工业化以及现代化的扩张与社会转型过程中。

　　回到本书，推动经济和产业发展要素的流动性应该怎么去处理和应对，这才是问题的关键所在。在经济高度开放的今天，区域及其域内的社会经济、产业的发展是如何受到外部要素的流动性影响的是一个不得不回答的问题。假定生产要素不可流动，那么流动性要素又有哪些？资本以及科技、管理技术等是否能有效地整合进入，并发挥足够的效果呢？不同于原有的比较优势，流动性和新的外部因素内化于经济和企业的区位发展及抉择，这恰恰是科技支撑作为一种外部要素特征在其他流动性上的重要体现与区别。

　　本书讨论的另一个重要问题是区域发展的问题，其中就包含着考虑区域间的天生差异，如原材料、工业及布局特征、区域发展历史、经济发展方式及表现等，这是被一些经济学家称为的天生差异的第一天性，而相对于第一天性，人类活动改变第一天性以后的差异就是第二天性，就是强调发达国家及区域差异的宏微观经济机制实际上源自于第二天性，也就是人为的外部活动和迁跃式变化，这点上发达国家及地区并不会主动揭示这些秘密，因为产生或者改变这些区域或空间不平衡的原因可以在商品交换的各种关联性、生产要素的流动性以及市场运行的特有方式中找到，而要回答为什么这些国家和地区会出现超速率发展或超阶段迁跃的现象，那么只能回到其中最核心的本质即科技改变世界，区域发展与迁跃离不开技术进步与科技的力量。

反观国内面临着经济转型局面和必须实现经济快速迁跃发展的情势，跨越发展是应有之意，然而面对当前的形势与基础，如何跨越如何支撑则是需要回答的重要理论问题和实践话题，基于此，我们梳理了国内外跨越发展的相关理论及实践成果，并将典型区域湖北纳入我们研究的视野，通过"解剖麻雀法"来近距离、实践式的观察这个问题的来龙去脉及其解答。本书也是湖北省科学技术协会国家级思想库对策研究项目"湖北跨越式发展的科技支撑突破口研究"的结题成果，这里特别感谢湖北省科协的各位领导，因为这本书的学术发源和课题支持离不开他们的大力支持和资助。作为一名长期从事科技政策与政府管理创新研究的学者，本书是由科技治理视角深入科技管理领域的一次探索性研究，也是对科技治理及其领域新概念新内容的一次纵贯挖掘，同时这个过程对我及本书编写成员而言，是一次从思想到学术的拓荒之旅。若本书可以对当前国内的科技支撑区域跨越发展提供一些学术支撑和建设性参考的话，我们将十分欣慰。

本书的出版也离不开我的研究生们的辛勤工作，他们承担了本书有关章节的专题研究、产业调研以及部分内容的参编工作，段萱博士（现在安庆师范大学工作）作为合作者承担了主力撰写工作，其他参与者主要有张红方博士、朱喆博士、周丽娟博士、硕士研究生高梦、王嫣、邓小伟、白玉华、文炎卿、庄杰、杜雯洁、何月、陈涛、吕露、罗龙女等。在这里感谢他们认真细致、刻苦专注的辛勤劳动。在写作过程中，编写人员参考了大量国内外的文献资料，依照学术惯例，列于章节内以及书末参考文献汇编中，在此我们向相关专家、学者一并表示衷心感谢，这些丰厚的研究成果为本书问世提供了重要的学术参考和资料支持。

对于本书的"科技支撑"概念，我们首次将其纳入科技治理领域来讨论，这一概念对于学界乃至本人都还是新事物，其中涉及广泛，需要多方讨论，群策群力，其后的研究又将会是一个漫长的过程。囿于时间、研究能力及相关学术条件，本书作为先行试水，更多的是做理论挖掘与整理，以及完成典型地区如湖北的实践例证与分析工作，书中未能就全国其他地区及国内外做深入探讨和对比，实属时间、资料以及人力所不及，后期也将展开相关的研究工作，另书中若有不足之处敬请各位学界同仁不吝赐教。

徐顽强

2016 年 3 月于喻家山麓